Helga Wiske

Gestern noch saß ich am Lagerfeuer der Tuareg

Helga Wiske

Gestern noch saß ich am Lagerfeuer der Tuareg

Reisebeschreibungen
aus einer vergessenen Welt

edition fischer

Bibliografische Information der Deutschen Nationalbibliothek
Die Deutsche Nationalbibliothek verzeichnet diese Publikation in der Deutschen Nationalbibliografie; detaillierte bibliografische Daten sind im Internet über http://dnb.d-nb.de abrufbar.

Orber Str. 30, D-60386 Frankfurt/Main

Schriftart: Palatino 10,5pt
Herstellung: efc/bf
ISBN 978-3-89950-851-2

Bei meinen vielen Reisen in die südalgerische Sahara lernte ich die Tuareg als tolerantes und gastfreundliches Volk kennen.

Das unbarmherzige Leben in der Wüste hat sie geformt. So ist ihre Lebensweise vollkommen anders, wie unsere Lebensverhältnisse nicht der Wüste angepasst sind.

Für mich ist das dennoch ein interessanter Spiegel, der den Lebensstil unserer Kultur des Immer-mehr-haben-Wollens oftmals in einem fraglichen Licht erscheinen lässt.

Anna und Abdelkader Touhami und Mohammed Ahmed Khalla öffneten mir das Tor zur Wüste. Dafür bin ich ihnen unendlich dankbar. Ebenso wie Ute Koch und Jürgen Brunkhorst, ohne die dieses Buch nicht entstanden wäre.

Inhalt

I. Rückbesinnung

Die Weite der Wüste
ist das Haus der Freiheit

Gestern noch saß ich am Lagerfeuer der Tuareg

Ich fühle mich nicht hierher gehörig. Meine Umgebung, die Menschen, der Lärm, die Gerüche dringen wie ein lästiger Fliegenschwarm in mein Bewusstsein.

Erschöpft will ich nur noch nach Hause und schlafen. Also kuschele ich mich innerlich frierend an meine Jacke, die neben dem Zugfenster hängt. Die Augenlider sind schwer, ich bin unendlich müde. Meine Haare fallen strähnig über das Tuch, das sie ein wenig zusammen hält. Wann habe ich zum letzten Mal geduscht?

Man beäugt mich von der Seite. Zwei junge Frauen, sorgfältig geschminkt und nach der neuesten Mode gekleidet, reden leise miteinander, während sie zu mir herüber schauen. Aber es ist mir gleichgültig, wie sie mich einordnen.

All das huscht nur als blasser Schleier durch meine Gedanken. Erinnerungsfetzen segeln an mir vorbei, genau so wie die von der Abendsonne beschienene Landschaft des Rheintals. Wie ein unbedeutender Film gleitet sie am Fenster meines Zugabteils vorüber. Ich kann nichts festhalten. Es gelingt mir nicht, einzelne Bilder bewusst zu erfassen und meinem Gedächtnis anzuvertrauen.

Der junge Mann mir gegenüber grinst mich etwas unsicher an. »Es kann sein, dass meine Sachen nach Holzfeuer riechen …«, versuche ich endlich eine schiefe Rechtfertigung. »Gestern Abend saß ich nämlich noch am Lagerfeuer der Tuareg – in der Sahara«, füge ich erläuternd hinzu. »Sie waren in Afrika?« Sein Blick wird interessiert.

»Ja, ich war dort bei einer Familie zu Gast.« Mühsam versuche ich meine Gedanken zu ordnen. Will ich denn überhaupt jetzt über meine Erlebnisse reden?

»In der Wüste?« Mein Gegenüber lässt nicht locker. Ich kann mich schlecht konzentrieren. Wehmut im Herzen und vierunddreißig Stunden Rückreise ohne Schlaf hängen zäh wie eine klebrige Masse in meinem Hirn.

»Da muss es doch jetzt sehr heiß sein!«, hakt er nach. »Ja, aber das Gebiet, in dem ich mich aufhielt, liegt weit über tausend Meter hoch. Dort ist es nicht ganz so heiß wie im Flachland.« »Und was haben Sie da gemacht?«

Was macht man in einem fremden Land bei fremden Menschen? Ich bin viel zu erschöpft, um ausführlich etwas zu erklären, das er wahrscheinlich nicht kennt und kaum begreifen kann.

Schon als Kind träumte ich davon, fremde Länder und deren Bewohner kennenzulernen. »Juttas Reise um die Welt«, ein kleines Pappbüchlein, hatte in mir schon als Vierjährige die Sehnsucht geweckt. Später dann trugen mich die sehr lebhaften, freien Erzählungen meines Vaters über das abenteuerliche Leben Robinson Crusoes in meine Zukunftsträume.

Nach Mauerfall und Grenzöffnung war dann auch für mich die Welt offen. Und wenn nicht eine Reisefreundin, die ich auf einer Tour durch Namibia kennengelernt hatte, mich in die Weite der Sahara mitgenommen hätte, würde ich wohl heute Australien oder Patagonien erkunden. Denn diese Ziele standen noch an.

Aber manchmal hat das Leben eben einen anderen Plan. Sie hatte mich gefangen genommen und vereinnahmt, die Wüste. In Namibia hatten mich die hohen Dünen beeindruckt, und die Farben der weiten Landschaft – gelb verdorrtes Gras, roter Sand und blassblaue Berge am Horizont – gefielen mir. Es war eine wunderschöne Urlaubsreise. Doch dort war mir die Wüste fremd geblieben.

Es war die Zentralsahara, die jedes andere Ziel unbedeutend werden ließ. Sie hatte meinen Reisen in die weite Welt ein Ende gesetzt, hatte mich gerufen, geschickt zu sich herangelockt und unausweichlich in ihren Bann gezogen.

Wenn ich zu Hause begeistert erzähle oder Fotos zeige, sehen manche nur Steine und Sand, anderen ist sie eher gleichgültig und einige würden sich sogar fürchten und verloren fühlen in der grenzenlosen Weite.

Aber es ist gerade diese Weite, die für mich so magisch anziehend ist. Es ist, als könne sich meine Seele ins Unendliche dehnen. Hier kann ich Zwiesprache halten mit der Natur, die noch nicht von Menschen verbogen, missbraucht und verändert wurde. Erhaben über alles, was um sie herum geschieht, vermittelt sie mir ein Gefühl der Stärke und gibt mir Geborgenheit. Wie von Anbeginn der

Zeiten. Man glaubt, in der Ferne die Antwort auf alle Fragen zu finden …

Und die Menschen, die in ihr leben, sind wie sie: Stark und stolz haben sie sich ihr dennoch angepasst, haben die Wüste als ihren Lehrmeister akzeptiert. Sie nehmen von ihr nur das, was sie wirklich zum Leben brauchen. Keinen unnötigen Ballast, der den einzelnen umschmeichelt, gieriger aber gleichzeitig auch blind macht für das wirkliche Leben.

Aber all das erzähle ich nicht. »Ich war bei einer Familie, in der Wüste. Und natürlich habe ich mir die Landschaft angesehen«, ist meine maulfaule Antwort auf die neugierige Frage. »Da gibt es kein Hotel, nicht mal 'ne Dusche oder ein Restaurant«, setze ich noch nach, um mein momentanes Erscheinungsbild zu begründen.

»Wo haben Sie denn da geschlafen?« Ach, ich wollte so gern noch ein wenig träumend im Erlebten verweilen und nicht die simpelsten Dinge erklären müssen. Er aber lässt nicht locker. Wo habe ich dort geschlafen? »Bei der Familie habe ich in einer Schilfhütte geschlafen. Sie sind Halbnomaden und ziehen nicht mehr ständig mit den Tieren umher. Und sonst schläft man in der Wüste unter freiem Himmel. Manchmal ist es in der Nacht ziemlich kalt. Da braucht man einen guten Schlafsack. Aber die weite Einsamkeit umhüllt einen wie ein warmer Mantel und der unendliche Sternenhimmel trägt dich in wunderbare ferne Welten.«

Nun war ich doch ins Reden gekommen. Mein junger Gesprächspartner hört aufmerksam zu. »Und wie sind die Menschen dort? Hat man Sie freundlich aufgenommen, wie leben die denn in der Wüste?« »Es sind Nomaden. Sie sind sehr gastfreundlich. Ihr Leben und vor allem ihre Lebensweise, ihre Sitten, sind natürlich an die unbarmherzige Welt der Sahara angepasst. Es ist alles, aber auch wirklich alles ganz anders als bei uns.«

Doch da wird der Zug langsamer. »Schade, ich hätte Ihnen noch gern weiter zugehört.« Er muss aussteigen. Und so kuschele ich mich wieder in meine Jacke, rieche den Rauch der Lagerfeuer, den Staub der Wüste und kehre wieder zurück in das Land, in dem ein Teil meiner Seele zu Hause ist.

II. Erste Begegnungen

Die ersten Strahlen der Morgensonne,
die über den Felskamm lugen,
lassen die weißen Zelte wie feine Gespinste
hell im Gegenlicht leuchten.
Ein geheimnisvolles Licht liegt über dem Lager.
Ein neuer Tag beginnt.

In der Sahara

Es ist bereits dunkle Nacht, als wir am Ende des Fluges Frankfurt – Algier – Tamanrasset ankommen. Viele haben schon im Flieger gedöst. Aber während das Flugzeug zum Landen ansetzt, werden alle lebendig. Auch ich bin neugierig und gespannt auf das, was mich nun erwarten wird. Ein Flugplatz in der Wüste! Mitten in der Sahara! Am Fuße eines hohen Gebirges, des Hoggar!

Im Atlas habe ich zu Hause nachsehen müssen! Dass es in der Sahara richtige Gebirge gibt, hatte ich nicht einmal geahnt! Doch dort war sogar zu lesen: Tahat – 3003m. Ganz schön hoch! Aber ich wollte eigentlich nicht in ein Gebirge, sondern ich wollte in die Weite der Wüste!

Doch nun sind wir hier. Ute, meine Reisegefährtin, hatte mich mitgenommen. »Du wirst sehen, es ist ganz toll!«, hatte sie mir versprochen. Na, wir werden sehen!

Wir stehen auf dem Landefeld, ein Stück entfernt von einem Gebäude, zu dem nun alle streben. Um mich herum ist tiefste Dunkelheit. Nur oben leuchten die Sterne. Und wie sie leuchten! Das hatte ich bei meiner Reise durch Namibia auch schon beobachtet. In der trockenen Wüstenluft funkeln sie wie Diamanten. Diese trockene Luft schmeckt hier allerdings nach Staub. Ich sehe mich um. Viel ist nicht von der Umgebung zu sehen. Aber wir müssen erst einmal zum Abfertigungsgebäude. Das helle Licht, das von dort ausgeht, blendet. Wie wird sie mir gefallen, die Sahara? Neugier und Skepsis halten sich die Waage.

Viel Zeit zum Nachdenken bleibt mir allerdings nicht. In einer langen Reihe stehen wir am Eingang des Gebäudes, fingern den Pass aus der Tasche, suchen einen Stift und beschreiben »Sortie«-Kärtchen mit unseren Personalien: Kontrolle!

Doch dann, nachdem wir uns alle in den Empfangsbereich hindurch gedrängelt und geschoben haben, stehen sie vor uns: die Tuareg! Von ihnen hatte ich bereits einiges gelesen. Vertreter eines stolzen Wüstenvolkes sollen sie sein: Ritter und Karawanenräuber zugleich.

Hoch aufgewachsen, unbeweglich, in langen einfarbigen Gewändern, den Kopf in einen Turban gewickelt, so dass nur die Augen herausschauen, stehen sie fast teilnahmslos da. Es sind die Fahrer, die die Touristen abholen und auch weiterhin auf ihrer Reise begleiten werden. Was für ein faszinierendes Bild!

Ich beobachte sie unauffällig, während wir am Band auf das Gepäck warten. Ich versuche zu ergründen, wie sie wohl sein werden, wie wir mit ihnen auskommen werden und sehe in ihre Augen. Vielleicht auch, weil man nichts anderes von ihrem Gesicht zu sehen bekommt. Aber ich kann in ihnen nicht lesen. Fast unbeteiligt schauen sie drein, so als ob sie gar nicht hierher gehörten. Ihre stolze Haltung unterstreicht diesen Eindruck und wird von der langen fließenden Kleidung, die ihre schlanke Figur umspielt, noch besonders hervorgehoben.

Auch diese Kleidung ist fremdartig. Die Männer tragen bis zum Boden reichende, langärmelige Gewänder, die in verschiedenen Farben ein überaus malerisches, beeindruckendes Bild abgeben.

Doch nun löst sich ein Mann aus der Masse der Wartenden, um einen der Ankommenden zu begrüßen. Überrascht sehe ich, wie aus dieser eben noch beobachteten unnahbaren, ja herablassenden Haltung eine freudige und herzliche Begrüßung wird, von eleganten Bewegungen begleitet. Fremde Laute, sanft gesprochene Sprachfetzen klingen herüber.

Welches sind wohl unsere Fahrer? Werden sie auch so freundlich sein? Wie werden wir mit ihnen auskommen? Ich war angekommen im Abenteuer …

Doch unsere Aufmerksamkeit gehört nun dem Gepäck und der Aufteilung auf die Autos. Und schon geht es mitten hinein in die Dunkelheit, mitten hinein in die Wüste.

Durch das Autofenster versuche ich die Umgebung zu erkennen. Das vor uns fahrende Auto zieht eine Staubwolke hinter sich her, durch die in der Dunkelheit nur schemenhaft einzelne nahe Steine und Felsen im Sand auszumachen sind. Schade, ich hätte doch gern schon ein wenig mehr von dieser Wüste entdeckt.

Am Himmel aber leuchten die Sterne. Den großen Wagen finde ich bald – aha, dort ist Norden. Schon immer versuche ich, mich in einer fremden Umgebung schnell zu orientieren.

Als Zehn-, Elfjährige war ich mit Vorliebe an einem kleinen Flüsschen, der Helme, entlang gelaufen, ganz allein und weit entfernt von unserer Vorstadtsiedlung. Landstraße rauf, um dorthin zu gelangen und eine andere Landstraße wieder zurück, um nach Hause zu kommen. Aber am Fluss war ich in meiner Traumwelt, wanderte dort als mutiger Forscher und kühner Entdecker ganz allein am Ufer entlang. Vor allem war ich ein großer Kapitän, der die von ihm entdeckten Buchten und Landstriche benannte, Kontakte zu imaginären, fremdartigen Völkern knüpfte und besondere Objekte dieser fremden Küsten in Form von Flussmuscheln sammelte, die es damals noch in dem kleinen Flüsschen gab.

Als solcher musste ich natürlich Fähigkeiten entwickeln, von denen ich glaubte, dass sie mir bei meiner erträumten, späteren interessanten Betätigung nützlich wären. Ich musste also lernen, geschickt Hindernisse zu überwinden, Schmerzen zu ertragen, Probleme zu bewältigen und ich musste mich gut orientieren können. Und letzteres hatte mich dazu gebracht, den Sonnenstand, aber eben auch die Sterne zur Standort- und Richtungsbestimmung zu nutzen.

Die hintere Achse des große Wagens, fünfmal verlängert, führt zum Polarstern, der so ziemlich genau über dem Norden steht.

Wir fahren also zunächst nach Nordwesten, um dann zwischen mannsgroßen Steinen direkt nach Westen abzubiegen, denn schon unser erstes Nachtlager ist in der Wüste, sind die Zelte, in denen wir schlafen werden.

Aber die sehen wir noch nicht, als die Autos endlich anhalten, denn es ist zunächst stockdunkel. Man hat einen Platz mit einem Windschutz umgeben, Matten ausgelegt und in der Mitte eine Wachstuchtischdecke ausgebreitet. Eine Glühbirne, an die Batterie eines Autos angeschlossen, beleuchtet nun mit ihrem grellen Licht das kleines Nachtmahl, eine heiße Suppe, die uns als Begrüßung mitten in der Nacht gereicht wird. Von der Tuareg-Mannschaft, die uns betreuen wird, bekommen wir nur wenig mit. Morgen sollen wir miteinander bekannt gemacht werden. Dann führt man uns zu den Zelten, die abseits aufgebaut sind.

Doch wo ist meine Taschenlampe? Missmutig tapse ich durch den zu Staub zerfahrenen Sand, stolpere über Grasbüschel und

Steine. Ohne Licht habe ich Mühe, das Zelt, das ich als das meine erkoren habe, nun mit dem Gepäck beladen, wiederzufinden. Alle stehen dicht nebeneinander in einer Reihe. »Prima Reihenhaussiedlung!!!«, geht es mir durch den Kopf. »Wie im DDR-Pionierlager!« So habe ich mir die erste Nacht in der Wüste nicht vorgestellt.

Meine mürrische Gefühlslage weigert sich, die gutgemeinten Bemühungen der einheimischen Mannschaft überhaupt wahr zu nehmen. In meiner eigenen Unzulänglichkeit verfangen, steigert sich mein Unmut nur noch, als ich versuche, nun ohne Lampe in meiner Reisetasche all die Dinge zu finden, die ich für die Nacht benötige. Von wegen »ganz, ganz toll«! Ute würde ich morgen früh schon die Meinung sagen!

Dazu aber habe ich keine Zeit. Schlecht geschlafen, bin ich schon sehr zeitig auf, um mit dem Fotoapparat bewaffnet, die aufgehende Sonne im Bild festzuhalten. Ich klettere über Steine und Felsen auf einen nahen Berg. Da liegt sie vor mir, die Wüste. Die nahen Felsen und Steine liegen im Dunkel des Morgens, dahinter aber, über eine helle sandige Ebene hinweg, türmen sich die Berge. Bereits von der Sonne beschienen, beginnen sie zu glühen, fremd und unwirklich. Darauf bin ich nicht gefasst. Es sind keine Berge, wie ich sie kenne: Sanft hügelig und mit Wald oder Gras bewachsen. Sie sind auch nicht wie im Hochgebirge schroff und spitz. Diese Berge sind aus einem Stück – Felsenberge, steil aufgetürmt, mit tiefen, aufsteigenden Strukturen wie gotische Kathedralen. Aber nicht wie diese in einer langen dünnen Spitze auslaufend, sondern eher gefällig abgerundet. Rot-orange beginnen sie im Morgenlicht ihr magisches Farbenspiel. Gefangen von ihrer wilden Schönheit sehe ich gebannt zu ihnen hinüber.

Es ist alles so gänzlich anders als in Namibia oder Tunesien, wo ich die Wüste schon kennen gelernt hatte. Dort erschien mir die Landschaft auch groß und weit, doch um einiges gewöhnlicher. Hier ist alles ganz anders, ist wild und unberührt und strahlt eine Präsenz aus, die alles Menschenwerk als unbedeutend abtut. DAS ist es, was mich besonders fesselt. Es erscheint mir, als hätten die Wüsten im Norden und im Süden Afrikas sich bereits auf die Menschen eingelassen, sich korrumpieren, zivilisieren lassen.

Diese Wüste hier aber ist stark, wild und scheint ewig. Ich bin überwältigt. Hier liegt eine Welt vor mir, in der die Phantasieabenteuer meiner Kindheit Wirklichkeit werden können.

Nein, ich brauche Ute nicht »die Meinung« zu sagen. Ich bin ihr zutiefst dankbar, dass sie mich hierher geführt hat und schaue fasziniert dem Farbenspiel zu, das die aufgehende Sonne fabriziert. All meine Skepsis, mein Unmut sind verflogen. Eine neue Welt hat sich mir aufgetan. Begeistert nehme ich alles auf, was mich umgibt. Sie gefällt mir ausnehmend gut, die Wüste. Sie ist noch fremdartig. Dennoch erfasst mich ein tiefes Gefühl von Vertrautheit und Nähe. Eine eigenartige Mischung. Aber sie macht mich überaus neugierig auf das, was mich nun erwartet.

Tassili

Größer als Australien soll sie sein, die Sahara, also größer als ein ganzer Kontinent! Eine solche Ausdehnung kann man sich bei EINER Wüste gar nicht vorstellen. Immer nur Sand und nur selten dazwischen eine Oase? Natürlich nicht! Wir denkfaulen Menschen lassen uns nur allzu gern von den Klischees diverser Witzzeichnungen leiten: Inmitten unendlicher Sanddünen zusammengedrängt die wenigen Palmen einer Oase. Dazu vielleicht noch ein vermummter Beduine auf einem Kamel. Das rufen wir ab, wenn wir das Stichwort »Sahara« hören. Auch meine Vorstellungen waren eher nebulös. Klar, Sand zu hohen Dünen angehäuft, so muss sie sein, die Sahara. Aber es ist, wie so oft, alles ganz anders.

Auf vielen Touristenreisen und während der Besuche bei meiner Familie in der Wüste habe ich sie kennengelernt, die Zentralsahara Südalgeriens. Seitdem ist mein Leben mit ihr verwoben, fühle ich mich immer wieder hingezogen, fühle mich in ihrer Allmacht geborgen, aber unendlich frei in ihrer grenzenlosen Weite.

Es ist die ungeheure Ausdehnung dieser Wüste, die immer wieder verblüfft. Wie ein fremdartiger Erdteil, ein Kosmos für sich, versetzt sie jeden Reisenden in Erstaunen.

In einem so riesigen Gebiet kann es nicht nur diese EINE Sahara-Landschaft geben. Man stelle sich Europa vor, mit seinen Gebirgen, Strömen und Ebenen, entferne überall den fruchtbaren Humusboden – und damit den größten Teil der Vegetation, schalte den Regen und im Winter den Schnee ab, trockne die Flüsse und Seen aus, kippe hin und wieder ein Häuflein Sand in die Landschaft und schon hätten wir die beste Wüste – nun in europäischer Landschaftsvielfalt.

Das riesige Gebiet, das wir heute als Sahara bezeichnen, hat sehr verschiedene Gesichter. Es gibt hohe Gebirge, weite steinige Ebenen, kahle Berge und Felsformationen, sogar Ortschaften und Städte. Und natürlich auch Sand, manchmal zu hohen und vielgestaltigen Dünen getürmt, mit elegant geschwungenem Grat. Aber davon hat die Sahara gar nicht so viel wie man landläufig glaubt. Der größte Teil sind öde, steinige Berge und Ebenen. In den Tälern wenige einzelne dürre Akazien. Was sie eint, ist die geringe jährliche Niederschlagsmenge. Bei weniger als 250 Milliliter jährlich spricht man schon von Wüste. Oftmals sind es aber wesentlich weniger, manchmal gibt es auch gar keinen Regen. Und hin und wieder gibt es so viel, dass alles überflutet wird, weil der harte, trockene Boden das Wasser nicht so schnell aufnehmen kann.

Und das sollen die Wüstenbegeisterten so anziehend finden? Das soll sie zum Schwärmen und Träumen bringen? Vielleicht gibt es ja doch ein Geheimnis, ein Mysterium, eine rätselhafte Anziehung! Weshalb begaben sich Religionsstifter in die Wüste? Ja, es stimmt schon, so eine riesige weite Landschaft macht dich frei und schärft den Blick für das Wesentliche. Mir jedenfalls geht es so! Ich fühle mich seltsam geborgen und völlig entspannt.

Aber als Tourist ist man schließlich nicht nur auf Sinnsuche aus. Man möchte dem Auge – und damit natürlich auch der Kamera – etwas bieten: Hohe schroffe Berge, tiefe Schluchten, grünende Täler, Schilf umstandene Gewässer, skurril geformte Felsen und natürlich leuchtende, scharf geschnittene Dünen. Das alles hat sie auch im Programm. Und nicht zu knapp!

Hätte ich nicht alles selbst in Augenschein genommen, geglaubt hätte ich das niemandem. Ich hatte Glück, mich hatte das Schicksal in den interessantesten und abwechslungsreichsten Teil der Sahara geschickt. Schon das Hoggar-Gebirge, von ehemaligen Vulkanen geprägt, bietet atemberaubende Anblicke.

Es sind nicht Vulkane, wie der Vesuv oder der Ätna, fast symmetrisch ansteigende Berge mit einem Kraterloch in der Mitte. Bei den Vulkanen des Hoggar ist der aus Lava angehäufte Berg ringsum längst verschwunden, nur die harten Kerne der Schlote recken sich steil empor. Nicht nur zwei oder drei, nein, es geht Schlag auf Schlag! Ein Gigant steht neben oder sogar über dem anderen. Ein Inferno aus der Urzeit! Tief sind lange Rillen in die Säulenformen eingepresst und geben den hoch aufragenden Schloten etwas gotisch Sakrales, Phänomenales.

Wenn man dann von weit oben dem leuchtenden Farbenspiel der untergehenden Sonne auf diesen Felsentürmen zusieht, fühlt man sich ganz klein und unbedeutend, aber auch unendlich dankbar, so etwas sehen und erleben zu dürfen.

Und wo sind die versprochenen grünen Täler? – Gar nicht so weit entfernt. Blau leuchten, tief in Basalt und Lava eingeschnitten, kurze Wasserläufe zwischen Schilf und Oleander. Einmal holte ich mir nasse Füße, als ich über eine »grüne Wiese« zu einer Schlucht gehen wollte, obwohl es dort Monate vorher nicht geregnet hatte! Auch das ist Sahara.

Doch erst, wenn es geregnet hat! Dann sprießt es, sogar mitten im Sand: Kleine schwarze Pilze, mit einem weißen Krönchen, bunte Blumen und wehendes zartes Gras. In einigen Wadis gibt es dann einen Teppich aus leuchtend purpurfarben blühendem »Alwat«, eine Schouwienart, – ein Fressfest für die Kamele. Aber all das ist immer eine ganz seltene Ausnahme.

Auch das prächtige Tadrart, eine Weiterführung des libyschen Akkakus-Gebirges in der algerischen Sahara, verwehrt dem Besucher seine Reize nicht. Bizarre Felsen, schwarz vom Wüstenwind lackiert, schwimmen in roten, orangen und gelben Dünen und Sandverwehungen.

Dort findet man immer wieder, wie vor allem auch im Ajjer, die künstlerischen Hinterlassenschaften der Altvorderen, die ihre damalige Umwelt in geritzten und gemalten Bildern festhielten. Vor allem die ältesten, bis zu 10 000 Jahre alt, bestechen durch ihre Grazie, Kunstfertigkeit und Natürlichkeit. Es entstanden ganze

Galerien, die es uns ermöglichen, die Welt so zu sehen, wie sie vor mehreren tausend Jahren war, als noch Giraffen, Nashörner und Elefanten die damals wesentlich grünere Sahara bevölkerten. Als später Rinderhirten durch die Savanne zogen, dann Kamele und noch später Pferde ein zügigeres Vorankommen ermöglichten – stets geben uns die Graffiti Auskunft über Kultur und Lebensweise der damaligen Bewohner.

In der Wüste gibt es doch aber vor allem Sand? Natürlich! Doch Gebiete, nur aus Sanddünen bestehend, gibt es nur wenige. Ich habe das Erg Admer kennengelernt. Ein langgestrecktes Dünengebiet vor dem Ajjer, einem wildzerklüfteten Hochplateau. Eine atemberaubende Landschaft. Man sollte nicht meinen, dass Dünen so unterschiedliche Formen und Linien schaffen. Der Wind hat den Sand nicht nur zu diesen hohen Dünen angeweht, sondern die Oberfläche besteht oftmals auch aus kleinen Windrippeln in den unterschiedlichsten Anordnungen und Formen. Wenn die aufgehende Sonne sie streift, bilden sie ein phantastisches Muster – eine Dünenlandschaft im Miniformat. Ich staune immer wieder, wie es Gräser und andere kleine Pflanzen schaffen, sich im puren Sand zu behaupten. Obwohl sie rasch unter der Sonne verdorren, bringt sie ein kleiner Regenschauer stets wieder zum Grünen.

Die größten Dünengebiete der Sahara sind fast so groß wie z.B. die Schweiz. Es sind riesige Sandmeere, mit Dünen bis zu 300 Metern Höhe. Doch sie bedecken höchstens 15 bis 20 % dieser Wüste. Es gibt auch kleinere Gebiete, manche nur so groß wie eine kleine Stadt, doch genauso majestätisch. Und natürlich gibt es auch einfach nur Sand, der vom Wind zwischen Felsen und Steine geweht wurde.

Weiter im Nordwesten des Hoggar birgt die zentrale Sahara eine weitere Kostbarkeit: Das geheimnisvolle Immidir, das man nur auf Kamelen erforschen kann, denn Autos haben keine Chance, die Felsenlandschaft zu durchdringen.

Einsame Landschaften, die aus den Aufbauten eines Sience-Fiction-Films zu stammen scheinen, säumen das Immidir. Weit verstreut ragen ringsum meist kegelförmige Monolithen, von immenser Größe und von Einsamkeit umweht, aus der Ebene. Als hätten hier mythische Titanen gewirkt und ihr Territorium mit den phantastischen Felsenbergen vom wuselnden Menschenvolk befreit. Leider bin ich kein gesteinskundiger Betrachter. Nur allzu gern hätte ich erfahren, WIE diese Kolosse vor Millionen von Jahren entstanden sind.

Nicht zu vergessen die steinernen »Wagenräder«! Ein Wunder der Natur? Ja! Fossilien aus längst vergangener Zeit, geformt und groß wie die Räder eines Lastautos.

Etwas ganz Besonderes aber ist der Oudane – der Geisterberg! Welch mystischer Ort! Hoch über dem nördlichen Ende des Tefedest-Gebirges thront er, überwacht wie ein gewaltiger Aufseher mit glatten steilen Felswänden das gesamte Bergmassiv. Sicher galt er schon in grauer Vorzeit als geheimnisvoller, ehrfürchtiger Göttersitz.

Doch komme man erst einmal in die Tassili! Tassili? Ja, das ist das Schönste, das Wunderland, das Beste, was die Sahara zu bieten hat! Es sind Formationen, die in grauer Vorzeit aus den Sandsteinablagerungen flacher Meere entstanden sind.

Später einsetzender Vulkanismus schob das Hoggar-Gebirge wie einen Keil dazwischen, zerteilte und hob die Sandsteinschichten. Die Plateaus entstanden. Das bedeutet das Wort »Tassili« auch – Plateau. Die nun mehr oder weniger erodiert, die wunderlichste, überwältigendste Landschaftsform bildet, die man sich nur denken kann.

Der Ajjer, östlich des Hoggar-Gebirges gelegen, ist so ein Hochplateau. Tiefe Schluchten, uralte Zypressen und Felsentürme dicht an dicht prägen sein Gesicht. Weit im Norden dann plötzlich mitten in steinerner Einöde tut sich tief unten ein Paradies auf: Iherir. Lieblich spiegeln sich Palmen in seinem Wasserbecken, gespeist von kleinen Wasserfällen, umrahmt von Oleanderdickichten.

Aber auch Namen wie El Ghessour, Tin Akascheker, Tagrera, Les Aiguilles, Youf Aghlal, Tahaggart, Rerhoh oder Laouni klingen in den Ohren der Wüstenreisenden wie Musik. Diese und noch andere bilden rings um das Hoggar-Gebirge, vor allem aber in seinem südlichen Vorland einen magischen Zirkel in der Ausdehnung Frankreichs. Wer einmal dort verweilte, der ist verloren, der Sehnsucht verfallen. Der wird sich immer wieder zurücksehnen in diese Zauberwelt von Sand und Stein, in der der Wüstenwind seine einsame Heimat hat. Fern jeglicher menschlicher Einwirkung, windzerzaust und unbeugsam, gehören sie zu einer fremden fernen Welt. Vergessen und zeitlos lässt sie uns Schauer über den Rücken laufen. Eine originale, gewaltige Kulisse für ein Theaterstück »Ewigkeit«‹, das in einer fernen Zeit ohne Menschen spielt.

Da gibt es Schluchten, eng und tief, mit kleinen Gueltas – Wasserbecken – in ihren entlegenen Winkeln, steil aufragende Felsentürme, die sich zu Kathedralen oder Säulenreihen formieren. Brücken und Torbögen rahmen die skurrilsten Sandsteinmonumente. Einzelne Wächter stehen, wie Köpfe oder Tiere geformt, in vorderster Front, werden verschlungen vom Sand, der sich dazwischen türmt. Feuchtere Zeiten schufen Höhlungen, die Aveole und Tafoni, die neue Strukturen und Formen hervorbrachten. Oft von schwarzen Schichten oder dunklen Krusten überzogen wie eine Haut, geben sie einen starken Kontrast zu den vielfältigen Farben des Sandes, der sie umgibt: Weiß, leuchtend gelb oder feurig orange bis purpurrot – je nach Laune der Verbindung von Quarz und Mineral.

Eine Landschaft vom Anbeginn der Zeit.

Hier singt der Wind in den Felsen sein Jahrtausende altes Lied. Hier verbindet er Himmel und Erde mit Myriaden Sand- und Staubteilchen oder verstummt ehrfürchtig und überlässt der unbarmherzigen, heißen Sonne das Feld.

Und über allem steht die Allmacht des Universums. Unbedeutend und winzig im Unendlichen dieser Landschaft spürt der Mensch die Kraft der Ewigkeit, fühlt sich dazu gehörig und eingewoben, als belangloser Teil, nicht als Herr der Schöpfung.

III. Eine Reise mit meiner Enkelin

Komm, setz dich zu mir.
Warum möchtest du nicht auf der Erde sitzen? Was ist schlecht an der Erde?
Allah hat die Menschen aus Erde gemacht und wenn wir sterben, gehen wir in die Erde zurück.
Also komm, setz dich zu mir auf die Erde.
Die Erde ist gut.

Mohammed Ahmed Khalla

Der Wolf und die sieben Geißlein

Diesmal begleitet mich meine vierzehnjährige Enkeltochter Ulla auf meiner Wüstentour. Obwohl anfangs genau so skeptisch wie ich bei meiner ersten Reise in die Sahara, hat die Wüste auch sie schnell in ihren Bann gezogen. Sie ist begeistert von der Vielfältigkeit der Landschaft. Hatte sie doch geglaubt, immer nur durch den Sand reiten zu müssen, um dann endlich einmal in einer Oase anzukommen. Nun bestaunt sie die vielen Akazien, die im Wadi stehen und die Felsen in ihrer phantastischen Vielfalt und Größe. Vor allem aber ist sie entzückt von ihrem Reitkamel, einem wunderschönen weißen Mehari. Denn wir sind zu zweit auf Kamelen unterwegs. Viel schneller als ich damals beginnt Ulla das Reiten bald zu genießen. Als hätte sie nie etwas anderes getan, sitzt sie beneidenswert lässig auf ihrem Reittier. Auch in der ihr zunächst noch fremden Umgebung bewegt sie sich sicher, nimmt begierig alles Neue auf.

Wir reisen unter der Obhut von Mohammed, einem Tuareg, der uns mit seinem Halbbruder Manou als Begleiter zugeordnet wurde. Sie kümmern sich um die Verpflegung, die Kamele und führen uns vor allem auf der richtigen Route, die uns schon seit einigen Tagen in einem tollen Rundkurs durch einen kleinen Teil des Hoggar-Gebirges führt.

Besonders hilfreich sind Mohammeds Deutschkenntnisse. Als Kind hatte er nie eine Schule besuchen können. Doch eifrig nimmt er alle neuen Wörter und Begriffe dieser für ihn völlig fremden Sprache auf. Und so kann ich mich als Grundschullehrerin sogar noch einbringen.

Natürlich geht es nicht ohne Spaß. Umständlich, aber sehr gewichtig setzt er sich meine Brille auf und dann kann es auch gleich losgehen. Dass die Linien im Übungsheft den Buchstaben einen gewissen Halt geben und dass man zwischen den einzelnen Worten eine kleine Lücke lässt, vergisst er immer wieder. Aber auch die ABC-Schützen in unseren Schulen, die aus Büchern und Presse sehr wohl an Schrift gewöhnt sind, brauchen Zeit!

Und auch wir sind Nutznießer und lernen einige Worte Tamahaq, der Sprache der Tuareg. Immer wieder sitzen wir im Schatten eines Baumes, üben mit ihm Buchstaben schreiben und lesen und gegenseitig Vokabeln. Kompliziert ist die fremdartige Aussprache, mit der vor allem wir Mühe haben.

Wenn Mohammed auch Schwierigkeiten hat, die deutschen Umlaute ä, ö und ü zu artikulieren, so sind wir beide doch die weitaus schwächeren Schüler. Immer wieder müssen wir umständlich in unseren Notizen nachsehen: »Wie heißt doch gleich Zügel auf Tamahaq?« Mohammed hingegen kommt zu unserer großen Überraschung problemlos ohne Merkzettel aus. Mit seiner phänomenalen Merkfähigkeit in einer Kultur ohne Buch und Schreibstube ist er diesbezüglich wesentlich besser ausgestattet.

Heute haben wir unter einer großen Akazie unser Nachtlager aufgeschlagen und beginnen das Abendbrot zu richten. Doch plötzlich werden die beiden Targi aufmerksam. Angespannt schauen sie in die gleiche Richtung.

Auch wir sehen erwartungsvoll dorthin. Aber außer den Akazien und Steingruppen, an denen wir vorher bereits entlang geritten waren, können wir nichts erkennen. Doch die Aufmerksamkeit eines Targi – eines Tuareg-Mannes – ist verblüffend. Bis wir den Anlass ihrer Achtsamkeit auch nur zu vermuten glauben, haben die beiden den Ankommenden längst erkannt.

Endlich sehen wir ihn auch: Ein Reiter ist am Ende des Wadis aufgetaucht. Er führt ein zweites Kamel mit sich, das sein Gepäck trägt. Und er hält auf uns zu! Gespannt sehen wir uns an. Was will er von uns? Will er etwa nach dem Weg fragen?

Hier gibt es keine Wegweiser oder gar feste Straßen. Hier »macht« jeder seinen Weg selbst, findet sein Ziel nach Sonne und Sternen und richtet sich nach markanten Punkten im Gelände. Für uns wäre das ein äußerst schwieriges Unternehmen. Ich z.B. würde nie die Route der letzten Tage ohne Probleme wiederfinden. Zu verwirrend waren die vielen schmalen Kamel- und Ziegenpfade, die parallel oder sich kreuzend durch die Felslandschaft der Berge hinauf und hinab und durch Wadis verliefen und denen wir folgten.

Aber bei dem Reiter verhält es sich anders. Ganz zielgerichtet reitet er auf uns zu. Mohammed und Manou gehen ihm sogar entgegen. Ein Gast!? Wie sich herausstellt, ist es einer die vielen Cousins der beiden. Er ist unterwegs, auf dem Heimweg.

Doch in der Wüste lässt man sich Zeit, vor allem, wenn man zufällig Verwandte oder Freunde trifft. Eben deshalb macht er bei uns Rast. Gastfreundschaft ist in der Wüste nicht nur Höflichkeit, sie ist in einer so lebensfeindlichen Umwelt unerlässliche Notwendigkeit, die natürlich auch gern genossen wird. Wie es sich bei Reisenden gehört, werden erst einmal das Woher und Wohin, die persönliche Befindlichkeit und vor allem die Neuigkeiten in der Familie erörtert. Und weil man über ausreichend viel Zeit verfügt, nimmt man sie sich auch. Dazu gehört, dass zunächst einmal der obligate Tee gekocht wird. Man sitzt sich bequem gegenüber und schwatzt und schwatzt …

Wir als Außenstehende wollen dabei nicht bei den Männern sitzen, denn wir verstehen ohnehin nichts. So nehmen wir frei und sehen uns die Gegend an. Es ist ein schöner Platz! Auf zwei Seiten umgeben von hohen Felsenbergen weitet sich die Landschaft nach Westen hin und gibt den Blick auf einen mächtigen Tafelberg frei, der blau in der Ferne den Horizont schmückt. Im Wadi stehen viele grüne Akazien und mit kleinen Blättern versehene, ebenfalls stachelbewehrte Boraren-Bäume. Nein, wie öde Wüste sieht das nicht aus! Es ist ausnehmend lieblich und schön hier.

Nun geht die Sonne schon unter und die wichtigsten Gespräche sind hoffentlich erledigt. Das Abendessen wartet. Obwohl wir vier auch bisher stets gemeinsam aßen, sitzen wir nun in zwei Grüppchen, die Männer rechts, die Frauen links, denn bei den Tuareg wird zumindest beim Essen streng getrennt, erfahren wir. Es schickt sich also nicht, im Beisein eines Gastes die Sitten zu vernachlässigen.

Doch dann wird es doch noch gemütlich. Amoud, unser Gast, scheint wohl Gedichte zu lieben, denn Mohammed legt gleich nach dem Essen mit großem Pathos los. Das hört sich gut an. Leider verstehen wir nicht, was er so pathetisch deklamiert und erfahren deshalb auch nicht, wovon das Epos handelt. Aber wir sind zusammengerückt, sitzen nicht mehr Männlein und Weiblein getrennt.

Und wir können kontern! Das »Ameisen«-Gedicht von Ringelnatz, in dem die beiden Ameisen leider nur bis Altona statt bis nach

Australien kamen, muss herhalten. Natürlich verändere ich die fremden Orte in bekannte Örtlichkeiten. So ist es leicht zu übersetzen. Wir wollen schließlich, dass unser Gast uns auch versteht. Es wird ein voller Erfolg. Mit Reisen kennen sich die Wüstenbewohner schließlich aus.

Dann schlägt Ulla vor, wieder mithilfe Mohammeds Übersetzungskünsten, das Märchen vom »Wolf und den sieben Geißlein« zu erzählen. Eine prima Wahl! Ziegen sind hier allerorten bekannt und der Wolf mutiert zum Schakal. Damit sie uns besser verstehen können, setze ich Mimik und Gestik ein. Wir haben so viel Spaß daran, dass wir schließlich zu einer Art Stegreifspiel übergehen, das immer wieder von unseren heftigen Lachanfällen unterbrochen wird. Es ist aber auch ungemein erheiternd, wenn ich als böser Schakal die Ziegenkinder – von Ulla dargestellt – unter Schüsseln, Teppichen und Decken suche, packe und dann genüsslich verschlinge.

Als Krönung unserer Darbietung erweist sich schließlich der Schluss: Der »Schakal« liegt schnarchend am Essplatz und hält sich den vollgefressenen dicken Bauch – nun gefüllt mit Wackersteinen. Zu dieser Szene muss ich mehrfach ansetzen, denn die allgemeine Erheiterung ist auf einen Höhepunkt angelangt und will und will nicht aufhören.

Ich weiß nicht, was Amoud später von den Touristinnen erzählte, die er in der Wüste bei seinen Cousins antraf. Aber gelacht hat auch er, und nicht zu knapp!

Cascades de Tamekrest

Heute führt uns die Tour über felsige Pfade in die Berge hinauf. Es geht über Stock und noch mehr über Stein. Ulla meinte schon gestern, dass ihr Sattel rutscht. Aber dann hatte sie sich irgendwie damit abgefunden und alles ging gut. Deshalb achte ich nicht besonders darauf, als sie wieder klagt: »Der Sattel rutscht!« Ich hätte es tun sollen! Aber es gibt hier nur unwegsame Felsen und Steine, wo soll sich da ein Kamel niederlassen, damit sie absteigen kann, um alles besser zu richten?

Und so passiert es dann: Im Zeitlupentempo gleitet sie ganz elegant wie eine Zirkusakrobatin nach vorn links hinab, umrundet im freien Fall den Kamelhals und landet rechts dicht neben einem großen Stein auf einem winzigen Sandfleck, der sich plötzlich am Wegesrand einfindet. Wie gut, dass sie einen Schutzengel hat! Mohammed springt entsetzt vom Kamel und untersucht bei ihr alles, was vielleicht nicht mehr in Takt sein könnte: Arme, Beine, Rücken. Al-hamdu lil-lah! Alles ist heil! Einige kräftige blaue Flecken wird sie allerdings als Souvenir mit nach Hause nehmen. So etwas hat nicht jeder!!!

Oben angekommen, stoßen wir auf ein sandiges Wadi. Überall dort, wo Wasser bei Regenfällen zusammenläuft und dahinströmt, hat es mehr oder weniger breite Rinnen oder flache Täler geschaffen – die Wadis oder Oueds. In der Ebene sammelt sich das Wasser dann zu breiten Strömen. Aber auch oben im Gebirge kann es zwischen den Felsen mächtig brausen und schäumen. Dieses Wadi liegt ebenfalls hoch und ist an den Rändern wunderbar grün bewachsen. Sogar zwei Palmen stehen dort. Ein deutliches Zeichen für Grundwasser dicht unter der Erdoberfläche. Aber so weit oben in den Bergen?

Wahrhaftig! Ein riesiges Schilfdickicht riegelt wie eine Schranke den Verlauf des trockenen Flussbettes ab. Schilf?! Und das mitten in der Sahara?!! Von wegen trockenes Flussbett! Direkt aus dem Sandboden dringt Wasser, wird zu einem kleinen Bächlein, das einige Meter weiter in eben diesem Schilf verschwindet. Verblüfft steigen wir ab.

Die Kamele riechen das Wasser. Aber Mohammed lässt sie nicht saufen, sondern zeigt uns einen Weg durch das Labyrinth der mannshohen Halme. Dort hindurch führen wir die Tiere und gelangen schließlich an eine felsige Stelle, wo das nun größer gewordene Bächlein den Tieren als Tränke dient.

Manou ist uns ein Stück voraus geeilt. Wir können ihn nicht sehen, dafür hören wir ihn nun. Doch die Rufe ertönen etwas weiter unten. Wahrscheinlich werden die Felsen, für uns hier oben nicht sichtbar, eine kleine Stufe gebildet haben, die das Wasser herunter springen muss. Sicher ist er dort herunter geklettert. Jedenfalls ist sein beglücktes Plantschen und Prusten unter dem kalten Wasser deutlich zu vernehmen. Was für eine Attraktion! Das muss wie eine Dusche sein, eine Dusche, ohne Wasserleitung, ohne Armaturen! Dafür aber gratis und mitten in der Sahara!

Dann dürfen wir auch. Vorsichtig wagen wir uns durch das Schilf nach vorn und weichen erschrocken zurück. Es geht mindestens fünfzig bis sechzig Meter in die Tiefe! Die Felsen bilden hier eine steile Abbruchkante im Gelände. Und hier hinunter fällt und springt das Bächlein von Stein zu Stein herab. Fließt dann, weit, weit unten in der Ebene angekommen, mäandernd weiter, um allmählich im Sand des dort unten liegenden Wadis zu verschwinden. Welche Überraschung!

Begeistert halten wir inne und bestaunen das Naturwunder. Wo gibt es das schon an anderer Stelle in der Welt? Ein Wasserfall aus unerhörter Höhe mitten in der Wüste! Wir können gar nicht genug kriegen und zeigen uns gegenseitig die schönsten Ausblicke und Ansichten. Dafür sind wir gern die steilen Felsenpfade auf dem Kamel heraufgestiegen.

Manou war natürlich nur ein kleines Stück herabgeklettert. Dort gab es einen kleinen Absatz, zu dem das Wasser oben in einer kleinen Rinne geleitet, einige Meter im freien Fall die wunderbare Wüstendusche geschaffen hat.

Nicht ganz schwindelfrei klettern wir von Fels zu Fels, um besser sehen zu können. Die Felsen sind vom Wasser glatt geschliffen. Es scheint uns zu gefährlich, dort weiter hinab zu steigen. Wie schnell kann man abrutschen und dann?

Wenn wir auch sicherheitshalber auf die Naturdusche verzichten, haben wir dennoch eine willkommene Waschgelegenheit am Bächlein weiter oben. Aber immer wieder gehen wir durch das Schilf zum Steilabhang, um zu schauen.

Als wir zurückkommen, schöpft Manou aus einem Loch im Sand, das er ein kleines Stück vor dem Heraustreten des Bächleins gegraben hat, frisches Wasser in unsere Wasserkanister. Er achtet genau darauf, dass kein Sand mit hineinkommt und schüttet darum immer den letzten Rest aus dem Schöpftopf weg. Deshalb also sollten vorhin die Kamele an dieser Stelle nicht trinken.

Zum Abendessen backt er Tagella, einen dicken Fladen aus Mehl und Wasser, in der heißen Asche des Feuers. Bis sie gar ist, gibt es ein Flötenkonzert. Mohammed spielt auf der Blockflöte, die Ulla mitgebracht hat. Erstaunt bewundern wir, wie problemlos er damit musizieren kann. Ein Naturtalent! Dann aber hören wir bezaubernde Melodien auf seiner selbstgebauten Flöte aus einem simplen Alurohr. Fremdartig schön und klar klingen sie in der Stille des Abends.

Ulla nimmt sie auch gleich mit ihrem MP3 Player auf. Gespannt hört Manou anschließend über Kopfhörer die selbstfabrizierte Musik.

Es ist ein wundervoller Abend – auch wenn Ulla heute mit Abtrocknen dran ist.

Am nächsten Morgen gehen wir gleich nach dem Frühstück noch einmal zum Wasserfall. Wir wollen die Morgenstimmung genießen. Die Strahlen der aufgehenden Sonne erreichen bereits einige umliegende Felsen. Verträumt lassen wir die seltsame und unwirkliche Stimmung auf uns wirken, mitten in der Sahara an einem Wasserfall zu sitzen, umgeben von einem dicken Schilfgürtel, in dem eine ganze Vogelschar zwitschert und herumflattert.

Dort unten, wo das Bächlein versickert und das Wadi Tamekrest seinen Anfang nimmt, dort unten möchte ich auch einmal sein, möchte mich in die Unendlichkeit der Wüste begeben und herauf schauen und wissen: Dort oben, dort habe ich einmal gesessen, hinter dem Schilf am Bächlein, das zu einem richtigen Wasserfall in der Sahara wird.

Familienbande

Als Höhepunkt und Abschluss unserer Reise war ein Besuch im Nomadenlager bei Manous Familie vorgesehen. Heute soll es nun dorthin gehen. Wir sind äußerst gespannt. Wie mag es dort aussehen? Wie wird man uns empfangen? Wir haben uns ein wenig heraus geputzt, Geschenke sortiert und griffbereit gelegt.

Nach dem Frühstück brechen wir auf. Wir sind noch nicht lange geritten, als wir einer kleinen Gruppe französischer Wandertouristen begegnen. Ich bin heilfroh, bequem hoch oben auf meinem Mehari sitzen zu können. Doch sie – krebsrot im Gesicht – tippeln zu Fuß! Das macht bei einer Hitze von ca. 36 Grad im Schatten, den es allerdings hier beim Wandern nicht gibt, vielleicht doch nicht soooo viel Spaß! Zur allgemeinen Freude der Wandernden wird angehalten. Endlich einmal verschnaufen! Die Tuareg-Begleiter, deren Gesichter freilich nicht verschwitzt sind, wechseln ein paar Worte mit den unseren. »Where are you from?«, werden wir beide nun gefragt. »Nek almania«, antworte ich dem dunkeläugigen Guide auf Tamahaq und bin außerordentlich stolz, das schon in seiner Sprache sagen zu können. »Ah, Ballack!«, reagiert der prompt. Ich bin also verstanden worden und gleichzeitig zeigt man mir, wie gut man Bescheid weiß. Im Juni sind Fußballweltmeisterschaften in Deutschland.

Wir reiten weiter. Nach einer Weile kommt uns eine Frau entgegen, ganz allein. Wir halten wieder an und als sie uns erreicht, beginnt Mohammed ein Gespräch mit ihr. Dabei versucht sie immer wieder einen Blick auf uns zu erhaschen. Auch ich mustere sie möglichst unauffällig. Man will ja schließlich nicht als neugierig gelten! Sie mag Ende vierzig sein und ist allein unterwegs, trägt eine Strickjacke und ein Kopftuch, unter dem trotz ihres Alters Zöpfe hervorlugen. Es gefällt mir, wie sicher sie sich gibt, ohne aber affektiert zu sein.

Manou sitzt derweilen stumm auf seinem Kamel und sieht gelangweilt geradeaus. Er scheint sie nicht zu kennen.

Als wir weiter reiten erklärt uns Mohammed, dass das Manous

Mutter sei, also die zweite Frau seines Vaters. Sie ist zu einer Ziegenherde unterwegs, die zur Zeit weiter entfernt betreut wird. Wir sehen uns an: Warum hat sich der Sohn so abweisend verhalten? Gibt es Zoff in der Familie? Aber ich bin mit meiner Enkeltochter einig, wir wollen nicht daran rühren und trotten auf unseren Kamelen hinterdrein.

Plötzlich rennen Ziegenlämmer vor uns her. Kinder springen herum und eine schwangere Frau versucht die Tiere mit schrillen Rufen zu bändigen. Wieder halten wir an und wieder gibt es ein ähnliches Zeremoniell: Mohammed schwatzt mit der deutlich jüngeren hübschen Ziegenhirtin. Einen Jungen, vielleicht sieben oder acht Jahre alt, ruft er heran und holt aus meinem Rucksack, der an seinem Kamelsattel hängt, einen der mitgebrachten Äpfel hervor, teilt ihn, gibt dem Kind beide Hälften und streicht ihm über den Kopf. Äpfel gibt es hier nicht alle Tage! Er soll den Apfel mit seinem Freund teilen.

Manou indessen sitzt wie schon vorher teilnahmslos auf seinem Kamel und sieht ungerührt nach vorn. Als wir nun beim Weiterreiten erfahren, dass es sich bei der Schwangeren um Manous Frau handelt, sind wir betroffen. Na, so weit kann der Familienzwist doch wohl nicht gehen! Spricht er mit niemanden aus seiner Familie?

Mohammed, den ich schließlich vertraulich zur Seite nehme und danach frage, erklärt es mir. Bei den traditionell in der Wüste lebenden Tuareg ist das so! Der Mann spricht in der Öffentlichkeit und vor allem vor Fremden nicht mit seiner Frau oder seiner Mutter oder nähert sich ihnen. Was zwischen Mann und Frau passiert, geschieht nur unter Ausschluss anderer, auch der Kinder. Nach außen hin wird in diesen Beziehungen ordentlich gefremdelt – dass ist schicklich! Mohammed als Schwager und auch als Stiefsohn hingegen war eine angeregte Unterhaltung vergönnt.

So ist das Leben der Nomaden strengen Regeln unterworfen. Sicher hat das mit ihrer doch sehr öffentlichen Lebensführung zu tun. Jeder kann fast alles sehen, was bei den anderen geschieht. Also regeln strenge Umgangsformen die sichtbare Welt. Ich kann mir das so gut erklären. Doch könnte ich das auch selbst so hinnehmen?

Ebenso gehört es zu Anstand und Sitte, seine Gefühle für sich zu behalten. Kummer, Schmerz, aber auch Besorgnis und Hilflosigkeit und natürlich Angst verbirgt man stolz hinter einer undurchsichtigen Miene. – Das entspräche schon eher meiner Mentalität.

Wie sehr sich Manou gefreut hat, seine Familie wieder zu haben, zeigt er dann, als wir in einer Schilfhütte einquartiert werden. Während Mohammed das Mittagessen zubereitet, kommt ein etwa dreijähriger Junge angestapft. Ein wenig verunsichert schaut er zu uns Fremden herüber und setzt sich dann rasch seinem Vater Manou an die Seite. So schüchtern scheint er sonst wohl nicht zu sein. Neugierig mustert er uns. Ein hübsches Kind! Wer kann schon so großen schwarzen Augen widerstehen?

Ein reizendes kleines Mädchen trippelt hinterdrein. Sie ist ca. eineinhalb Jahre alt, ihre schwarzen Augen strahlen, als ihr Papa sie in den Arm nimmt und mit ihr auf der Matte kuschelt. Wie eine Katzenmutter umschließt er sie und spielt mit ihr. Sie trägt selbstgemachte Sandalen, bestehend aus einer Ledersohle, die mit einem Bindfaden zwischen den Zehen hindurch und am Knöchel festgebunden ist. Sie sollen die noch zarten Füßchen vor den spitzen Steinen am Boden schützen. Es berührt mich, die beiden so innig miteinander spielen zu sehen. Plötzlich ist aus dem scheinbar abweisenden Mann und Sohn ein zärtlicher Vater geworden.

Zu Gast

Die Einladung bei Manous Familie haben Ulla und mich ziemlich neugierig gemacht, denn Mohammed sprach immer einmal wieder von Manous »Haus«. Aber Nomaden haben doch kein Haus! Nun, vielleicht liegt das ja auch an seinem mangelnden Wortschatz.

Als wir uns der Ansiedlung nähern, sind wir von der wilden Schönheit dieses Platzes begeistert. Am Horizont türmen sich hohe schroffe Berge. Aber Manous »Haus« ist ganz anders, als wir es uns vorgestellt haben. Vor uns, auf einer hohen weiten Kiesbank am

Rande eines Wadis, das ebenfalls von mächtigen, vielgestaltigen Felsenbergen gesäumt wird, stehen mehrere Hütten aus Schilf, die sich idyllisch in diese wilde Landschaft einfügen. Manou lebt also nicht in einem »Haus«, sondern in einer Zeriba, einer Schilfhütte. Aber leben Nomaden nicht eigentlich in Zelten?

Mohammed erklärt uns, dass sie nicht mehr mit ihrer gesamten Habe und den Herden umherziehen. Seit der großen Dürre in den achtziger Jahren sind die Herden beträchtlich kleiner geworden. Man wohnt nun an einem Ort und zieht von dort aus täglich mit den Ziegen in den nahegelegenen Wadis umher, damit die dort ihr Futter suchen können.

Außer Manou wohnt auch Brahim, der Vater der beiden, mit seiner Familie hier. Sicher werden wir ihn ebenfalls kennenlernen. Wie man uns wohl empfangen wird?

Es gibt nur wenige Hütten, die etwas entfernt voneinander aufgebaut sind. Eine schüttere Akazie in der Mitte beschattet nur dürftig einen Platz, an dem sich ganz bestimmt sonst die Ziegen aufhalten, denn der Boden dort ist ganz dunkel vom getrockneten Ziegenkot.

Wir reiten, von Mohammed geführt, bis vor eine der Hütten. Dann bittet er uns hinein und unsere beiden Führer laden das Gepäck ab. Schnell sind die Matten ausgebreitet und wir können es uns bequem machen.

Gespannt sitzen wir in dieser Hütte und harren der Dinge, die da kommen werden. Aischa, Manous Frau, hat sich bescheiden am Eingang der Zeriba auf dem Boden niedergelassen. Sie hat die Ziegen der Obhut der beiden Jungen überlassen und begrüßt uns auf diese Weise. Unter ihrem großen schwarzen Tuch, das sie mehrfach um sich geschlungen hat und das auch den Kopf bedeckt, blitzt unten ein Stück von ihrem Kleid hervor. Es ist weiß, mit glänzendem Muster, ein Festkleid, und zeugt von der Ehrerbietung uns, den Gästen, gegenüber.

Sie hat einen Krug mitgebracht, und bietet uns frisch gemolkene Ziegenmilch als Willkommensgruß an. Höflich nehmen wir dankend den großen Krug entgegen und trinken tapfer das uns fremde Getränk. Es ist fett und schmeckt etwas streng, ist aber sehr erfrischend.

Wir sehen uns um. Die Hütte ist etwa vier mal fünf Meter groß. In der Mitte ein Akazienstamm, der das Dach trägt. Es ist, wie auch die Wände, aus Schilf, das an einem hölzernen Ästegerüst befestigt ist. Von außen sieht es aus, als hätte man das Schilf nur senkrecht aufgestellt und festgebunden, denn die Blütenstände und Spitzen ragen ungekürzt über die Dachhöhe hinaus. Die Tür ist nur eine rechteckige Öffnung. Fenster gibt es nicht. Es gibt auch keine Einrichtungsgegenstände. Die Hütte ist leer. Ein Maschendrahtzaun schützt vor den gefräßigen Ziegen, die sonst wahrscheinlich das ganze »Haus« verputzen würden. Aber angenehm ist es in solch einer Zeriba, luftig und schattig zugleich. Sacht raschelt der Wind in den Schilfhalmen, anheimelnd und Geborgenheit verbreitend.

Manou leistet uns mit seinen beiden Kindern Gesellschaft, während Aischa weiterhin still am Eingang sitzen bleibt – auch als ich sie bitte, doch mit auf den Matten Platz zu nehmen. Ach ja, richtig! Männer und Frauen sitzen bei den Tuareg doch voneinander entfernt. Wir, als Gäste, sind da wohl eher ein Neutrum.

Ein Salat-Menü wird gerichtet. Nun lernen wir auch den Vater kennen. »Bonjour!«, begrüßt er uns. Er kann ein wenig Französisch. Leider hilft mir das nicht viel, denn ich beherrsche diese Sprache nicht. Er ist ein stiller, lieber Mann, wahrscheinlich einiges über 70 Jahre, so weit das an dem kleinen Ausschnitt seines Gesichtes zu beurteilen ist, den sein Schesch freigibt. Er ist hager und hoch gewachsen. Eine dicke Brille erzählt von schlechten Augen.

Nach dem Essen zeige ich allen eine reich bebilderte Broschüre meiner Heimatstadt. Fotos vom langen Häuserblock, in dem ich wohne, sind auch dabei. Stolz zeigt sie Mohammed herum. »Das ist Helgas Haus!« »Nein, nein, das ist nicht mein Haus. Ich wohne nur darin. Dort oben, nur die drei Fenster, die gehören zu meiner Wohnung.«

Ich weiß nicht, ob man das begreifen kann. Mietwohnungen sind hier nicht bekannt. Warum bewohne ich in einem so riesigen Haus nur ganz oben die Räume hinter drei Fenstern? Aber bei den Europäern ist wohl alles etwas komisch. Das Interesse lässt spürbar nach. Man erkennt nur das, was man kennt. Europäische Großstadthäuser sind ihnen fremd.

Umgekehrt kann man sich in Europa das nomadische Leben in der Wüste kaum vorstellen. Wer hätte schon an Schilfhütten mitten in der Sahara geglaubt?

Ich verteile die mitgebrachte Schokolade und Äpfel. Als ich Manous Sohn einen kleinen bunten Gummiball gebe, gibt es Streit. Seine kleine Schwester möchte ihn für sich haben. Und schon rollen Tränen. Wie schade, dass ich vorher nicht wusste, welche Familienmitglieder mich erwarten und vor allem wie viele.

Der Ball jedoch erhält nur kurze Zeit Aufmerksamkeit. Aischa rollt ihn ein paar mal vor den Kindern hin und her. Doch bald wird er langweilig. Ich glaube, Spielzeug, wie wir es kennen, mit dem bei uns die Kinder in Massen überhäuft werden, gibt es bei den Nomaden nicht.

Mohammed hatte schon am Morgen den Inhalt des Rucksacks, den er für mich an seinem Kamelsattel transportierte, zu meiner Verwunderung in »Männer-« und »Frauensachen« sortiert.

Die »Frauensachen«, das sind Nähzeug, Nähgarn, Cremes, Seife und Parfüm, werden in einer Plastiktüte verstaut und den Frauen extra gegeben. Die »Männersachen« aber kamen wieder in den Rucksack zurück. Nun offeriere ich sie dem Vater.

Ich bin schon seit einiger Zeit im Zweifel, ob meine Geschenke den Menschen hier nützlich sind. Ich hatte die Dinge als praktisch veranlagte Europäerin ausgewählt. Die Klappsäge z.B. muss ich hier nun erst erklären. Ob man sie überhaupt bei dem harten Akazienholz benutzen kann, weiß ich freilich nicht. Auch die Rolle Bindfaden scheint ihnen fremd. Aber über die Taschenlampen, eine Leine und andere Kleinigkeiten freut Brahim sich. »Tannemert«, bedankt er sich immer wieder freundlich. Ich antworte stolz über meine wenigen Sprachkenntnisse und zur Überraschung Mohammeds mit »Tannemertenek keda!« Das bedeutet so viel wie: Danke zurück. Wir sind schließlich als Gäste geladen.

Ulla hat als geübte Babysitterin inzwischen rasch Freundschaft mit den Kindern geschlossen und spielt mit ihnen. »Sie kann gut mit Kindern!«, meint anerkennend Mohammed. Im freundlichen Umgang mit kleinen Kindern möchte sich jeder gern hervor tun.

Die Sonne ist am Untergehen, als eine weitere Ziegenherde heran kommt und mit ihr ein halbwüchsiger Junge und ein scheues

Mädchen von etwa elf, zwölf Jahren. Ihr Tagewerk ist vollbracht. Sie waren den gesamten Tag unterwegs.

Wenig später sind wir bei Brahim eingeladen. Seine Zeriba ist wie ein kleines Gehöft gestaltet. In einer Hütte wird gekocht und geschlafen. Gegenüber befindet sich eine Schilfhütte ohne Vorderwand und bildet den ›Salon‹, das Gesellschaftszimmer. Sie dient also dem Aufenthalt tagsüber. Beide Hütten sind rechts und links miteinander durch einen hohen Zaun aus Schilf verbunden. So entsteht ein kleiner Hof. Schade, da kann man die grandiose Landschaft ringsumher gar nicht bewundern. Doch die kennt hier jeder von den täglichen Wanderungen mit den Ziegen zur Genüge. Aber der Zaun hält den Wind ab – und auch neugierige Blicke.

Es ist Abend geworden. In der Kochhütte der Schwiegermutter bereitet Aischa das festliche Abendmahl. Ulla guckt neugierig hinein. »Geh da nur nicht rein! Da ist alles verräuchert!« Es gibt keinen Rauchabzug, obwohl man auf offenem Feuer kocht. Mohammed erzählte mir, dass Manous Zeriba vor vier Jahren abbrannte. Zum Glück wurde niemand verletzt. Aber alle seine Habseligkeiten verbrannten mit. Ja, mit dem Wohnen in festen »Häusern« sind die Nomaden noch nicht sehr vertraut.

Für die weither gereisten Gäste, Ulla und mich, hat man einen besonders schönen blauen Teppich zum Sitzen ausgelegt. Ein wenig befangen lassen wir uns darauf nieder und beobachten das Treiben. Auch uns ist fast alles fremd und nicht immer erkennen wir, was passiert. Doch dann wird aufgetischt. Es gibt Couscous mit Gemüsegulasch und Ziegenfleisch. Sehr schmackhaft!

Wir sitzen gemeinsam um ein farbenfrohes Tuch – dem Esstisch – und weil wir europäische Gäste sind, wird eine Ausnahme gemacht, bekommt jeder einen eigenen Teller. Das ist, wie wir inzwischen wissen, bei den Nomaden nicht üblich. Hier isst man immer gemeinsam aus einer Schüssel – Männer und Frauen natürlich getrennt. Auch wenn wir uns kaum mit Worten verständigen können, spüren wir deutlich die Freundlichkeit und Wärme, die uns entgegengebracht wird. Das berührt uns. Wir dürfen teilhaben an ihrem einfachen, aber selbstbestimmten Leben und sind überrascht wie gut es tut, nicht ständig überhäuft zu sein von den fragwürdigen »Annehmlichkeiten« der Zivilisation.

Manou

Mohammed

Ulla mit Knubbelchen

Aischa mit Fatna

IV. Nicht ganz allein

Mit weit geöffneten Augen träume ich mich
in die Unendlichkeit des Universums.
Es ist wie ein Zwiegespräch.
Man meint, den Weg der Gestirne
auf dem samtenen Nachthimmel zu sehen.
Das starke Gefühl, das ich empfinde,
ist nicht nur Glück.
Es ist tiefer und ursprünglicher:
Ich bin da!

Angekommen

Aufgeregt sitze ich im Flugzeug, voller Vorfreude aber auch mit einem kleinen Kribbeln im Bauch, denn diesmal werde ich ohne Gruppe und ohne Enkelin unterwegs sein. Allein wie ein winziges Sandkorn in der Unendlichkeit der Sahara.

Wird sich das Gefühl der Geborgenheit, das Vertrautsein mit der Natur wieder einstellen? Oder wird mich die Weite das Fürchten lehren, wird mir die Einsamkeit die Luft zum Atmen nehmen?

Nun ja, ganz allein werde ich dann doch nicht sein. Ein Auto querfeldein durch lockeren Sand und Geröll zu steuern ist nicht einfach. Komplizierter schon ist es, weit entfernt von ADAC oder anderen Reparaturdiensten, anfallende Defekte allein wieder zu richten. Unmöglich aber erscheint es mir, einer an Straßenkarten gewöhnten Mitteleuropäerin, in der Unendlichkeit der Wüste den Weg zu finden. Zahllose Reifenspuren führen in alle möglichen Richtungen. Welche ist die richtige Piste?

Deshalb habe ich für all die zu erwartenden und vor allem unerwarteten Widrigkeiten eine hilfreiche Begleitung.

Mohammed ist ein »Hans Dampf in allen Gassen«, immer zu einem Späßchen aufgelegt. Aber vor allem hat er bei allen kleinen und großen Problemen stets eine Lösung parat. Er soll mein Kindermädchen sein, soll mich führen und vor den Unbilden der Wüste beschützen. Ich kenne ihn von der Tour mit meiner Enkelin Ulla, bei der er und sein Bruder Manou unsere umsichtigen Begleiter waren.

So sitze ich freudig erregt im Flieger. Was wird mich erwarten? Umstieg dann in Algier. Wenn man bedenkt, dass es von hier aus noch einmal genau so weit ist bis ins Zentrum der Wüste, wie von Frankfurt bis in die Hauptstadt Algeriens, bekommt man schon einen kleinen Einblick in die Dimension der Sahara.

Eine kleinere Maschine bringt uns dann nach Tamanrasset, meinem Ziel. Ortschaften und Gebirgszüge ziehen unter uns vorüber. Allmählich verändert sich die Landschaft, die Ortschaften liegen nun schon weit hinter uns. Unten breitet sich die fahle orange-gelbe

Sandfläche der Wüste aus, die sich am Horizont ins Nichts verliert. Die Strahlen der untergehenden Sonne vergolden die Grate der Sterndünen unter uns. Begierig schaue ich aus dem Fenster und kann es nun kaum noch erwarten.

Weit über die Hälfte der Strecke haben wir schon hinter uns, als der Abend hereinbricht. Die unendliche Weite der Sahara verschwindet allmählich im Dämmerlicht und wird schließlich zu einer undurchdringlichen Dunkelheit.

Endlich, einer hellen Lichteroase gleich, vom Flugzeug im weiten Bogen umrundet, blinkt uns Tamanrasset entgegen. Die Erwartung macht mich kribbelig. Ich weiß längst wie es riecht, wenn wir unten sind, wenn wir über das Rollfeld gehen und die Sterne uns als erste begrüßen. ›Es riecht nach Staub!‹ hatte ich bei meiner ersten Landung simpel konstatiert. Aber nun bedeutet er für mich freudiges Wiedererkennen, das Wiedereintauchen in eine bekannte, vertraute Welt. Es ist für mich der Atem der Wüste, der Duft, der mir das Angekommensein bestätigt. Das Angekommensein in einem Teil unseres Planeten, der mir wie sonst nirgendwo Geborgenheit und Zugehörigkeit vermittelt.

Aufgeregt sehe ich mich um. Ist das Mohammed, in grüner Gandura, dem langen Gewand der Targi, der am Empfang im Airport auf mich wartet? Er trägt einen schwarzen Schesch, hat ihn bis herauf zu den Augen gezogen. Unnahbar! Vielleicht irre ich mich ja auch und begrüße den Falschen? Etwas verunsichert nestele ich an meinem Gepäck herum.

Doch da kommt er schon auf mich zu. Jetzt sehe ich auch die Lachfältchen um seine Augen. Herzlich werde ich begrüßt, zwei bise – Küsschen – rechts und links. Das hat man sich hier von den Franzosen abgeguckt und vertuscht so die anfangs noch fremdelnde Unsicherheit.

Wir fahren gleich in die Wüste, zum ersten Nachtlager meiner Reise. Es geht schon gegen Mitternacht zu. Die Sterne versuchen mit wenig Erfolg, sich gegen den leuchtenden Vollmond durchzusetzen. Glücklich, wieder hier zu sein, begrüßen meine Augen jeden Fels, jeden Stein, jede Akazie, an denen wir vorüber fahren.

Kaum bin ich ausgestiegen, brennt schon das Lagerfeuer. Mohammed kocht Suppe und wärmt die vorbereiteten Pommes und das Hühnerfleisch, das er für mich vorher in der Stadt gekauft hat. Ein leckeres Begrüßungsmahl!

Nun macht sich auch die Müdigkeit von der langen Anreise bemerkbar. Am Steilhang eines kleinen Wadis nebenan richte ich mein Badezimmer ein. Hier kann ich auch die nötigen Utensilien in bequemer Höhe in den ausgewaschenen Nischen der Lehmwand abstellen. Ich muss mich erst wieder an das Leben auf dem Boden gewöhnen. Nomaden haben keine Schränke, Tische oder Stühle. Fast alles, was man braucht, befindet sich am Boden. Also werden auch alle Betätigungen am Boden erledigt. Das ist reine Gewöhnungssache.

Auch meinen Schlafplatz wähle ich mit Bedacht. Ich möchte morgen beim Erwachen die von der aufgehenden Sonne feurig beleuchteten Felsen im Blick haben – ein phantastisches Schauspiel. Jetzt aber schaue ich zu den Sternen hinauf und bin einfach nur glücklich. Ein Privileg für jeden, der unter freiem Himmel schläft! In meinen warmen Schlafsack gekuschelt, spüre ich den kühlen Nachtwind, der sanft mein Haar streift.

Ich bin wieder da!

Auf neuen Pfaden

Nach einem Begrüßungsbesuch bei Mohammeds Vater, Bruder und deren Familien in der Wüste wartet auf mich eine Tour in die grandiose Welt der erloschenen Vulkane des Hoggar.

Wir fahren schon zeitig los. Unterwegs hält Mohammed stetig Ausschau nach Feuerholz. Wir haben keinen Kocher mit, sondern werden unser Essen und den Tee auf offenem Holzfeuer zubereiten, wie es die Tuareg seit alters her tun. Natürlich nicht »wir«. Mohammed ist jetzt der Chef und auch für mein leibliches Wohl verantwortlich. Wenn ich auch in Deutschland ganz manierliche Menüs auf den Tisch bringe, mit den Zutaten, die es hier gibt und noch dazu in hockender Haltung am offenen Feuer, ist mir die Kocherei sehr mühselig. So bin ich heilfroh, einen versierten Koch dabei zu haben.

Unsere erste Etappe ist Tamekrest. Es liegt schon einige Jahre zurück – damals wünschte ich mir, einmal unten, am Wasserfall in die Unendlichkeit der Wüste ziehen zu können. Nun bin ich hier und denke an das Schilfdickicht und das Rinnsal, das weit oben direkt aus dem Sand hervortritt. Wünsche gehen manchmal in Erfüllung!

Auch heute fällt das Wasser von Stein zu Stein herab, zeitlos, ihn stetig weiter glättend und polierend. Die letzte Etappe malerisch im freien Fall nehmend, lockt es den Wüstenwanderer mit frohem Plätschern. Dann aber fließt es als schmales Bächlein im Schatten einer Felswand entlang und lässt grellgrüne Algen wachsen. Doch bald verliert es sich in der Ebene des Wadis. Der Sand ist zunächst nur noch feucht und das bald auch nicht mehr. – Ein Synonym für das Leben.

Wir sind weit gefahren. Nach der Mittagsrast geht es durch ein langes gewundenes Wadi. Tamariskenbüsche stehen wie Inseln darin. Am Horizont tauchen die ersten steil aufragenden Vulkanschlote auf.

Da überholen wir zwei Frauen, die unterwegs sind. Sie halten uns an und Mohammed spricht mit ihnen. Leider erfahre ich nicht, woher sie kommen und wohin sie wollen. Aber sie sind prächtig gekleidet. Soll es zu einem Fest gehen?

Eine der Frauen hat einen dicken, borkigen Schorf auf der rechten Wange. Hatte sie einen Unfall? Nein, der Schorf stellt sich als aufgetragene Heilpaste heraus, die heftige Zahnschmerzen vertreiben soll. Die Wirkung scheint fragwürdig, denn sie bittet Mohammed, mich nach Tabletten zu fragen. Ich kann helfen. Natürlich wäre ein Zahnarztbesuch die bessere Lösung. Aber nicht nur in Europa mogelt man sich lieber daran vorbei. Und ein Zahnarzt ist hier weit entfernt, sehr weit! Ja: ›Ein hohler Zahn ist ein Asket!‹

A propos Zahn – der Imruss, den wir bald vor uns sehen, ragt wie ein steiler Zahn in den Himmel. Am Fuße dieses imposanten Vulkanschlotes haben unbekannte Altvordere auf der glatten Fläche eines mehr als mannshohen Steines einen ganzen Roman in Tifinagh, der Schrift der Tuareg, eingeritzt. Leider kann niemand mehr entziffern, wovon er handelt.

Schließlich, wir sind am Imruss vorbei, gelangen wir im Wadi Tandjet zu einem längeren Wasserlauf. Schilf und Palmen säumen den Weg. Gefällig spiegelt sich der hohe schmale Felsen im blauen Wasser. Wer meinte, hier in der Sahara zu sein!?

Mitten hinein in das Schilfdickicht fährt Mohammed, immer am Wasserlauf entlang und ihn mehrfach querend. Bald überragt der nächste Vulkanfinger die Landschaft. Aber er ist nicht allein. Wohin ich auch schaue, rings umher türmen sich in verschiedensten Formen und Ausführungen die Überreste ehemaliger Vulkane. Wir befinden uns sozusagen auf der »Straße der erloschenen Vulkane«.

Längst sind sie nicht mehr aktiv. Vor 25 Millionen Jahren etwa begann ihr zerstörerisches Werk. Immer wieder drückte heiße Lava aus dem Erdinneren an die Oberfläche und durchstieß die Sedimentschichten, die dort flache Meere und Seen abgelagert hatten. Nie bleibt etwas ewig. Auch den Vulkanen ging irgendwann die Puste aus, denn seit der letzten Eiszeit gab Gaia, die Erde, an dieser Stelle Ruhe. Das Hoggar-Gebirge – bis zu 3000 Meter hoch – war entstanden. Seitdem nagt die Zeit an den Vulkanhängen, trägt ab, was die immensen Auswürfe aufgeschichtet haben. Nur die erstarrten harten Schlote verraten ihre unheimliche Tätigkeit. Es muss damals ziemlich heftig zugegangen sein!

Zirruswölkchen am Himmel tauchen sie abwechselnd in Licht und Schatten, so dass immer neue Farbspiele diese bizarre Landschaft verändern. Restlos begeistert fotografiere ich die immer wieder im anderen Licht erscheinende Vulkanlandschaft.

An einem steilen Felsenberg mit hoher Geröllhalde an dessen Fuße zeigt mir Mohammed ein kreisrundes Loch im Stein, das sich in luftiger Höhe befindet. Mühsam klettern wir durch den lockeren Gesteinsschutt hinauf. Hinter der Öffnung von ungefähr 50 Zentimetern im Durchmesser verbirgt sich ein kleiner Hohlraum, der am Boden blank gescheuert ist. Noch verblüffender ist das Echo, das weithin deutlich zu hören ist, wenn man in dieses Loch hinein spricht oder ruft. Gewiss ein okkulter Platz, den die Menschen früherer Zeiten zu nutzen wussten. Und richtig, beim Herabsteigen entdecke ich eine uralte gemusterte Tonscherbe.

Mohammed verspricht mir einen schönen Nachtplatz. Und schon fahren wir direkt auf einen dieser Schlote zu, den Aghaghat.

Sein Umfang ist gewaltig. Ein schmaler Durchlass lässt uns eindringen. Riesige steinerne Wände steigen um uns steil in die Höhe. Hier also hat es vor unendlicher Zeit gebrodelt und gezischt, war Stein in glühende Lava verwandelt worden – ein Inferno, lebensfeindlich wie nichts anderes auf der Welt. Heute ist dieser Platz wohl noch ziemlich imposant, aber ungefährlich, und ich freue mich über das phantastische Echo, das auch hier in den hohen Felsen widerhallt.

Auf der anderen Seite angekommen haben wir Schutz vor dem kalten Wind, denn wir sind ziemlich hoch im Gebirge. Am Fuße der Felsen brennt bald ein Feuer und es gibt heiße Suppe, die wärmt.

Pathfinder

Wie oft schon mögen sich Saharareisende verirrt haben? Das geht schneller als gedacht!

Ich musste diese zunächst verblüffende Erfahrung selbst einmal machen. »Verblüffend«, weil man sich vollkommen sicher ist, den richtigen Weg eingeschlagen zu haben! Dann hadert man mit sich und meint, ganz sicher, ganz bestimmt, ganz in der Nähe ist der gesuchte Platz; muss er sein!!! Und schon beginnt man herumzuirren …

Ein Saharatourist baut sein Zelt stets allein auf, weil er sich so genau den Platz auswählen kann, der ihm gefällt. Ich liebe die Einsamkeit der Wüste und deshalb gefallen mir die abgelegenen und folglich entfernten Plätze am besten. Als ich damals mein Zelt aufbaute, lenkten mich interessante Fotoobjekte davon ab, mir die Richtung zum Lager einzuprägen. Aber es war ja nicht so weit!

So marschierte ich dann später vollkommen sicher vom abendlichen Essplatz in Richtung meiner nächtlichen Behausung los. Es war eine mondlose sehr dunkle Nacht. Wenn auch die Sterne funkelten, leuchtete ich doch die zurückzulegende Strecke mit der Taschenlampe ab. Komisch, diese Bodenwellen hatte ich gar nicht so stark gefurcht in Erinnerung. Wie dieser Lichtkegel alles so vollkommen verändert! Außerhalb dieser hellen Zone umgab mich schwärzeste Nacht. Ach, dort, endlich! Die Akazie stand ja hinter meinem Zelt, dort muss es sein! Nein, kein Zelt stand in näherer oder größerer Entfernung vom Baum. Verflixt noch mal! Wahrscheinlich etwas mehr nach links! Oder nach rechts? Ich fand es nicht!

Wo war ich hingeraten? Die herrlich glitzernden Sterne oben konnten mir keine Auskunft geben, ich wusste nicht, ob ich mich nach Süden, Osten, Norden oder Westen wenden musste. Zornig auf mich selbst und meine Unbedachtheit sah ich mich um.

Gott sei Dank! Weit entfernt blinkte das bereits verglimmende Lagerfeuer, das ich vor kurzem verlassen hatte, gerade noch wie ein Funken Hoffnung zu mir herüber. Wenn auch das noch verlöscht, habe ich überhaupt keinen Zielpunkt mehr, ging es mir durch den Kopf. Dann müsste ich mich hier mitten im Gelände zum Schlafen legen.

So tippelte ich zerknirscht zum Lager zurück. Mohammed war eben dabei, die letzten Sachen des Abendessens zusammenzuräumen. Verwundert schaute er mir entgegen. Es fiel mir nicht leicht, meine dumme Unzulänglichkeit einzugestehen. »Mein Zelt ist verschwunden!«, lachte ich das fatale Eingeständnis weg.

Und nun wurde mein Selbstbewusstsein vollends zerstört: Mohammed zeigte in eine Richtung, in der ich mein Zelt nie vermutet hätte. Ohne Taschenlampenschein schimmerte es hell und ganz nahe durch die Dunkelheit. »Dort steht es doch!«

Mohammed weiß immer wo wir uns gerade befinden, in welcher Richtung unser Ziel oder irgend ein anderer interessanter Punkt zu suchen ist. Er muss sich nicht erst orientieren, er ist eben ein Nomade, ein Targi. Die Weite der Wüste ist seine Heimat, sein Zuhause.

Ich aber hatte zwei Fehler zugleich gemacht: Unverzeihlich für Wüstenwanderer! Ich hatte mich vom engen Sichtfeld einer Taschenlampe führen lassen, anstatt meine Augen an die Dunkelheit zu gewöhnen und so einen weitaus größeren Blickwinkel zu haben. Vor allem aber hatte ich meine eigene Position nicht parat, wie es die Nomaden zu jeder Zeit haben. Da muss ich noch eine Menge von Mohammed lernen.

Jetzt sind wir auf dem Rückweg vom Vulkangebiet und befinden uns auf einem Abstecher, den mir Mohammed als besonders interessant empfohlen hat. Nach halsbrecherischen Auf- und Abfahrten gelangen wir in eine weite geröllbedeckte kahle Landschaft.

Eine Eselkarawane kreuzt unseren Weg. Die Tiere sind hoch mit Brennholz beladen. Zum Kochen brauchen die Frauen Holz und Wasser. Das aber gibt es nicht aus dem Wasserhahn und auch nicht aus dem Laden um die Ecke. Für uns Europäer ist es oft schwer, das Leben der Nomaden zu verstehen. Oftmals müssen erst weite Strecken zurückgelegt werden, um an die simpelsten und notwendigsten Dinge zu gelangen. Hier ist es das Holz, das sie von weither holen, denn in der Nähe ihres Lager gibt es keine vertrockneten Bäume mehr.

Wir landen pünktlich zum Mittagessen im hübschen Wadi Ouarsin, unserem Ziel. Mohammed wählt unseren Lagerplatz noch im Sand, aber nur wenige Meter entfernt von felsigem Grund, der ganz blank geschliffen rötlich in der Sonne glänzt. Erst beim Näherkommen sehe ich, dass es jäh in die Tiefe geht. Was für ein Wasserfall mag hier nach Regenfällen in die Tiefe stürzen! Zum Glück ist jetzt alles trocken.

Auch die Felsen ringsum sind rot und auch weiter oben völlig glatt. Ganz bestimmt haben daran nicht nur die wenigen Regenfälle der letzten Jahre gearbeitet. Sicherlich haben jahrtausendelang die Wassermassen den Fels modelliert und poliert, gab es hier früher, vor mindestens fünftausend Jahren, als die Sahara noch grün war, einen Fluss mit fruchtbaren Ufern, haben Menschen hier gesiedelt oder vielleicht am Wasserfall ihren Göttern gehuldigt.

Zur Zeit ist dieses Wadi aber offensichtlich die Heimat aller ansässigen Hornissen weit und breit. In Erwartung der leckeren Essensreste umschwärmen sie uns gierig. Wie will man da Siestaruhe halten? Aber auch jetzt weiß Mohammed Rat. Er sammelt etwas vom allgegenwärtigen Eselsdung, brennt ihn an und: Hast du nicht gesehen – weg sind die schwarzgelben Geschwader.

Und nun kriege ich eine Lektion in »Orientierung«. Mohammed war auch nur erst einmal hier. Das liegt aber inzwischen acht Jahre zurück. Doch beneidenswert zielsicher steigt er mit mir in die Felsen über unserem Lager. Von einer Felszeichnung zur anderen führt er mich. Er findet sie alle.

Manchmal muss ich mich, auf dem Rücken liegend, in einen flachen waagerechten Spalt schieben, um sie, an die Decke gemalt, betrachten zu können. Wozu hat man sie hier angebracht? Es gibt keinen Raum für rituelle Handlungen! Und für die Schönheit oder zum Schmuck von Wohnhöhlen können sie erst recht nicht gedacht sein. War dies ein geheimnisträchtiger Platz, an dem magische Rituale stattfanden? Dienten sie geheimen Beschwörungen? Waren die Bilder von Kamelen, Kriegern und die Tifinagh-Zeichen Zaubersprüche, die nur wirken, wenn sie niemand findet?

Es ist verblüffend, wie gut sich Mohammed die einzelnen Stellen gemerkt hat. Ich glaube zwar, mich recht gut im Gelände orientieren zu können, doch hier würde ich schon die nur wenige Minuten vorher gesehenen Zeichnungen nicht wiederfinden. Zu verwirrend ist das Labyrinth der Felsen.

Besonders interessant aber ist die Gravur einer Kuh außen an einem Felsen. Sie gleicht den weltbekannten weinenden Kühen von Terarart in der Nähe der Wüstenstadt Djanet. Lediglich die Ausführung ist nicht so schwungvoll und präzise. War der gleiche Künstler am Werk? Machte er wenigstens die Vorzeichnung? Oder hat jemand nur »abgeguckt«? Die beiden Gravuren sind hunderte von Kilometern voneinander entfernt. Gab es Nachahmer? Vielleicht war der Bildhauer ja damals auch schon ein Star und überall bekannt und begehrt? Nur, dort in der Nähe von Djanet weinen die dargestellten Kühe vor einem leeren Guelta. Hier tun sie es nicht. Gab es also damals an dieser Stelle noch ausreichend Wasser?

Aber während diese Gravur zu einer Epoche vor ca. achttausend Jahren gehört, so sind die farbigen, allerdings viel primitiveren Zeichnungen von Kamelen, Pferden und die Tifinagh-Zeichen höchstens ein-, zweitausend Jahre alt. Solange also hat man diesen Platz immer wieder aufgesucht. Davon zeugen auch die Gräber oben auf dem Berg. Aufgeschichtete Steinhügel gehören in die vorislamische Zeit, während weiter unten auch islamische Gräber zu finden sind.

Aber auch heute noch scheinen sich hier immer wieder Menschen aufzuhalten. Weit unten, an einem Tamad-Strauch hängt ein ummanteltes Töpfchen, von einer dicken Schnur zusammengehalten und mit einem »Stöpsel« versehen. Wer mag es vergessen haben? Wir schauen neugierig nach, aber es ist leer. So darf es wieder an seinen alten Platz zurück in den Schatten.

Und nun machen wir uns endgültig auf den Rückweg. Problemlos findet Mohammed aus dem abgelegenen Wadi hinaus und auf die Piste in Richtung Stadt. Was habe ich für ein Glück von einem so guten Guide geführt zu werden.

Sein Orientierungssinn ist phänomenal. Sogar hunderte von Kilometern entfernt kennt er sich aus, weiß er, welche Richtung einzuschlagen ist, und vor allem, wo wir uns gerade befinden. Aber er ist eben von klein auf gewohnt, sich zurechtzufinden und sich zu orientieren. Es gibt in der Wüste keine festgelegten Straßen und Wege, mit Wegweisern und Hinweisschildern. Man muss einen siebten Sinn dafür entwickeln.

Ein Rätsel der Tuareg lautet folgendermaßen: »Es gibt es nur, wenn man es benutzt. Was ist das?« Ein Europäer kann das schlecht erraten, denn er kennt nur die gebauten Straßen aus Asphalt oder gepflasterte Wege. Selbst Wanderwege durch Wald und Feld sind festgetreten und markiert. Die sind immer da und werden sogar kontrolliert, auch wenn man sie nicht benutzt. In der Wüste aber geht oder reitet jeder dort entlang, wo er gerade möchte. Oftmals haben Wind und Regen den Boden verändert, so dass man die Spuren nicht mehr wiederfindet. Nur die Ziegen gehen stets die gleichen Wege. Schmale Linien, oft parallel laufend, ziehen sich deutlich erkennbar zwischen den vielen kleinen Steinen an den Hügeln zwischen den Wadis entlang.

Für Wüstenbewohner aber ist die Antwort auf die Rätselfrage leicht: Es ist »Abaraka«, der Weg.

Tissalatine

Ein mächtiger Vulkanschlot, der Ahegher, weist uns den Weg, als wir von Tam nach Tissalatine aufbrechen. Wir fahren auf der neu ausgebauten Transsaharastraße, die Tamanrasset mit dem Norden des Landes verbindet, fahren zunächst vorbei an der neuen Universität mit ihren schön gestalteten runden Bauten. Als später der Flughafen links von der Straße in Sicht kommt, verlassen wir die bequeme Fahrbahn und biegen nach rechts – in Richtung Hoggargebirge – ab.

Riesige Monolithe sind unser Ziel. Mohammed meint, es wären sieben. Überall in der Wüste trifft man auf die Bezeichnung »Tissalatine«. Das ist kein Wunder, denn »große Steine« gibt es an vielen Orten in der Sahara. Nur, wenn wir Mitteleuropäer den Begriff »Stein« hören, denken wir allenthalben an Gebilde in Faustgröße oder in der Größenordnung von Kohlköpfen, vielleicht noch in Mannshöhe. Doch was die Wucht des Vulkanismus dort einst hervorgebracht hat, ist enorm. Riesige Felsbuckel, sechzig, achtzig Meter hoch, stehen in trauter Runde beisammen.

Dazwischen zyklopenhafte Steinhaufen von ähnlichem Ausmaß. Einer dieser verschachtelten Steinmonumente sieht aus wie ein alter Indianer, der weithin schauend das gesamte Gebiet überwacht. Und so taufe ich ihn »Freund Adlernase«, denn über eine solche verfügt er tatsächlich.

Mohammed sucht eine gute Stelle für den Mittagsplatz. Dazu fährt er weit in ein Tal zwischen den Felsriesen hinein. Doch plötzlich stoppt er und dreht ab. Weit vor uns zwischen den Akazien waren Autos sichtbar geworden. Wir wollen nicht stören, suchen uns einen anderen Platz und finden ihn auch bald.

Die Siesta nach dem Essen nutze ich, um einen dieser Monolithen zu ersteigen. Wie auf einer Rampe stiefele ich bergan. Oben gibt es eine Ansammlung haushoher Felsbrocken, glattgeschliffen und mit Höhlungen und Ausbuchtungen versehen. Wie ein Schweizer Käse thronen sie über allem. Manche sind geborsten, in zwei oder mehrere Teile gesprengt.

Dazwischen in einer Nische, gerade einmal so groß wie eine Vitrine, liegen unzählige Tonscherben. Hübsch gemustert sind sie. Der Töpfer (oder die Töpferin?) hatte mit einem dünnen Stäbchen ein regelmäßiges Punktmuster in den noch weichen Ton gedrückt, bevor die Gefäße gebrannt wurden. Das sieht sehr schön und gleichmäßig aus.

Zu einem einzigen Gefäß, das einstmals zerbrochen ist, können sie aber nicht gehören, zu verschieden ist die Musterung auf den einzelnen Scherben. Ein großer Teil der unzähligen Stücke ist wunderbar dünnwandig. Wahrscheinlich gehören sie in unterschiedliche Zeitepochen. Einige haben sogar an der Innenseite eine krause, inzwischen schwarz gefärbte Kruste. Was mag man in diesen Gefäßen aufbewahrt haben? Wer waren die Menschen, die sie benutzten?

Noch eigenartiger aber erscheint mir die Frage, wie die Scherben hier herauf gelangt sind? Haben die Vorfahren auf diesem Felsen gesiedelt, immer wieder? Oder war es vielleicht ein Kultplatz? Brav und ordentlich, mit der Musterung nach oben, liegen sie dicht beieinander. Ein Keramikkult mit Altar!? Ach, ich glaube nicht. Sicherlich hat jemand nur sorgfältig zusammengetragen, was der Boden unten im Sand nach und nach wieder preisgegeben hatte.

Ich zeige Mohammed die Scherben. »Ja,« meint der, »in solchen Töpfen hat noch meine Großmutter gekocht.« Oh, und ich sah mich schon als Archäologin! »In Töpfen mit so schönen Mustern?« »Ich weiß nicht«, weicht er aus. »Ich kenne nur solche«, und er weist auf die glattenwandigen, dickeren.

Trommeltöne dröhnen herüber. Sie kommen aus der Richtung, von der wir uns durch abgestellte Autos vertreiben ließen.

Wie Indianer auf dem Kriegspfad ersteigen wir den nächsten Felsenberg, der uns von ihnen trennt, schleichen möglichst verdeckt zu einem Stein, der uns Deckung gibt und werfen einen Blick hinunter. Wer trommelt hier?

Zwischen den Akazien kann ich zwar Menschen erkennen. Aber was sie treiben, sehe ich nicht. Nur gut, dass ich Mohammed dabei habe. »Komm!«, sagt er nur.

Also steige ich brav mit hinab und hinter ihm her, genau zu der Stelle, wo getrommelt wird. »Die üben für ein Fest!« lächelt er mir noch zu. Aha!? Was für ein Fest? Was wird geübt?

Nun sehe ich sie auch. Zwei junge Targi sitzen am Boden, haben jeder eine Trommel vor sich und sind ordentlich beim »Arbeiten«. Die haben wir also gehört. Viel auffälliger aber sind weitere Männer, die gerade dabei sind, sich schön zu machen. Während einige noch in weiße Gewänder schlüpfen, über die dann noch schwarze Umhänge gezogen werden, sind andere dabei, sich gegenseitig den Schesch, den Turban, zu binden. Das geschieht auf eine besondere und kompliziertere Weise, als es sonst üblich ist: Weiße und schwarze Stoffbahnen werden wechselweise so drapiert, dass sie im zweifarbigen Streifenmuster wie ein Wagenrad auf dem Kopf thronen. Vom Gesicht sind nur durch einen schmalen Schlitz die Augen zu erkennen.

Fasziniert beobachte ich das malerische Treiben. Doch sicherheitshalber halte ich mich im Hintergrund. Was geht hier vor? Was mag das bedeuten, hier draußen in der Wüste, zu Füßen der Monolithe?

Mohammed ist längst auf einen der Männer zugegangen und hat ihn begrüßt. Jetzt kommen beide auf mich zu und der Fremde begrüßt auch mich. Und nun erfahre ich mit Hilfe Mohammeds freundlicher Dolmetscherarbeit, was hier vorgeht: Sie üben tatsächlich für ein Fest.

Der Fremde erweist sich als ein Bekannter Mohammeds, der eine Tanzgruppe für junge Männer gegründet hat und nun mit ihnen – sozusagen als Generalprobe – hier draußen in aller Abgeschiedenheit den eingeübten Tanz probt. Es ist die letzte Probe vor einem großen Fest in einem Ort im Hoggar, das zu Ehren eines verstorbenen Marabuts, eines bekannten, weisen Mannes, veranstaltet wird. Bei den Tuareg tanzen nur die Männer, nicht die Frauen.

Jetzt aber hat mir der Zufall diese Tanzgruppe beschert. Ein Glücksfall für mich, und wir sind die einzigen Zuschauer. Alle Tänzer sind gleich gekleidet, rotbraune Lederquasten hängen von ihren Gürteln. So wird das weite Gewand zusammengehalten und hindert nicht beim Tanz. Große Schilde in gleicher Farbe stecken im Sand. Sie sind offensichtlich aus Holz, bilden aber in ihrer Form ein Tierfell nach. Waren die Schilde der Tuareg früher lederbespannt? Mit einem Muster bemalt sind sie so groß, dass sie den Körper eines Mannes schützen können. Neben den Schilden stecken Schwerter. Ein beeindruckender Anblick.

In einiger Entfernung unter einer Akazie sitzen Frauen, in dunkle Tücher gehüllt. Also gibt es doch Zuschauer!?

Aber da geht es auch schon los. Der Trommelrhythmus ließ es schon erahnen: Es wird keine geschmeidigen Bewegungen oder gar romantisches Wiegen zur Musik geben. In gewichtigen Schritten formieren sie sich, schreiten zunächst nach dem Takt der Trommeln im Kreis, öffnen ihn wieder und bilden Reihen. Der Takt wird immer rasanter, ekstatischer. Wesentlich ursprünglicher und dramatischer geht es hier um die Darstellung gemeinsamer Stärke, Entschlossenheit und Kampfgeist.

In komplizierten kraftvollen Schrittfolgen sehe ich Angriffsreihen vorangehen, stoppen und sich neu ordnen. Die Begeisterung steigt. Schilde und Schwerter werden aufgenommen und noch wilder schreiten die Tanzenden aus. Schrill trillern die Frauen dazu. Jetzt bilden sich zwei Gruppen, die Schwerter hoch über den Köpfen geschwungen, stürmen sie aufeinander zu, stoppen plötzlich, formieren sich und stürmen aufs Neue. Sand stiebt auf, wenn die Füße im Takt der Trommeln den Boden aufwühlen. Auch die Frauen steigern ihre anfeuernden Triller.

Schließlich ebbt das wilde Geschehen ab. In einer Reihe hintereinander schreiten sie, die algerische Flagge zwischen sich ausgebreitet, nun einen letzten weiten Bogen.

Hingerissen schaue ich zu und klatsche ordentlich Beifall. Haben die Männer der Tuareg früher auch so getanzt? Ich bin begeistert! Ganz bestimmt aber wird diese Tanzgruppe die Aufmerksamkeit aller Festteilnehmer auf sich ziehen.

Am Abend beim Lagerfeuer frage ich Mohammed nach seinen Erinnerungen. Er weiß nichts von solchen kämpferischen Tänzen. Die Nomaden seiner Familie haben ein überschaubares Leben geführt, ihr Vieh gehütet und sich auf monatelangen Karawanen mit lebensnotwendigen Erzeugnissen versorgt. Es gab Dürren zu überstehen, die einen großen Teil des Tierbestandes forderten und Krankheiten brachten.

Wie es früher war, als noch keine Grenzen die Welt der Tuareg teilten, weiß er nicht. Er kennt nur die heutige Zeit.

Aber den Tanz der Männer, anders als hier, werde ich noch zu sehen bekommen, später – viel, viel später…

Ilamane und Amgagh

Aus einem Spalt meines kuscheligen Schlafsacks sehe ich zu, wie Mohammed das Feuer entfacht und sich erst einmal die Füße daran wärmt, bevor er den Wasserkessel darauf stellt. Es ist lausig kalt an diesem Novembermorgen hoch oben im Gebirge. Die halbe Stunde bis Sonnenaufgang werde ich besser noch im warmen Schlafsack abwarten.

Nur gut, dass ich gestern Abend auf Mohammed gehört habe. Als mir der Wind den Rauch unseres Lagerfeuers ins Gesicht trieb und mich husten ließ, wollte ich meinen Schlafplatz lieber auf der anderen, der Wind abgewandten Seite des Autos einrichten. »Nein, der Wind kommt von den Bergen!« Kriegte er das nicht mit? Die Windrichtung war doch deutlich spürbar! Unbeeindruckt rührte er sich nicht von der Stelle. Doch da – wie durch Zauberhand – drehte der kalte Wind tatsächlich und mein Platz lag nun im Schutze des Autos. Er hatte es gewusst, hatte darauf geachtet, als er den Platz für mich wählte. Er ist eben ein Sohn der Wüste, er weiß Bescheid.

So kann ich jetzt in der kalten Morgenluft noch etwas gemütlich im Schlafsack verweilen und meinen Gedanken nachhängen.

Wir waren gestern herauf gefahren über Outoul und Tissalatine ins Gebirge. Weit oben hatte er mir nach einem kurzen Fußmarsch eine riesige Caldera gezeigt: Teget Ilamane nennt man sie. Ein Überbleibsel des feurigen Infernos vor Millionen von Jahren. – Nein! Mohammed weiß es besser: Hier wohnte einst der kühne Recke Ilamane!

Unterhalb des Berges, der diesen Namen trägt, hatten wir später das Lager errichtet. Der Wind war aufgefrischt und trieb Staubwirbel auf uns zu. »Schnell, der Fotoapparat!«, rief ich ihm zu. Der lag nämlich offen auf meinem Rucksack direkt neben Mohammed.

Was wäre ich unglücklich, wenn die Kamera Schaden nähme und ich nichts mehr fotografieren könnte! Aber mein Begleiter rührte sich nicht, sondern sprach leise vor sich hin und wies mit seiner kreisenden rechten Hand dem Wirbel die Richtung – natürlich von uns weg! Waren es Beschwörungsformeln oder Gebete? Er würde es mir nie verraten.

Verblüfft sah ich zu, wie der Wind drehte und den Wirbel voller Staub mit sich nahm und in einer sicheren Entfernung an uns vorbei führte. So einfach war das! Mohammed weiß sich eben immer zu helfen!

Die Felsenberge am Ilamane sind phänomenal! Wie vom Anbeginn der Zeit! Schroffe hohe Vulkanschlote, Felsentürme dicht nebeneinander und schräg aufgerichtete eng zusammen gebackene meterlange Basaltsäulen. Wie eine hohe, dichte Palisadenwand bilden sie einen richtigen Berg.

Aus einigen dieser Säulen hat man in unmittelbarer Nähe die Eckpfosten und die Türrahmen einer Wüstenmoschee, sogar mit einer kleinen Gebetsnische, errichtet.

Steinquader, Steinfinger hoch aufgetürmt, aneinander gelehnt, bilden ringsum gewaltige abstrakte Naturmonumente. Den Felsenriesen vorgelagert ist eine kleine Ebene aus einem festen Lehm-Kiesgemisch. Erst im Näherkommen erkennt man ihre stark durchfurchte Oberfläche, die ein geradliniges Vorankommen ziemlich erschwert.

Magische Wildheit und Zeit überdauernde Stärke geht von dieser Landschaft aus. Von der untergehenden Sonne angestrahlt leuchtet der Ilamane glutrot, weithin die Landschaft beherrschend. Ein auffälliger, imposanter Berg!

Als wir gestern später gemütlich am Lagerfeuer saßen und zum Ilamane hinüber sahen, der sich dunkel vom leuchtenden Sternenhimmel abhob, erzählte mir Mohammed die Geschichte von Ilamane: »Es gab dort zwei Frauen, sie hießen Tahaghaghat und Tahat…« Es kam, wie es kommen musste, ein anderer Recke kam daher und schon lagen beide im Streit. Dass sie sich wohl um die beiden Frauen zofften, umging Mohammed geschickt. Doch den Kampf der beiden, der sich anschloss, beschrieb er wieder ausführlich. Ilamane warf seinen Speer auf Amgagh, den anderen Kämpfer. Dort, wo er ihn traf, gibt es noch immer ein Loch im Fels, an dem stets Wasser zu finden ist. Amgagh, nicht feige, wehrte sich und hieb mit seinem Schwert, der Takuba, Ilamane die rechte Schulter ab. Seitdem steht er da, weithin sichtbar mit abgehauener Schulter, der Berg Ilamane. Vielleicht kamen sie ja nun zur Vernunft, denn seitdem hat Amgagh Tahaghaghat zur Seite und Ilamane muss sich mit Tahat begnügen. Alle vier Berge sind weithin zu sehen. Der Tahat ist sogar der höchste Berg von ganz Algerien.

Eine schöne Sage – und so lebensnah! Der Ilamane gilt als der heilige Berg der Tuareg. Sicher hat seine besondere Gestalt dazu beigetragen. Die Geschichte aber lässt ihn uns nahe rücken …

Ich glaube, nicht nur die Männer der Tuareg können ihn gut verstehen, den Ilamane. Dass aber das Schicksal dann doch jedem nur EINE Frau zusprach, ist sicher den starken Frauen dieses Volkes zuzuschreiben.

Gestern Abend schloss Mohammed seine Erzählung ganz passend mit einem kleinen Konzert auf der Flöte. Klar und einsam hob sich die fremdartige Melodie hinauf zu den Bergen, ja wohl bis zu den funkelnden Sternen. Ein unvergesslicher Abend an diesem mythischen Ort.

Jetzt aber kommt die Sonne hoch und ich verlasse die warmen Hüllen. Der Kaffee duftet, es gibt Baguette mit Feigenmarmelade. Danke Mohammed!

V. Allein unter Wüstenrittern

Wüste
Wind weht
Weht überall
Wieder und wieder
Über weite Wege und in jeden Winkel
Glutheiß im Sommer
Mitunter auch zärtlich fast und kühlend
Durchdringende Kälte im Winter
Unbarmherzig
Nimmt mit sich, was er will –
Dornige Zweige, Samenkörner
Wertvolles Gut und den lästigen Müll der Menschen
Und Sand und Staub
Tonnenschwer
Wüste

Land unter

Ich war schon einige Zeit in der Wüste unterwegs und warte nun mit der Tuaregmannschaft auf die Ankunft einer Touristengruppe. Mit ihnen will ich unbekannte Regionen des Hoggar kennen lernen. Ihre Zelte sind bereits aufgebaut, ihr Empfang in der Nacht vorbereitet. Aber weil sie erst nach Mitternacht ankommen, gehe ich schon schlafen.

Jetzt, Ende Juli, ist es auch nachts sehr heiß. Deshalb schlafe ich auf einer Matte vor meinem Zelt. Als dann später die Fahrer starten, werde ich wach. Einige Regentropfen patschen auf mein Gesicht und wecken mich vollends. Ich schaue nun doch auf und sehe erschrocken, wie eine riesige dunkle Wand auf mich zukommt. Was mag das sein? Zeit zum Nachdenken nehme ich mir nicht, sondern verlege meinen Schlafplatz schleunigst in das schützende Zelt.

Da erreicht mich auch schon diese dunkle Wand. Ich bin sofort hellwach, denn mit Unmengen Staub bricht ein tosender Sturm los, wälzt sich über das Land und damit auch über mein Zelt.

Was macht man in einer solchen Situation? Geistesgegenwärtig stecke ich meinen Fotoapparat in den Schlafsack. Sicher ist sicher! Danach habe ich alle Hände voll zu tun. Wenn er auch keinen Regen mit sich bringt, wird das Zelt doch durch die Wucht des Sturmes bis fast zum Boden hinunter gedrückt. Verzweifelt stelle ich mich auf Hände und Füße und stemme meinen Rücken wie eine Schildkröte nach oben, um dem Zelt eine Stütze zu geben. Der Sturm beutelt mich ganz schön!

Aber auf Dauer ist das ziemlich unbequem und vor allem anstrengend. So lasse ich langsam und vorsichtig von der gestreckten Haltung ab und stütze mich auf Knie und Ellenbogen. Gottlob, das Zelt bleibt stehen, die Heringe halten. Ich habe es sicher aufgebaut. Da kann ich mich auch bequem zu meinem Fotoapparat in den Schlafsack legen! Und so schlafe ich dann trotz des wütenden Sturmes ungestört bis zum Morgen.

Als ich erwache, liegt eine graue Staubschicht über der Landschaft. Auch in meinem Zelt ist alles wie gepudert. Felsen, Bäume, das Zelt, mein Schlafsack, das Gepäck – alles ist gleichermaßen bestäubt. Sogar ich bin nicht verschont geblieben. Meine Haare sind vorzeitig ergraut und das Zähneknirschen geschieht völlig absichtslos.

Die Kuschelei mit dem Fotoapparat aber erwies sich als gute Idee. Dem ist zum Glück nichts passiert. Nun aber erst einmal gründlich waschen und dann Sachen ausräumen, abstauben, ausschütteln, neu verpacken ...

Und die Touristen? Die hat der Flieger in der Nacht wieder mit nach Algier zurückgenommen! Der Staubsturm war Schuld! Die Fahrer mussten unverrichteter Dinge zurückkehren, denn kein Flugzeug konnte landen.

Wir vor Ort aber haben nun damit zu tun, die Zelte aufzurichten und zu entstauben. Einige hat der Sturm aus der Verankerung gerissen und mit sich genommen. Wir pflücken sie aus den umstehenden Akazien. Eines ist gänzlich verschwunden.

So vergeht die Zeit. Es ist heiß und stickig. Noch lange vor dem Mittag wird der Himmel im Osten immer dunkler, Blitze zucken, Donnergrollen ist zu hören. »Ach, das ist weit weg!«, meint Mohammed lässig.

Doch rasch ändert sich die Situation. Der stärker werdende Wind treibt Staubfahnen auf uns zu. »Schnell ins Zelt!«, ruft er mir nun zu. Also renne ich los.

Eigentlich sollte man bei Gewitter nicht im Zelt sitzen, geht es mir durch den Kopf. Nur gut, dass mein Zelt keine Metallstangen hat. Da höre ich Mohammed draußen rumoren. Er versucht sicher mein Zelt sturmfest zu machen. Doch jetzt wird der Reißverschluss geöffnet: »Schnell ins Auto!«

Das lasse ich mir nicht zweimal sagen. Einer der Fahrer öffnet mir die Autotür. Er sitzt schon drin und rutscht auf den Beifahrersitz, damit ich nicht erst um das Auto herum laufen muss, denn ich bin auf der kurzen Strecke schon pitschnass geworden. Dicke Tropfen klatschen wie ein Trommelfeuer auf die Scheiben.

Schon nach wenigen Minuten laufen breite Bäche über den Boden. Vollkommen ausgetrocknet, kann er das Wasser gar nicht so schnell aufnehmen. Ein Auto nach dem anderen wird eine steile Böschung hinaufgefahren, um sie dort auf erhöhtem Platz in

Sicherheit zu bringen. Wir machen es ihnen nach. Das Wadi füllt sich in Windeseile mit braunem, schlammigen Wasser. Überflutung in der Wüste! Und was da alles zusammen kommt: Abgerissene Äste, Gestrüpp und Grasbüschel schwimmen vorbei, kleine Stromschnellen entstehen. Es ist erstaunlich, welche Kraft diese Fluten entwickeln! Ich kann von meinem sicheren Platz im Auto gut sehen, wie Bäche in mein Zelt laufen. Ein erschreckendes aber doch auch faszinierendes Schauspiel.

Unser Gepäck, schon lange vorher auf einem Platz zusammengestellt, hatte jemand noch schnell mit einer Plane abgedeckt. Jetzt strömt das Wasser wie um eine Insel daran entlang. Vorbei ist es mit der Faszination! Wenn meine Reisetasche davon geschwemmt wird, wäre das schon schade. Aber noch wichtiger sind die Reisedokumente im Rucksack. »Dort unten ist alles, was wichtig ist: Mein Pass, das Ticket, Geld …« Ich habe noch nicht zu Ende gesprochen, da ist Mohammed mit dem Fahrer schon dabei, alles herauf und im Auto in Sicherheit zu bringen. Auch die anderen Fahrer greifen mit zu. Klitschnass kehren sie in ihre Autos zurück. Zum Glück kann ich aus dem geretteten Rucksack nun sogar ein Handtuch für Mohammed und unseren Fahrer hervorzaubern.

Das Mittagessen muss ausfallen, denn zwei Stunden später sitzen wir noch immer im Auto und sehen zu, wie sich das Wasser pausenlos und mit unbändiger Wucht durch das Wadi wälzt. Da möchte ich jetzt nicht darin stecken! Alles, was nicht tief im Boden verankert ist, wird mitgerissen.

Erst als der heftige Sturzregen etwas abnimmt und zu einem beständigen Landregen wird, beruhigt sich auch allmählich der reißende Strom. Dennoch ist er noch immer ein riesiges, stark strömendes Gewässer. Und es regnet weiter, blitzt und donnert und der Himmel bleibt düster.

Doch bald ist das Schlimmste vorbei. Mein Zelt ist überschwemmt. Nass und zusammengebrochen scheint es unbewohnbar. Mohammed stapft durch die nun noch knietiefen Fluten und rettet meine tropfnasse Schaumgummimatte aus dem Zelt. Ob das bis zum Abend trocknet?

Es ist nun gegen 16.00 Uhr. Die Fahrer haben sich trockene Sachen angezogen, stehen herum und schwatzen. So ein Regen in der

Wüste ist ein besonderes Ereignis! Natürlich steige auch ich aus. Neugierig sehe ich mir an, was diese Wetterkapriole angerichtet hat.

Die Überschwemmung im Wadi hat sich inzwischen zu einem sanft fließenden Strom gewandelt. Dort, wo sich das Wasser zurückgezogen hat, ist der Erdboden noch sehr schlammig. Tief sinkt man beim Betreten ein. Es riecht vermodert, und es ist empfindlich kühl geworden. »Ich bin in der Sahara, es ist Sommer und ich friere!« notiere ich abschließend in mein Tagebuch.

Dann lädt mich die Mannschaft zu einer Fahrt ans nahe Guelta ein. Dort haben wir vor einem Jahr gebadet und sind sogar geschwommen. Wenn Wasser in der Wüste nicht tief in den Boden versickern kann, sondern von Felsschichten an der Oberfläche aufgehalten wird, spricht man von einem Guelta. Meist trocknen sie in den langen Dürrezeiten aus.

Die Räder der Autos spuren mühsam durch die Fluten, die sich noch immer im Wadi stauen. Nur allmählich werden sie flacher und schmaler, um erst später nach und nach ganz im Sand zu versickern.

Ich bin gespannt, was die Regenflut am Guelta bewirkt hat. In dem Tal, in dem sich sonst das Wasser als Rinnsal sammelt und sich dann über eine Felsstufe in ein Becken ergießt, rauscht und braust und brodelt es. Wir hören es schon von weitem. Als gefährliches Wildwasser tosen schlammig braun die Fluten durch das Tal, füllen es fast aus. Das Guelta ist zu einem strudelnden See angewachsen. Nein, er ladet diesmal nicht zum Bade! Wer hier hinein springt, wird unweigerlich mitgerissen und hinuntergezogen. Unheimlich droht noch immer der dunkle Himmel darüber.

Dennoch hat es die Wüstenluft geschafft, meine Matte und auch mein Zelt zu trocknen. Es riecht zwar alles noch ein wenig nach dem feuchten Schlamm. Aber auch das nimmt der immer trockener werdende Wind bald mit sich davon.

In der Nacht kommen dann endlich die Touristen. Sie hatten in Algier den Tag auch am Wasser verbracht – am Meer.

Männerwelt

Ach, alles geht immer viel zu schnell vorbei! Eine wunderschöne, erlebnisreiche Reise in die Tassili des Hoggar ist zu Ende gegangen. Wie im Fluge verging die Zeit. Am frühen Morgen schon reisen die anderen Touristen nach Deutschland zurück. Ich habe Glück, ich bleibe noch ein wenig hier und fahre vom Endpunkt der Reise, der Oasenstadt Djanet, die am Tassili n'Ajjer gelegen ist, zurück in die Metropole des Hoggar, nach Tamanrasset. Die Familie von Brahim in der Wüste ist mein Ziel.

Ich habe mich mit Proviant versehen. Sicher wird Mohammed, der uns Touristen als Koch begleitete und mit mir in Ahmeds Auto zurückreist, für unsere Verpflegung sorgen. Aber die Geschäfte in Djanet bieten inzwischen auch europäische Waren an. So wählte ich schon gestern zur Ergänzung etwas aus meiner Welt: Emmentaler Käse, Mineralwasser, Cola, Saft, Äpfel, Bananen und Madeleines-Küchlein.

Wir machen uns früh gleich auf den Weg. Tamanrasset liegt zirka vier- bis fünfhundert Kilometer westlich von Djanet. Aber weil es keine Straße gibt, die diese beiden Wüstenstädte miteinander verbindet, stehen uns zwei Möglichkeiten offen: Wir können die nördliche Route durch das Hoggargebirge oder die südliche durch die Wadis und Felsenreiche der Tassili wählen.

Und Ahmed entscheidet sich für die Letztere. Das bedeutet für mich, die gerade beendete Reise in etwa noch einmal, aber nun im Sauseschritt und in umgekehrter Reihenfolge zu absolvieren. Ich bin begeistert! Natürlich werden wir uns nun nicht alles noch einmal genüsslich anschauen können. Das ist mir schon klar. Die Männer wollen schließlich rasch nach Hause.

Wir verlassen die Stadt auf der Straße, die sie in nördlicher Richtung mit der weit, weit entfernten Küste verbindet. Komisch, obwohl sich unser Fahrer für die südliche Route entschieden hat, fahren wir nach Norden. Aber das liegt an der Befahrbarkeit der Strecke. Ich werde es bald selbst erkennen.

Beim Schild »Tim Ghas« verlassen wir dann aber die gut ausgebaute Asphaltstraße.

Tassili n'Ajjer

»Tim Ghas« bedeutet auf Tamahaq »Backenzähne«. Und genauso sehen die Felsen östlich der Straße auch aus. Es scheint, als hätten hoch aufragende Felsen riesige Schutthügel durchbrochen. In Wirklichkeit verhält es sich genau umgekehrt. Schon der stark zerklüftete Umriss dieser Felsen hoch oben verrät die Herkunft der Schutthügel, aus denen sie emporragen. Ganz gewiss ist der eigenartige Name den schmerzhaften Erfahrungen der Bewohner dieser Landschaft zuzurechnen.
Es handelt sich hier um die erodierten Reste des vorderen Teils des Tassili n'Ajjer. Aber das Wort »Reste« ist für diese Landschaft irreführend. Diese aufgereihte Kette sehr hoher Felsenberge lässt erkennen, dass sie einst auch Teil des riesigen Plateaus waren, das man mit seiner mannigfaltigen Felslandschaft heute noch besteigen und bewundern kann. Jetzt aber befindet es sich viel weiter östlich, hat sich vom Zahn der Zeit einen breiten Saum seines Gebietes abnehmen lassen. Der ist zu einer wunderbaren Landschaft wie Irrgärten aus Sand und Stein erodiert.
Einige meiner Reisen führten mich genau in dieses Gebiet. Schon gleich hinter diesen »Tim Ghas« verändert sich das Landschaftsbild. Die großen Schutthalden zu ihren Füßen verschwinden und die steil aufragenden Felsen rücken dichter aneinander. Sie bilden Schluchten und großartige Formationen, an deren Fuß sich nach den seltenen Regenfällen sogar eine kurzzeitige, aber überaus bunte Vegetation im Sandboden zeigt.
Begeistert war ich auf dem Kamel durch diese Landschaft geritten. Ich hörte, wie der Wind in den Felsen sang und beobachtete den Mula Mula. Das ist ein schwarzweißer, etwa sperlingsgroßer Vogel, der Glück verheißen soll. Eigentlich ist es ein Weißbürzelsteinschmätzer. Aber klingt Mula Mula nicht viel netter?

Uralte verwitterte helle Sandsteinschichten haben sich mit einer dunklen Patina überzogen und bildet riesige Mauern, Türme und Tore.
Damals schrieb ich in mein Tagebuch:
»Wir reiten durch eine traumhafte Landschaft. An einem riesigen Felsentor machen wir halt. Wir steigen ab und bestaunen diese Attraktion. Über dem Bogen ist noch eine Öffnung wie ein kleines Fenster eingelassen. Wie vor hunderten von Jahren sitzen die Kamele unten und warten geduldig auf ihre Reiter ...«
Später durchschritten wir einen schmalen Canyon, der umgeben ist von besonders hohen Felstürmen: »Wir müssen über und durch dickes Oleandergestrüpp klettern, bis wir auf sandigem Grund bequemer weiterkommen. Nun beginnt ein wunderschöner Weg. Zwischen hohen Felswänden grünt es üppig und hin und wieder gibt es kleine Wassertümpel. Wir müssen noch ein Stück gehen. Am Ende der Schlucht verbirgt sich geheimnisvoll von hohen Felsen gesäumt, ein dunkles Guelta. Es schmiegt sich tief in ihren Schatten und spiegelt nur gelegentlich die Felsen ringsum. Eine fast sakrale Stimmung erfasst mich ...«

Wir aber wollen jetzt nicht die Felsenberge besichtigen, wir verlassen die Straße in westlicher Richtung und dringen in ein ausgedehntes Dünengebiet ein. Diese weiten imposanten Dünen geben dem Europäer erst die Idealvorstellung von einer perfekten Sahara. Allerdings bedecken solche Dünenlandschaften nur einen kleinen Teil dieser größten Wüste der Erde. Man nennt sie Erg. Und dieses ist das Erg Admer.

Viele Autospuren im Sand bestätigen, dass wir uns auf dem richtigen Weg befinden. Wie ein Riegel liegt das Erg Admer westlich vor dem Tassili n'Ajjer, streckt sich genau so von Nord nach Süd. Und genau da müssen wir hindurch, denn Tamanrasset liegt weit jenseits davon im Westen.

Deshalb also mussten wir zunächst die nördliche Richtung einschlagen, denn nur hier gibt es die für Autos befahrbare Durchquerung.

Natürlich fährt auch Ahmed diese Route. Zunächst ist es noch einfach, dem Dünental zu folgen, doch bald muss auch die bis zu einhundert Meter hohe Barriere in Angriff genommen werden. Es scheint unmöglich, diese riesigen Sandberge zu bewältigen. Doch Ahmed findet den befahrbaren festen Untergrund und saust die Dünen hinauf und in halsbrecherischer Fahrt die mitunter sehr steilen Abhänge wieder hinunter. Hier, gar nicht weit entfernt, war unser Nachtlager noch vor drei Tagen.

Im Erg Admer

Auf einem kleinen erhöhten Plateau oberhalb einer Senke hatte man den Essplatz eingerichtet. Ringsum türmten sich die Dünen. Wie kleine Ameisen wuselten wir Touristen in der atemberaubenden Landschaft umher. Alles wurde fotografiert: Die faltige Oberfläche des Sandes im wechselnden Licht, vertrocknete fahlgelbe Grashalme, die hier nach Regenfällen sogar im puren Sand zu wachsen scheinen, Spuren der kleinen mehrfüßigen Bewohner, denen zu entnehmen war, dass es nicht nur friedfertig hier zugeht, gewaltige aufstrebende Dünen mit scharfem Grat und die unerhört einsame Weite, die einem umfängt, wenn man oben angelangt ist.

Als ich damals dann spät abends zum Schlafen ging, fabrizierte der diffuse Schein des Mondes, der nur mühsam durch die Schleierwolken drang, ein geheimnisvolles Licht. Wie in einer verzauberten Traumwelt kam ich mir vor. Wenn da plötzlich Elfen auf der Düne zu tanzen begonnen hätten, wäre ich gewiss nicht verwundert gewesen, sondern hätte hingerissen zugeschaut. Ich wurde an das Bild von Henry Rousseau mit der Zigeunerin und dem Löwen erinnert. Die Dünen verschmolzen mit den mondhellen Wolken am Horizont, so dass man meinen konnte, man wäre in der Unendlichkeit, zeitlos ohne Anfang und ohne Ende. Am liebsten wäre ich in diese lockende und geheimnisvolle Welt hineingelaufen. Aber der empfindlich kalte, leise Wind brachte mich dann doch ohne Umschweife zu meinem Zelt.

Wir aber befinden uns nun auf der Rückreise, haben das Erg überwunden und rasen mit Tempo 90 nach Süden über eine weite kiesbedeckte Ebene. Nennt man die Anhäufung von Dünen ERG, so heißt diese flache Landschaft REG.

Am östlichen Horizont begleiten uns noch lange die Dünen des Erg Admer. Allmählich aber treten sie zurück, entfernen sich und schwimmen bei starker Sonneneinstrahlung bald im Meer einer Fata Morgana. Wir fahren lange auf dieser weiten Reg-Ebene, rings herum ist alles flach. Es gibt nichts, woran das Auge festhalten könnte. Weit und breit nur Einsamkeit! Einige spitze Berge weit, weit entfernt am Horizont verstärken dieses Gefühl noch.

Plötzlich ein Stopp! Was ist los? Ach, schon gestern hatte Ahmed den rechten Vorderreifen wechseln müssen. Doch auch der Ersatzreifen war bereits mehrfach geflickt. Nun ereilt uns schon wieder das Missgeschick. Er ist platt! Die beiden Männer montieren und basteln und beratschlagen. Ich habe derweil Pause. Ein wenig langweilig ist das in dieser Gegend. Aber was hilft es, die Männer sind beschäftigt! Es sieht nicht gut aus, denn auch der Reifenmantel hat einen großen Riss. Schließlich gibt es hier mitten in der weiten Einsamkeit der Wüste keinen Reifenhändler oder einen Reparaturdienst. Die beiden sind zwar sehr geschickte Alleskönner, die in jeder Situation einen Ausweg finden. – Ja, aber wohl doch nicht in jeder! Hier sind sie jedenfalls machtlos.

Wie schön ist es, wenn dann eine Frau das Problem lösen kann!!! Als perfekte deutsche Hausfrau zaubere ich aus meinem Handtäschchen eine Tube Spezial-Sekundenkleber. (Natürlich habe ich die nicht ständig bei mir! Der Kleber hatte bereits Mohammeds lockere Schuhsohle befestigt und war eigens zu diesem Zwecke mitgeführt!) Aber nun kommt er sehr gelegen. Der Riss bekommt ein Pflaster aus einem Stück abgetrenntem alten Reifenschlauch und schon ist der Reifen wieder fast wie neu!

Die angefangene Pause wird durch einen kleinen Imbiss abgerundet. Wir trinken Cola und Saft und wollen uns dann auch an Käse, Baguette und Obst stärken. Leider fehlt ein Messer.

Da hole ich aus meinem bewährten Handtäschchen mein Schweizer Offiziersmesser und auch dieses Problem ist keines mehr!

Am Horizont taucht ein Auto auf und biegt bald zu uns ab. Sie haben wohl aus der Ferne beobachtet, dass die Männer hier am Auto zu tun haben. Wozu sollte man sonst in dieser Einsamkeit anhalten? In der Wüste hilft jeder jedem. Ein weiteres Auto folgt. Nein, wir brauchen keine Hilfe. Danke! Alles ist jetzt in Ordnung. Doch mein Hochmut kriegt einen Knacks. Auch ohne meine hilfreiche Unterstützung wären die beiden nicht lange liegengeblieben.

Nun fahren auch wir weiter. Aber nicht ohne dass Mohammed zu Beginn etliche Suren (oder sind es Beschwörungsformeln?) zum erfolgreichen Gelingen spricht. Es hilft, der Reifen hält!

Es ist nun schon halb vier Uhr am Nachmittag. Um diese Zeit sind die anderen längst in Deutschland gelandet: Ein komischer Gedanke. Ich weiß, dass es dort jetzt kalt ist und auch Schnee liegt. Doch richtig vorstellen kann ich mir das hier unter der afrikanischen Sonne nicht.

Die allerdings neigt sich mehr und mehr dem Horizont zu. Deshalb schlagen wir wenig später im Dünengebiet am Wadi Taccalus das Nachtlager auf. Die Rollen sind perfekt verteilt: Mohammed macht Holz, Ahmed packt aus und ich gehe fotografieren.

Es ist wunderschön hier. Eine größere Ansammlung Dünen zeigt in der untergehenden Sonne ihr windgefurchtes Relief. Licht und Schatten bilden zauberhafte Kontraste in verschiedenen Orangetönen.

Zum Abendessen hat Ahmed eine Decke ausgebreitet und auf einem Ende davon Platz genommen. Der Sandboden ist schon ziemlich kalt geworden. Also nutze ich die gute Gelegenheit und setze mich gleich mit dazu. Empört guckt er mich an. Wie unschicklich! Mohammed aber lächelt nachsichtig. Er weiß, die Deutsche hat keine Ahnung von Etikette! Man setzt sich als Frau doch nicht einfach so neben einen Mann und noch dazu mit auf seine Decke!!! Die beiden sind doch kein Liebespaar! Zumal in der Öffentlichkeit! Und er legt mir eine Matte für mich allein zum Sitzen hin.

Gleich nach dem Essen verkriecht sich jeder in seinen Schlafsack. Galant hat Ahmed kein Zelt für mich mitgenommen. Nun muss ich sehen, dass ich in der Nacht nicht friere.

Am Morgen nach der Übernachtung vor drei Tagen im Erg Admer hatte einer unserer Fahrer eine dicke Eisschicht von einer

Wasserschüssel entfernt. Jetzt, Anfang Januar, ist es also des nachts wirklich richtig kalt!!! Ich habe zum Glück noch eine dicke Decke gefunden und schlage einen Teil der Plane, die unter meiner Matte liegt, noch oben drüber. Mit den wärmsten Sachen bekleidet, die meine Reisetasche hergibt, schlafe ich auch rasch ein.

Gegen halb fünf Uhr in der Frühe weckt mich ein Geräusch. Ein fremdes Auto fährt mit hohem Tempo jenseits der Dünen durch das nahe Wadi. Sind das Banditen? Räuber? Oder Schmuggler? Ich werde es nie erfahren. Aber auch im Auto hat man keine Ahnung von unserer Anwesenheit, denn hinter den Dünen sind wir für sie unsichtbar.

Als wir später gegen halb sieben Uhr aufstehen, beginnt sich der Himmel im Osten rot zu färben. Die Nacht war wirklich kalt, doch meine zusätzlichen Vorkehrungen haben ausreichende Wärme verbreitet.

Nach Einpacken und Frühstücken gibt es trotz Eile den obligaten Tuaregtee. Ich gehe leer aus. Warum? Wieder ein Missverständnis! Gestern Abend hatte ich den starken Tee abgelehnt. »Danke, ich möchte keinen Tee, ich kann danach nicht schlafen.« Und Mohammed hatte nur übersetzt: »Sie trinkt keinen Tee!«

Auf der Suche nach Brennholz fahren wir hin und her. Es ist gar nicht so leicht, das richtige zu finden, denn Akazie ist nicht gleich Akazie! Und getrocknet muss das Holz schon sein, sonst brennt es nicht gut.

Aus Erfahrung weiß ich: Ich bin diesbezüglich ein blutiger Laie und meine Hilfsangebote werden stets ignoriert. Aus gutem Grund: Ich kann nicht erkennen, welcher Baum nur »schläft«, wie Mohammed es nennt (also Trockenruhe hält) und welcher wirklich trocken ist. Und vor allem, welche Akazienart ist die Richtige?

Doch endlich halten wir vor einem abgestorbenen Baum. Axtschläge hallen und werfen in den gegenüberliegenden Felsen ein deutliches mehrfaches Echo. Die Männer wechseln sich ab. Das Holz ist so hart, dass sich die scharfe Schneide der Axt umbiegt. Mit einem Hammer wird sie wieder gerichtet.

Endlich ist genug Holz beisammen. Als es Ahmed auf dem Autodach festzurren will, reißt das Seil, und er stürzt rücklings in einen großen, stacheligen Afasu-Grasbüschel. Zum Glück fliegt er an der geöffneten Autotür vorbei. Noch einmal gut gegangen! Was wäre wenn? Der nächste Arzt ist zwei Tagesreisen entfernt!

Am späten Vormittag taucht am westlichen Horizont das Felskamel von Youf Aghlal auf.

Youf Aghlal

»Aghlal« ist Tamahaq und bedeutet eigentlich »große Schüssel«. Weil es in diesem Gebiet einen Brunnen gibt, der wie eine Schüssel geformt ist, hat dieses Tassili seinen Namen bekommen.

Es gehört wie z. B. El Ghessour, Tin Akaschaker, Tagrera oder Tahaggart zu den bekanntesten Tassili im Süden des Hoggargebirges. Was bedeuten soll, dass es noch eine Unzahl weiterer großer oder kleiner Hochplateaus rings um den Hoggar gibt. Nun ja, Plateaus sind es oft kaum noch. Felsen, einzeln, oftmals skurril geformt oder zu gigantischen Formationen vereint, ragen aus dem Boden, bilden wundersame »Inselreiche« im Sandmeer.

Bei allen Touren in dieses Gebiet grüßt mich das Felskamel weit sichtbar über die Felsen gereckt. Manchmal ist es weit entfernt, manchmal campieren wir in seiner Nähe. Vom Bildhauer Natur in Stein gehauen, thront das Felskamel wie ein Wahrzeichen am Rande eines Wadis, das das Tassili quert. Es sitzt mit hochgerecktem Kopf und schaut weit über das Land. Sein langer steinerner Hals ist ein wenig dünn geraten. Dennoch überragt der Kopf den Höcker um viele Meter. Die ganze Skulptur ist bestimmt zwanzig, dreißig Meter hoch.

Viele sehr verschiedene Felsformationen findet man in diesem Tassili. Dass es auch einmal ein Plateau war, ist nicht mehr zu erkennen. Aber Youf Aghlal ist nicht nur sehr vielgestaltig, sondern auch sehr weitläufig. Da ist so eine Wegmarke eine gute Orientierung.

Bei einer der Touren hatte das Küchenauto einen Defekt, der nicht repariert werden konnte. Man benötigte unbedingt ein Ersatzteil. Per Satellitentelefon war das kein Problem. Doch es erwies sich als sehr problematisch, dieses Ersatzteil zu uns nach Youf Ahglal zu bringen, denn die Menschen in der

Stadt, ja selbst die dort lebenden Tuareg, kennen sich in der Wüste nicht mehr aus. Erst als der alte Vater von Ahmed, früher selbst noch Nomade, als Wegweiser mitfuhr, konnte unser Problem gelöst werden.
»Guck mal, die kleinen langen Sanddünenrippel verlaufen immer von Nord nach Süd!« Ich bekomme Unterricht von Mohammed. Das kommt von ständigen Wind aus der Ost-, manchmal auch aus der Westrichtung.
Ich frage Mohammed, wieso er sich so gut in den Weiten der Wüste auskennt. Da meint er, er sei früher oft auf der Suche nach den Kamelen seines Vaters unterwegs gewesen, mitunter auch so weit, wie wir es jetzt nur mit einem Auto wagen.

Trotz unserer eiligen Reise halten wir, als uns zwei Autos entgegenkommen. Man kennt sich. Die anderen sind auch Tuareg, Fahrer einer französischen Reiseagentur, also Kollegen. Nach ausgiebiger Begrüßung folgt ein noch ausgiebigerer Schwatz.

Ich bleibe unbeachtet. Nur gut, dass ich Unterhaltung mit der Landschaft und vor allem mit der Vergangenheit habe. Mohammed weist mich auf eine eigenwillige Gravur hin, die in einen großen Stein gehauen ist. Er nennt sie Tiglist. Sie mag einige tausend Jahre alt sein und wurde von Menschen eines Volkes gefertigt, das dieses Gebiet längst verlassen hat. Mit gut erkennbaren tiefen Rillen ist ein Ameisenbär gezeichnet. Ja, ich weiß, diese Tierart gibt es nur in Südamerika. Doch das abgebildete Tier kann mit seinem extrem schmalen Kopf und der noch schmaleren sehr langen Schnauze nur einen Ameisenbär darstellen. Ich kenne kein anderes ähnliches Tier. Aber es ist wunderschön. Die Behaarung auf Kopf und Rücken ist tief in den Fels eingraviert. Allerdings ziert sein Körper ein geometrisches Muster. Ganz bestimmt ist es ein Geistertier, denn aus Bauch und Hinterteil zugleich treten deutlich erkennbar »Auswürfe« aus und fallen nach unten. Welche Geistergeschichte mag sich hinter dieser Figur verbergen?

Die vereinte Fahrergruppe beider Agenturen hatte inzwischen beschlossen, das Mittagessen gemeinsam einzunehmen. Aber auch während das Essen zubereitet wird, bleiben sie unter sich. Also kann ich mir noch ein wenig die Landschaft ansehen.

Als das Essen fertig ist, sitzen die Männer um eine große Schüssel in dichter Runde zum Mahl. Da gibt es keinen Platz für eine Frau. Natürlich weiß ich, dass in dieser Kultur Männer und Frauen getrennt essen. Und ich weiß ebenso, dass das erst recht keine Aktion gegen meine Person ist. Im Gegenteil, ich sollte mich glücklich schätzen, jetzt nicht als eine der Touristinnen, sondern als eine der ihren angesehen zu sein. Doch ich fühle mich wie eine Aussätzige und habe einen dicken Kloß in der Kehle. Das Gefühl, abgewiesen zu sein, ist stärker als mein Wissen um ihre Kultur.

Und was ich früher nie geglaubt hätte, es beherrscht mich völlig. Damit niemand meine impulsiven Reaktionen bemerkt, greife ich zum Fotoapparat und steige in den umliegenden Felsen herum. So also fühlt es sich an, wenn man fremd in einer Kultur ist!

Auch Mohammed versteht meine heftige Reaktion nicht wirklich. Aber er kennt mich inzwischen gut genug, um mein Verhalten richtig zu deuten. Er hat Mitleid mit mir armen weiblichen Geschöpf, organisiert einen Teller und so sitze ich – züchtig mit dem Rücken zu den schmausenden Männern – mit Mohammed allein beim Essen.

Obwohl ich weiß, dass nicht nur der Islam, sondern auch die Nomadenkultur auf diesem Teil unseres Erdballs die Trennung in eine Männer- und Frauenwelt verlangt und die Tuareg diese traditionelle Trennung für die Mahlzeiten auch strikt einhalten, fühle ich mich jetzt ziemlich ausgegrenzt – als persona non grata. Eine solche Empfindung ist für die Menschen hier gar nicht nachvollziehbar. Es gehört zu ihrer Kultur. Auch die Männer, die jetzt mich, aber sonst stets europäische Touristen begleiten und deren Verhaltensweisen kennen, können sich nicht in mich hinein versetzen.

Was ist eigentlich schon dabei, nicht gemeinsam mit den Männern zu essen? Schließlich bin ich doch hier, um genau diese Kultur kennen zu lernen! Doch anscheinend habe ich die meine so stark verinnerlicht, dass es mir in diesem Fall sehr schwer fällt, darüber hinweg zu sehen. Wie mögen sich Ausländer bei uns in Deutschland fühlen?

Ich aber kann Isabelle Ehrhard gut verstehen, die sich vor bald hundert Jahren auf ihren Reisen durch die Sahara als Mann verkleidete.

Zum Glück kommen wir nach einer eiligen Fahrt durch etliche Akazien bestandene Wadis noch am Abend in Tamanrasset an.

Diese Reise war nicht lang, aber sie hat mir etwas über das alltägliche Leben der Männer hier, außerhalb der Touristenwelt, gezeigt.

Und in diese Männerwelt wollte ich mich nun hineindrängeln – wollte wie eine gestandene emanzipierte europäische Weibsperson die Ärmel hochkrempeln und Mohammeds heimische »Gute Stube« malern. Daheim, in meiner Wohnung hatte ich das oft genug getan. Ein Nomade kann zwar eine Menge in Eigenregie mit seiner Hände Arbeit zustande bringen. Arbeiten mit einem Malerpinsel gehören logischerweise nicht so sehr dazu. Das hatte ich bei meinem letzten Besuch in seinem Heim feststellen müssen. Er hatte den Raum neu verputzt und zuvor sogar eine elektrische Leitung unter dem Putz verlegt. Dennoch sah alles grau und düster aus. Also hatte ich aus Deutschland eine Malerbürste und Abtönpaste mitgebracht. Farbe und auch eine Leiter gab es bereits in einem einschlägigen Geschäft in Tam. Und zur großen Verblüffung der nachbarlichen Damenwelt begann ich, die Wände mit einer hellen, freundlichen Farbe zu versehen. Ständig hatte ich neugierige Zuschauer. Während die Männer mir mit erhobenem Daumen Zustimmung signalisierten, erntete ich bei den Weiblichkeiten nur misstrauisches Achselzucken – die Europäerin wollte sich offensichtlich wie ein verrückter Irrläufer in die Männerwelt einschleichen. Kurios, sehr kurios!

VI. Unterwegs

Ein leichter Windhauch
kühlt mein schweißnasses Gesicht.
Ich liege im Schatten einer Akazie
und warte auf die ein wenig niedrigeren
Nachmittagstemperaturen.
Heute Nacht blies mir der gleiche Wind ins rechte Ohr, so
dass ich Ohrenschmerzen bekam.
Ist Wind gut? – Ist Wind schlecht?
Nur der Mensch wertet.

Erkundungen

Die Tassili haben es mir besonders angetan. Allein schon das Wort ruft Assoziationen der Sehnsucht hervor. Eigentlich bedeutet Tassili nur: Hochplateau. Rings um das Hoggar-Gebirge sind sie anzutreffen. Doch in jahrtausendelanger Kleinarbeit hat die Erosion Gebilde geschaffen, die aus einem Sandsteinmassiv Zauberwelten entstehen ließen, wie es nur der Natur in ihrer unbegrenzten Mannigfaltigkeit gelingt.

Oft sind bloß noch einzelne Felsen vom kompakten Plateau übriggeblieben. In vielfältiger Form, vierschrötig oder auch abgerundet wie eine Schildkröte, hat ihre Oberfläche eine raue, rissige Struktur bekommen, die optisch einer Elefantenhaut ähnelt. Temperaturschwankungen lassen diese »Haut« in Schichten abplatzen. Unterhöhlte Reste werden zu phantastischen Klangkörpern, wenn man darauf klopft.

Andere Felsen wiederum streben schlank und säulenartig wie lange Finger empor, vereinen sich zu malerischen Gruppen oder bilden winddurchwehte sandige Gassen.

Der Sand übrigens, als das verbindende Element, hat sich längst dieser Landschaften bemächtigt, hat sich zum allseitigen Beherrscher erhoben und ist dabei, sie ganz zu verschlingen.

Aber noch können wir sie bewundern, zeigen sie ihre bemerkenswerte Vielfalt. Jedes Tassili hat seinen eigenen Charakter, seine Besonderheit. Manche kann man durchqueren, in anderen kann man herumklettern, durch Tore gehen, sich in fast geschlossene Räume begeben …

Allerdings gaben die Bewohner der Wüste in erster Linie den Wadis, die an den Tassili entlang führen, Namen. Nur die waren für sie wichtig, denn sie versprachen Futter für ihre Herden. Erst die Reisenden aus Europa erfanden passende Bezeichnungen für »ihre« Reiseziele, für die Gegenden »ihrer« Sehnsucht.

Und so ist sie entstanden, wurde benannt, die Wunderwelt der Tassili: Felsenschlösser und Canyon in El Ghessour, hochstrebende Felsentürme in Tin Akascheker, »Elefantenhaut«-Felsen in Tagrera, wuchtige Felsen mit vielfältigen Höhlungen in Youf Ehakit, Les Aiguilles, die Felsnadeln, das weitläufige Youf Aghlal mit seinem Felskamel, das ferne Tahaggart hoch aufragend im Sand… Immer wieder eine andere einzigartige Formation, eine andere Symbiose aus Sand und Fels und immer wieder faszinierend schön.

Auf einer Reise in die »Inseln im Sand« hatte ich weit am Horizont eine zerklüftete Felsformation entdeckt, die fern unserer Route blieb. War das ein anderes unbekanntes Tassili?

Meine Neugier war geweckt. Und nun wollen wir genau dorthin fahren. Wieder begleiten mich Mohammed und sein Bruder Manou, der die Reise nutzt, um nach einigen seiner Kamele Ausschau zu halten, die vom heimatlichen Wadi ausgebüxt waren.

Das konnte geschehen, weil Kamele nicht in einem Stall oder auf einer Koppel untergebracht sind. Sie werden, wenn man sie nicht braucht, in ein Wadi gebracht, das in der Nähe ist und ihnen Nahrung bietet. Da die Vorderbeine unten mit einem Strick zusammengebunden werden, können sie nur winzige Schritte machen. Ein Kamelhirte muss darum auch hin und wieder nach seinen Tieren sehen und sie wieder zurückführen, wenn sie sich entfernt haben. Aber manchmal sind sie eben schon zu weit weg und er muss sie suchen. Diese Suche kann sich oft auch über viele Kilometer weit ausdehnen.

Wir stehen früh auf, das versteht sich von selbst. Um halb sieben wird gefrühstückt, gepackt und geräumt. Alles möglichst zugleich. Zwei Stunden später sitzen wir im Auto.

Wir durchqueren das Wadi Ihegher. Ich erkenne es wieder als das Wadi mit den vielen Tamarisken. Nach Osten geht es weiter, am Berg Eylam vorbei durch eine Steinhügellandschaft. Immer weiter fahren wir. Manou hat stets ein Auge auf die Kamele am Wegesrand. Und immer wieder steigt er aus, um sie genauer in Augenschein zu nehmen – aber es sind nicht seine.

Das kann man gut an den Brandzeichen erkennen, die den Kamelen meist am Hals angebracht wurden, als sie noch kleine Fohlen waren. Die von Manou haben zwei rechte Winkel, die sich gegenüberstehen und ein Rechteck bilden.

In einem wunderschönen, weiten, grünen Wadi halten wir erneut an. Das Grün ist Alwat, das bald seine violetten Blüten öffnen wird. Das Kraut erinnert ein wenig an unsere heimischen Erbsen, ist aber ein Kreuzblütler. Eine ähnliche Pflanze daneben kann man sogar essen. Die beiden machen es mir vor: Hmmmm! Ich weiß nicht, dieser intensive Geschmack ist nichts für mich. Aber nun erfahre ich auch, dass wir uns im Wadi Tarabine befinden. In einem weiten Bogen durchläuft es den Süden Algeriens. Etliche Kilometer entfernt von hier, bevor es das Tassili Youf Ehakit streift, fotografierte ich einmal einen riesigen violetten Blütenteppich. So massenhaft wuchs dort das Alwat.

Kamele mögen Alwat. Und so ist es kaum verwunderlich, dass Manou besonders hier nach seinen Tieren Ausschau hält. Jedes Mal, wenn wir eine Gruppe Kamele erreichen, steigt er aus. Doch mehr und mehr scheint seine Suche zu einem unlösbaren Unterfangen zu werden, denn bald sehen wir Hunderte dieser Tiere, die im grünen Alwat stehen und es sich schmecken lassen. Unlösbar? Schwierig? Überhaupt nicht! Denn nun ist Manou erst in seinem Element: Auf Kameljagd im grünen Wadi Tarabine. Und Mohammed hilft ihm dabei voller Eifer.

»Wer hat so viele Kamele?« Ich bekomme keine Antwort, sie sind beschäftigt. Erst ein wenig weiter treffen wir eine Gruppe Kamelhirten an ihrem Zelt.

An den wenigen Bäumen im weiten Wadi kann man gut sehen, wie hoch das Wasser bei den seltenen, aber wohl starken Regenfällen hier steigt. Dicke angeschwemmte Grasbüschel und Gestrüpp sind bis zu einen Meter hoch an den Stämmen hängen geblieben. Das Wadi ist an dieser Stelle mehrere hundert Meter breit. Was für eine riesige Wasserfläche muss das dann sein? Doch danach, wenn es denn geregnet hat, geschieht das Wunder: Die Wüste wird an dieser Stelle grün! In dieser Zeit der Fülle kommen die Kamelhirten von weit her, um ihren Tieren saftiges Weideland zu bieten. Aber Manous Kamele schlemmen hier leider nicht.

Wir fahren weiter. Ich habe längst die Orientierung verloren, da erkenne ich am Horizont die Zinnen von Ibussagheghen, dem Tassili, dem unsere Reise gilt. Als wir uns nähern, scheint uns eine unüberwindliche Mauer aus natürlichem Fels den Weg zu versperren. Sie ist so ungeheuer hoch, dass man nur die höchsten Spitzen der Felsen dahinter sehen kann. Aber es sind genau die Tassili-Felstürme, die mich hierher geführt haben. Müssen wir nun wohl oder übel über eine hohe Felsenwand dorthin klettern!?

Doch wie für uns gemacht, öffnet sich beim Näherkommen ein schmaler Durchlass, lädt uns dieses Tassili bereitwillig auf einen Besuch ein. Ja, da liegt es nun vor mir, mein erträumtes Reiseziel. Aber ach, die weithin sichtbaren Felsentürme stehen wie eine Krone als EIN Massiv beieinander, weit weit oben – auf riesigen Schutthalden herab gefallenem Gesteins.

Wenn man näher zu den Felsen möchte, muss man erst eine ganze Strecke hinauf über lose Steine und hohe Felsbrocken steigen. Und dann stünde man auch nur davor, könnte zwar daran entlang klettern, aber kann nicht um die einzelnen Felsentürme herum oder zwischendurch spazieren, wie das bei den anderen Tassili oft der Fall ist. Schade! Sehr schade! Wie so oft ist auch hier der Anblick aus der Ferne reizvoller als der aus nächster Nähe.

Enttäuscht klettere ich im Geröll herum, während die Männer nach Feuerholz suchen. Der Abend wird kühl werden.

Für das Lager wählt Mohammed einen anderen Platz, am hinteren Ende einer »Seitengasse« des Tassilis. Porös wie uralte Knochen erscheint die Außenhaut der Felsen, an deren Fuße wir das Nachtlager errichten. Zusammengebacken aus vielen verschiedenen Gesteinsarten sind sie. Nun bröseln sie Jahrtausend für Jahrtausend allmählich wieder auseinander.

Doch dieser Platz ist eher nach meinem Geschmack. Eine phantastische riesige Felsformation erhebt sich mit Türmchen und Kuppeln wie eine russische Kathedrale aus dem Gesteinsschutt. Es gibt Scheinsäulen, Fenster und Tore. Aber man kann nicht hinein. Wie bei Dornröschen. Nur die Dornenhecke fehlt. Dornen und Stacheln gibt es freilich – allerdings unten, wo wir sie am Boden unter einer Akazie für unser Nachtlager erst wegräumen müssen.

Ein kurzer Spaziergang bringt mich zu einer weiteren Attraktion. Mohammed zeigt mir einen riesigen Fels, der nicht zerbröselt, sondern im Ganzen herab gestürzt und weit gerollt ist. Seine Süd- und Ostseite ziert ein langer Gravurenfries. Strauße und Giraffen marschieren in einer langen Reihe. Die Menschen der Steinzeit haben ihn angefertigt, als die Sahara vor tausenden von Jahren ihre grüne Periode hatte. Diese Tiere werden zu ihrer Jagdbeute gehört haben. Auch ich verspeise noch heute mit Wohlbehagen, ins ferne Europa importiert, ein Straußensteak. Ob die Jäger damals ihr Lager ebenfalls unter der »russischen Kathedrale« hatten?

Am nächsten Morgen leuchtet sie rotglühend in der aufgehenden Sonne. Hingerissen kann ich kaum einen Blick von ihr wenden. Unsere Reise war also doch nicht ganz umsonst.

Manou hat für diesen atemberaubenden Anblick wenig übrig. In den Felsen gibt es kein Futter für die Kamele, dort können sie also nicht sein. Wenn er auf Kamelsuche ist, stehen sie ihm nur im Wege, die Felsen, und er muss mühsam um sie herum laufen. Demonstrativ sitzt er mit dem Rücken zu den leuchtenden Felstürmen und kocht Tee.

Seine Kamele fand er leider nicht.

Für mich aber sollte es die vorerst letzte Reise in die Welt der südlichen Tassili des Hoggar sein. Unruhen und Kämpfe in Mali, in dem sich fanatische »Gotteskrieger« eingenistet haben und dessen Grenzen sich an dieses Gebiet anschließen, raten dringend davon ab. Der Islam war einstmals eine Religion, die Toleranz übte und die Wissenschaften förderte. Das ist lange her. Doch für Europa waren diese Kenntnisse die Grundlage der Entwicklung zur führenden Weltmacht. Jetzt scheint es, dass der Islam sich in die Gefilde mittelalterlicher Unwissenheit zurückgezogen hat und sich dazu hergibt, engstirnigen, menschenverachtenden, bildungsfernen aber machtbesessenen Fatalisten das Szepter zu führen. Im Namen eines Gottes lässt sich die absolute Macht durch dessen Vorherrschaft und notfalls mit brutaler Gewalt trefflich etablieren.

Aber hatte das Christentum nicht auch seine dunkle Epoche zur Zeit der Inquisition, der Hexenverbrennungen und der Macht ergreifenden Entdeckungen in Afrika, Amerika und anderen fernen Weltgegenden?

Takemart

Guck mal, da ist ein Telefon in der Wüste!«, erklärt mir Mohammed, als wir einen Stopp einlegen. Er weist auf einen einsamen Targi, der zielgerichtet mitten durch die grünenden Stauden marschiert.

Ich bin stets verunsichert, wenn wir auf Fremde treffen. Wie soll ich mich verhalten? In der islamischen Welt der Tuareg stehe ich als Frau und Touristin bei Männergesprächen immer ein wenig verloren daneben. Also begrüße ich ihn nur höflich.

Achtung, die Tuaregkultur kennt eine weitere Benimmregel: Nicht in die Augen sehen und die Hände nur leicht aneinander streifen lassen! So verfahre ich auch jetzt, überlasse dann Manou und Mohammed das Feld und halte mich abseits. Es gibt ja genug zu entdecken und zu fotografieren.

»Nek Brahim« (Ich bin Brahim), verstehe ich noch, bevor sich die Männer verabschieden. »Was macht ein einzelner Targi in Tin Tarabine?«, will ich wissen. »Er wohnt dort!«, ist die lapidare Antwort Mohammeds. Na ja, im Moment ist er gerade dabei, nach seinen Kamelen zu sehen. Aber die wichtigsten Issalan (Neuigkeiten) aus Tamanrasset und über die weitverzweigte Verwandtschaft sind nun ausgetauscht – wie per Telefon gelangen sie auf diese Weise rasch von Ohr zu Ohr. Da ist die Wüste wie ein Dorf!

Wir fahren noch ein kleines Stück weiter. Doch dann biegt Mohammed plötzlich ohne weitere Erklärung ab und fährt auf ein Zelt zu. Ich hätte es bestimmt übersehen. Es steht sehr unauffällig vor den Felsen am Rande des Wadis, weit ab von der Piste. Ich sehe blaue Leinwand, die Wände teilweise hochgeschlagen und kaum etwas darin. Hier also, erfahre ich, ist Brahim mit seiner Familie zu Hause.

Wie schon seit Jahrhunderten leben sie hier als Nomaden in der unwirtlichen Wüste. Ganz allein, die nächsten Nachbarn sind weit, weit entfernt. Ich habe jedenfalls niemanden auf unserer Reise entdeckt, der dafür infrage käme. Es gibt auch kein weiteres Zelt, das ein Onkel oder Cousin bewohnt, wie mir Mohammed von den Verhältnissen seiner Kindheit erzählte.

Da gab es viele Zelte, in denen Onkel und Cousins mit ihren Familien wohnten. Dieser Zusammenhalt blieb auch, wenn die Zelte an einer anderen Stelle aufgebaut wurden, damit die großen Herden genügend Nahrung fanden. Frauen und Männer verschiedenen Alters und viele Kinder waren da, um sich auch gegenseitig unterstützen zu können. Diese Familie hier ist ebenfalls in der Wüste zu Hause, lebt aber allein, völlig auf sich gestellt.

Tja, und »zu Hause«, das ist so ein gängiger Begriff für mich. Was aber verstehen diese Menschen darunter? Für uns ist »zu Hause« die Wohnung, das Haus an einem festen Ort. Nomaden aber sind nicht sesshaft und bauen ihr Zelt immer wieder an einem anderen Platz auf. Natürlich bleiben sie stets im regionalen Bereich des Stammes oder der Familie, aber was mag für sie »zu Hause« bedeuten?

Brahims Frau kommt uns entgegen. Obwohl sie hier sicher nicht häufig Besuch empfängt, begrüßt sie uns ohne Scheu und sehr offen, fast neugierig. Ihre drei Söhne, zwischen vier bis etwa acht Jahre alt, sitzen im Sand. Der Jüngere hat einen kleinen Plastiklöwen und eine ebensolche Giraffe in der Hand. Die kenne ich aus deutschen Spielzeugläden. Und das stimmt tatsächlich! Mohammed übersetzt mir die abschätzige Erklärung der Mutter, die von einer noch deutlicheren Geste begleitet wurde: Dieses Spielzeug haben die Kinder von Touristen geschenkt bekommen. Ach ich weiß: Nomadenkinder der Tuareg haben normalerweise kein Spielzeug.

Sie schauen uns ein wenig skeptisch und ernst entgegen. Liegt es daran, dass ich als fremde Europäerin dabei bin und erst einmal eingehend begutachtet werden muss?

Aber ich komme mit ihnen schnell ins »Gespräch«. Und der Bann ist vollends gebrochen als ich den Jungen ihre Portraits im Display meines Fotoapparates zeige. Im Gegenzug führen sie mich zu einem nahen Felsen. Dort, weit oben, prangt eine alte, sehr einfache Gravur: Es stellt ein gehörntes Tier, einer Kuh ähnlich dar. Bestimmt wissen sie, dass Touristen so etwas begeistert. Sidi, der Große, in ein gestreiftes Herrenoberhemd gekleidet, das ihm sichtlich zu groß ist, klettert voran. Eilfertig gefolgt von seinen jüngeren Geschwistern besetzen sie den Felsen. Jeder möchte mir die Gravur zeigen, und so habe ich Mühe, sie zwischen ihnen im Bild festzuhalten.

Ich sehe mich um. Das Wadi ist hier von Felsen eingefasst, aber ziemlich breit, so dass der Blick weit, weit in die Ferne geführt wird. Diese einsame Weiträumigkeit mit dem hohen Himmel darüber, das ist es, was ich an der Sahara so liebe. Sie weckt in mir ein sehnsuchtvolles Gefühl von Freiheit. Deshalb kann ich gut nachvollziehen, warum diese Familie nicht die Enge mauerumgrenzter Häuser in der Stadt bewohnt.

Ihre Behausung ist recht einfach und bedürfnislos. Der Sandboden ist Bett, Tisch und Arbeitsfläche zugleich. Das Zelt ist nur Zentrum und Zufluchtstätte bei Sturm und Regen oder muss als Schattenspender herhalten. Tagsüber hält man sich immer »draußen« auf und die Kinder schlafen auch dort. An zwei Pfosten sind in sicherer Höhe vor neugierigen Ziegen die Vorräte in einigen Beuteln angebunden. Auf weiteren Holzstöcken stecken Töpfe. Andere Pfosten, überdacht, bewahren sicher die wenigen Dinge auf, die vor der Sonne geschützt werden müssen.

Mohammed lädt etliche Lebensmittel ab, die die Familie fern der Stadt gut gebrauchen kann. Das ist Nomadentradition! Man teilt mit denen, die wenig haben, bzw., die sich nicht problemlos mit Nachschub versorgen können. Mehl, Zucker, Makkaroni wechseln den Besitzer. Als Gegengeschenk bekomme ich eine handgroße rechteckige Platte getrockneten Takemart – Ziegenkäse – gereicht. Ich beiße auch gleich ein Stück ab. Hmm, schmeckt wirklich gut; ein wenig säuerlich zwar, wie grober festgebackener Quark, aber doch mild und gar nicht streng nach Ziegenmilch.

Mohammed möchte noch mehr davon – und zwar kaufen. Mit so einem unerwarteten Geschäft hat die Nomadin nicht gerechnet. So marschiert sie die ca. 800 Meter quer über das Wadi auf die gegenüberliegende Seite, dort, unterhalb der Felsen, ist ihr Depot. Dort sei es kühler, erklärt mir Mohammed.

Wir fahren hinterdrein. Sie steht jetzt direkt neben mir am Autofenster, während die beiden den Kauf abwickeln. Ihr Gesicht hat regelmäßige, fast slawische Züge, umrahmt vom locker geschlungenen Tissarnast, dem »Ganzkörpertuch« der Tuaregfrauen, das sie über einem kleingemusterten Kleid trägt. Ihre Hände sind auffallend schlank, ja grazil. Sie trägt schmale golden gefärbte Armreifen, drei rechts, und links zwei zu den üblichen Plastikarmbändchen, die auch ich als Geschenk am Handgelenk habe. Es heißt immer, die Tuareg haben nur Silberschmuck und meiden Gold, das Unheil bringen soll. Von wegen! Das war sicher früher so. Aber die neue Zeit bringt auch neue Moden – bis in den entferntesten Winkel der Wüste! Der wunderschöne alte Silberschmuck ist offenbar unmodern geworden.

Als wir weiterfahren erfahre ich, dass dies die einzige Familie weit und breit ist, die diesen Käse noch herstellt. Längsrillen in der Oberfläche deuten an, dass Afasugrasstängel dicht an dicht als »Sieb« dienten. Der fette Rahm ist der Grundbestandteil dieses leckeren Nahrungsmittels. »Vorsicht, iss nicht so viel Käse! Du kriegst Fieber!« Mohammed warnt mich. Mit »Fieber« meint er allerdings etwas ganz anderes. Ich soll es bald erfahren. Trotz seiner Warnungen naschen wir drei immer wieder davon. Es schmeckt aber auch zu gut!

Als Mohammed dann plötzlich anhält und eiligst hinter den Felsen verschwindet, kommt alles ans Licht: Nun hat er »Fieber«! Er, der mich warnte, er, der Targi muss rennen. Lachend gibt er es preis. Mir aber, der Europäerin, geht es gut.

Ein Jahr später treffe ich bei einer eiligen Rückfahrt von Djanet nach Tamanrasset zufällig wieder auf diese Nomadenfamilie. Sie haben jetzt ihr Zelt an einem anderen Platz, mitten in der Weite der Wüste. Brahim begrüßt uns und ich überreiche ihm ein Etui mit Nähzeug. Seit einiger Zeit habe ich bei meinen Reisen stets Geschenke für solche Gelegenheiten dabei.

Dann führt mich ein junges Mädchen zum Zelt. Ein schmaler Raum ist mit Stoffbahnen abgetrennt. Als sich ein Spalt öffnet, sehe ich drinnen im abgeschirmten Dunkel seine Frau. Sie hat vor wenigen Tagen ein Baby bekommen. Extra für mich schlägt sie die Decken auseinander, damit ich es betrachten kann. Ein schwarzhaariges niedliches kleines Wesen guckt mich aus großen Augen an. »Taraut?« (Tochter?) frage ich. Ja, eine Tochter – »Mama«! Heißt die Tochter Mama?

Es bleibt mir leider keine Zeit zum Verweilen. Die Autohupe ruft mich unhöflich zurück. Aber mein Besuch vor einem Jahr war nicht vergessen. Zum Abschied bekomme ich ein Stück vom leckeren Takemart in die Hand gedrückt. Hoffentlich habe ich beim nächsten Aufeinandertreffen mehr Zeit!

Wie es sich mit dem Namen verhält, erfahre ich erst jetzt auf meine Nachfrage im Auto. Wenn ein Baby geboren wird, hat es sieben Tage lang noch keinen Namen. Man bezeichnet es dann allenfalls mit »Mama«. Dann aber gibt es ein großes Fest, zu dem die gesamte Verwandtschaft eingeladen ist, das Issem -- das Namensgebungsfest. Da erst bekommt das Kind einen Namen. Aber nicht von seinen Eltern, sondern von einem anderen Mitglied der Großfamilie, das sich dazu anbietet.

Sandstürmchen

Es ist kalt an diesem Januarabend in der Wüste. Auf dem Rückweg von den Tassilis machen wir Station. Langsam brennt das Feuer herunter, die dicken Kloben, an denen vorher die Flammen gierig züngelten, leuchten nur noch in roter Glut. Dunkel heben sich in der beginnenden Nacht die uns umgebenden Felsen vom helleren Sternenhimmel ab. Ich liebe die Abende am Feuer, wenn die Sterne allmählich die Oberhand gewinnen und funkelnd den Himmel übersäen, die züngelnden Flammen Wärme verbreiten und zum Sinnieren anregen.

Aber heute ist es schon ziemlich kalt. Deshalb habe ich ein Zelt aufgebaut – zu meinem Glück, wie sich bald herausstellen wird. So verkrieche ich mich dort in meinen warmen Schlafsack und hänge noch ein wenig meinen Gedanken nach.

Doch plötzlich, wie angeknipst, erhebt sich mit lautem Getöse ein heftiger Sturm. Unmassen Sand führt er mit sich. Sie prasseln mit großer Heftigkeit auf mein Zelt und drücken es nieder. Feiner Staub, der alles sofort mit einer dünnen Schicht klebrig bedeckt, wirbelt herum.

Hastig stelle ich mein Gepäck als Ballast innen an die Windseite des Zeltes. Aber auch das genügt nicht. Der Sturm rüttelt und heult und drückt die Zeltbahn herunter. Die Heringe im lockeren Sand werden das Zelt gewiss nicht halten – sorge ich mich. Doch das Prinzip »Schildkröte«, einst bei einem Staubsturm ausprobiert, verwerfe ich als zu anstrengend.

Dennoch habe ich Bedenken: die Zeltstäbe könnten splittern. Denn einer ist schon zur Stabilisierung mit Klebeband umwickelt. Da muss ich besonders wachsam sein! Um ein weiteres Splittern zu verhindern, stütze ich den Stab an der vordersten Front oben mit dem Fuß ab. Das hilft ein wenig.

Mohammed ruft von draußen: »Alles in Ordnung?« »Ja, alles in Ordnung!«, beruhige ich ihn. Dann höre ich durch das wilde Tosen, wie er auf die vier Ecken des Zeltes schwere Steine aufschichtet, um die darin steckenden Heringe besser zu befestigen.

Die Halterei mit erhobenem Bein strengt an und ist sehr unbequem! Ich versuche es mit Abstützen, lege das gestreckte rechte Bein auf das Knie des linken Beins, das ich angewinkelt aufgestellt habe. Aber das wird nicht viel bequemer. Und schlafen kann man dabei auch nicht!

So liege ich dann geraume Zeit wie in einem Schiff bei Seenot, stütze mühevoll den Mast ab und hoffe auf ein Wunder. Aber das will sich nicht einstellen.

Als auch ein mehrfacher Beinwechsel zu ermüdend ist, gebe ich es auf. Soll doch der Stab brechen! Ich bin müde und will endlich schlafen! Das funktioniert tatsächlich! Na bitte, auch ohne »Bein hoch« bleibt das Zelt stehen. Der Stab hält! Die heruntergedrückte Zeltbahn lässt mir sogar noch genügend Raum und ich versuche einzuschlafen.

Doch bald meldet sich ein weiteres Problem: Ich muss mal! Ich muss mal hinaus!!! Auch das noch! Es lässt sich leider nicht unendlich lange hinaus schieben. Noch eine Weile zögere ich und plane logistisch bis ins Detail, welche Kleidungsstücke mich gegen den Sand schützen und vor allem, wie ich es anstelle, den Reißverschluss am Zelt zu öffnen, ohne dass viel Sand hereingeweht wird oder mein Zelt gar wie ein Ballon davonfliegt.

Schließlich – es muss sein! In meine Jacke mit übergestülpter Kapuze gehüllt, öffne ich den Eingang nur einen winzigen Spalt, zwänge mich hindurch und ziehe den Reißverschluss sofort wieder hinunter. Dem Wind abgewandt richte ich mich auf.

Oh! Vollkommen perplex sehe ich mich um! Hier oben ist alles klar, es gibt keinen Sand! Der wird vom Sturm nur in Bodennähe über die Ebene getrieben. Überrascht und zunehmend erleichtert sehe ich die gesamte Landschaft ringsumher oben klar und deutlich. Aber unten, bis etwa in einen Meter Höhe, ist alles durch den treibenden Sand verdeckt. Wenn ich das vorher gewusst hätte!

Für meinen Mut werde ich belohnt. Irreal, wie in einem Traum, hängt am klaren Himmel Tallid, der Halbmond. Über dem Horizont, mit seiner Rundung nach unten wie ein Orangensegment, beleuchtet er den strömenden, wirbelnden Sand im Wüten des Sturmes – am Boden über der Ebene.

Berührt von dieser bald überirdischen Erscheinung schlüpfe ich bald wieder in mein Zelt. Was für ein Phänomen: Ein Sandsturm, doch nur am Boden!

Als uns einmal im Hoggar auch des nachts ein Sturm überraschte, wagte ich es nicht einmal, meine Decke auch nur anzuheben. Damals aber war es kein Sandsturm. Es war Juli, heiß, ich schlief unter freiem Himmel und hatte mich nur mit einem Bettlaken zugedeckt.

Ich wurde von Blitzen und Donnern geweckt. Auch das noch: Ein Gewitter in der Wüste! Zum Glück regnete es nicht. Doch der Sturm tobte heftig und heulte.

Ich hatte Sorge um meine leichten Sandalen, die ich am Fußende meiner Lagerstatt abgestellt hatte. Sicher würde sie der wütende Wind erfassen, emporheben, herumwirbeln und mit sich davon tragen. Der Sturm war so heftig, dass ich es nicht einmal riskierte, mich aufzurichten. Bestimmt wäre er dann unter das Laken gefahren, hätte es wie ein Segel in die nächste Akazie gedrückt, zerfetzt und die Reste in die Felsen geweht. So kümmerte ich mich nicht um mein Schuhwerk, sondern zog stattdessen sorgsam die Seiten des Betttuches unter mir fest.

Am nächsten Morgen war der Spuk vorüber, die Sonne strahlte – und meine Sandalen? Sie standen dort, wo ich sie hingestellt hatte: treu und brav am Fußende meiner Lagerstatt. Der Sturm hatte sie ganz offensichtlich ignoriert, verschont und für mich dort unten am Boden stehen lassen. Der Wind in der Wüste ist eben etwas ganz Besonderes!

Auch heute morgen ist vom Sandsturm nichts mehr zu spüren. Dafür weht ein eiskalter Januarwind. Ich ziehe über T-Shirt und Fleecepullover noch meine dicke Daunenjacke an und stülpe die Kapuze über: So kalt kann es in der Sahara sein!

Der Sandsturm, der Reisende tagelang festhält und in Abenteuerbüchern sogar ganze Karawanen zuweht, war hier zum Glück nur ein Sandstürmchen!

Tod der Schlange

Schnell, gib mir deinen Fotoapparat!« Warum hat es Mohammed so eilig? Im Sand neben unserem Lagerplatz zeugen deutliche Spuren von einem unerwünschten Nachbarn. Wellenförmige Abdrücke, in Stufen einander folgend, bedeuten: Hier wohnt eine Schlange, eine giftige Sandviper!

Noch bevor ich dieses auffällige Muster überhaupt bemerken konnte, haben die beiden Männer das zierliche Reptil aus einer Ritze im Fels herausgestochert. Nun eilt es flink davon.

Kaum hat Mohammed Zeit, hastig zwei Fotos zu schießen, da schlägt Manou auch schon mit einer Eisenstange darauf los. Er hat kein Erbarmen. Nur mit Mühe halte ich ihn davor zurück, den Körper gänzlich zu zermalmen.

Ich habe Respekt, aber keine Angst vor Schlangen und weiß, wie angenehm, fast samtartig sich ihre Schuppenhaut anfühlt. Aber nun bekomme ich doch einen Schreck: Denn obwohl ihr Kopf schon ziemlich zerfetzt ist, bewegt sie sich noch, zuckt und versucht, sich schlängelnd davonzumachen. Was muss sie für ein zähes Leben haben! Da greift Mohammed ein. Geschickt schlägt er immer wieder zu und gibt erst Ruhe, bis ihr Kopf vollständig vom Körper getrennt ist.

Wenn ich auch ein wenig mogeln muss, um den abgeschlagenen Kopf dem Körper wieder anzupassen, kann ich doch nun völlig ungefährdet von nahem Fotos machen. – Das nächste Krankenhaus ist drei Tagereisen entfernt!

In den menschenleeren Weiten der Wüste habe ich nur noch einmal eine Schlange zu Gesicht bekommen. Und auch da hatte man sie aus ihrem Versteck, dicht bei unserem Lager, mit Feuer heraus getrieben. Schlangen halten sich in den geschützten Ritzen der Felsen verborgen und kommen nur heraus, wenn sie auf Beute aus sind. Aber wenn man – oder ein Kamel – mit dem Fuß an einen Stein stößt, unter dem sie sich verborgen hält? Oder wenn sie nun gar des nachts die Felsspalte mit der Öffnung eines Schlafsackes verwechselt…? Erst neulich, bei einer meiner Touren, kroch eine Schlange direkt (und zum Glück) ÜBER den Schlafsack einer Frau, die sich entschlossen hatte, im Sommer ohne Zelt im Freien zu übernachteten. An den Spuren war es deutlich abzulesen.

Auch Limane, der jüngere Bruder der beiden Männer, hatte großes Glück. Er wurde nur deshalb gerettet, weil ihn eine Schlange unweit der Stadt in den Finger gebissen hatte. Im nahen Krankenhaus konnte ihm geholfen werden.

Aber wenn man mit ansehen muss, wie Angehörige elendig durch den Biss einer Schlange sterben, dann ist das rabiate Verhalten der Nomaden gut zu verstehen.

Wer möchte es darauf ankommen lassen?

Issem

Noch bevor wir unsere Tassili-Reise beenden, treffen wir auf die Zelte von Mohammeds und Manous weitverzweigter Verwandtschaft. Was die beiden längst wussten und nun keinesfalls auslassen möchten, erfahre ich erst jetzt. Es gibt ein Issem!

Wenn ein Baby geboren wird, bekommt es sieben Tage nach der Geburt seinen Namen. Das ist natürlich mit einem Fest verbunden! Und das heißt Issem.

Einige hundert Meter vor deren Lagerplatz hält Mohammed aber zunächst erst einmal verdeckt unter einer Akazie an. Aus ihrem Gepäck, vorher wohlweislich verstaut, werden nun die Festgewänder hervorgeholt. Prächtige Boubous – weitfallende bodenlange Überhänge – kommen zum Vorschein. Komplettiert wird das Ganze dann mit einem glänzenden Indigo-Schesch. So verschönt und gestylt, da legen die Männer Wert drauf, fahren wir das letzte kurze Stück zum Aghiwan, dem Lager.

Acht Autos sind schon hier. Da muss ganz schön was los sein! Gleich beim ersten Zelt, es ist das einer ihrer Schwestern, werden wir von deren Mann Moussa begrüßt. Als besonderer Gast bekomme ich eine Decke zum Daraufsitzen. Die anderen sitzen wie immer im Sand. Und schon werden wir bewirtet: Es gibt Nudeln mit gebratener Leber, kleingeschnittene Datteln mit krümeligem Ziegenkäse vermischt und natürlich Tee. Unser Besuch ist willkommen. Doch dann verschwinden die drei Männer, gesellen sich zu ihren feiernden Geschlechtsgenossen, die bei den anderen Zelten versammelt sind.

Ich bin eine Frau, ich bleibe zurück, allein und wie verlassen. Doch das kann ich gut nutzen. Ich sehe mich im Zelt um. Das sind hier wirklich noch echte Nomaden, wie die »Takemart«-Familie im Wadi Tarabine, die ihren Lagerplatz immer wieder wechseln und deshalb auch in Zelten leben. Allerdings sind es nicht mehr die wunderschönen roten Lederzelte von früher, die man wahrscheinlich wegen ihres Gewichtes und wegen ihrer aufwändigen Herstellung nicht mehr benutzt.

Die haben sie gegen moderne europäische Zelte aus blauer Leinwand eingetauscht, aber so aufgebaut, dass man wie früher beim »Ehen«, dem Lederzelt, die Zeltbahn vorn und auch hinten vollständig hochklappen kann. So kann die Luft hindurch ziehen und man hat trotzdem Schutz vor der Sonne. Man lebt ohnehin im Freien. Die Einrichtung ist entsprechend einfach. Ein großer Lederbeutel, mit zwei Schlaufen an einer Zeltstange aufgehängt, mag Kleidung enthalten. Ein reich verziertes Kästchen beherbergt, soviel ich weiß, stets die Teegläser. Viele warme und vor allem bunte Decken hängen neben einem Tarek, dem Kamelsattel, draußen über einer Stange. Der Vorhof des Zeltes wird von einem »Essabr«, dem aus Afasu-Grasstängeln selbst geknüpftem Windschutz, eingefriedet. Heute allerdings ist er zum Teil zusammengerollt und öffnet damit weiträumig den Hof.

Die Kochgeräte fehlen. Die sind sicher jetzt zur Zubereitung des Festmahles an eine zentrale Stelle gebracht worden. Andere Einrichtungsgegenstände gibt es nicht. Nomaden haben leichtes Gepäck, sie können sich nicht mit unnötigen Dingen belasten.

Als Manous Schwester mit zwei anderen Frauen kommt, bewundere ich ihre wunderschönen Kleider. Sie sind zwar unter einem schwarzen Tissarnast, dem alles umhüllenden Tuch der Tuaregfrauen verborgen, aber bereitwillig schlagen sie es für mich zurück: Zu sehen sind die prächtigen, mit Pailletten reich bestickten Samtkleider in Moosgrün und Dunkelblau. Begeistert erklären sie mir mit lebhaften Gesten, dass es schließlich heute ein Fest gibt!

Und sie laden mich ein, mitzukommen. Vor einem Zelt sitzen etliche Frauen. Drinnen ist ein kleiner Bereich durch Planen abgetrennt, gerade Platz für eine Person. Und hier befindet sich die junge Mutter. Es ist nicht ihr erstes Kind, denn ein etwa dreijähriges Mädchen läuft schreiend vor mir davon. »Ana! Ana!« (Mutter! Mutter!) ruft es immer wieder in höchster Not, dringt in das Gemach von Mutter und Baby ein und klammert sich an ihr fest. Unglücklich darüber versuche ich, möglichst harmlos, freundlich und nichtssagend zu wirken.

Aber mein europäisches Outfit hat schon so manches Kind erschreckt. Ich scheine dem Impfpersonal der ambulanten Mediziner zu ähneln. Das weckt wohl die Angst vor diesen Fremden und vor allem schlimme Erinnerungen. Eine ältere Frau beruhigt die Kleine und führt sie weg von mir, zu größeren Spielgefährten, die sich um das verängstigte Mädchen kümmern.

Ob ich das Baby mal sehen möchte? Na klar!!! Die Mutter hebt eine Decke, die am Boden liegt, etwas an. Ein kräftiges kleines Kerlchen kommt da zum Vorschein und gähnt herzhaft mit geschlossenen Augen. Doch hat es etwas an? Kopf und Schultern, die ich sehen kann, sind unbekleidet. Und sonst? Aber rasch hat die Mutter den kleinen Jungen wieder zugedeckt. Vollständig! – Die Decke weit über den Kopf gezogen.

Später erfahre ich, dass alle Tuareg-Nomaden so schlafen. Da ist man am besten geschützt, wenn der Wind zum Beispiel Sand oder Staub mit sich führt. Im Winter, wenn es des nachts sehr kalt wird, wie im Sommer bei Hitze und Schwüle, erzeugt man sich so sein eigenes Mikroklima und kann den Temperaturen trotzen. Und wie ich deutlich hier sehen kann, beginnt man schon am ersten Tag damit, die Kinder daran zu gewöhnen.

Mutter und Kind verbringen die nächsten vierzig Tage in diesem abgetrennten Teil des Zeltes. Da darf auch der Mann nicht zu Besuch kommen. Vielleicht findet sie das ja prima, denn so kann sie sich nur um ihr Baby kümmern. Andere Frauen der Familie übernehmen ihre »Hausarbeiten«. Sogar das Essen wird ihr gebracht.

Ich werde draußen im Kreis der Frauen zum Sitzen aufgefordert. Man bestürmt mich mit Fragen, die ich leider weder beantworten noch überhaupt verstehen kann. Die wenigen Worte Tamahaq, die ich beherrsche, haben einen deutlichen deutschen Beiklang. Für die Frauen, die kaum mit Fremden zu tun haben, klingt das fast wie eine unbekannte Sprache. So muss ein Lächeln meine unzureichenden Sprachkenntnisse ersetzen.

Allerdings kann ich ein wenig mit meinen Familienfotos von Eltern, Kindern und Enkeln zur Unterhaltung beitragen. Die gehen sofort von Hand zu Hand. »Hoßee!« (Schön!) nicken mir die alten Frauen zu und zeigen auf meine Enkeltöchter. Das Foto meiner Eltern wird eingehend betrachtet und mit meinem Gesicht abgeglichen. Das ist wie bei uns: »Ganz der Vater!« oder: »Ganz die Mutter!« Jeder findet irgendwo und irgendwie Ähnlichkeiten. Leider kann ich nur die Gesten der Frauen verstehen. Die Familie ist das Wichtigste, was ein Nomade hat, da kennen sie sich aus.

Fotos von Ponys und weißen Ziegen aus Deutschland werden ungläubig bestaunt. Vor allem die kleinen weißen Zicklein verzücken zwei jüngere Frauen. Das dicke Wollschaf aber finden sie nur noch lächerlich. Ein Schaf mit einem so unsinnig dickem Fell haben sie noch nie gesehen.

Ich zeige nun Fotos von deutschen Landschaften. Doch auf diesen Fotos finden sie nichts Bekanntes. Sie werden nur um und um gedreht, wie ein abstraktes Bild. Für die Frauen ist alles fremd: Hohe schlanke Baumstämme im Wald oder grüne Hügel unter einem blauen Himmel, flankiert von einem Bauerhaus mit großem roten Dach. Ein Haus mit spitzem Dach haben sie noch nie gesehen und grüne Hügel schon gar nicht. Vielleicht, wenn man das Foto anders herum dreht: Unten blau – das könnte Wasser sein? Aber was ist dann oben so grün? Und was ist das große Rote? Ich versuche es zu zeigen. »Zeriba« – meine Arme deuten das Viereck eines Hauses an. Dann verweise ich auf Steine und zeige, wie sie verbaut werden. Am Schluss führe ich meine Hände über meinem Kopf zusammen und forme ein ganz besonders großes Dach. Unverständnis begleitet meine Pantomime und endet in Desinteresse. Nein, sie verstehen nicht, wovon ich ihnen erzähle, diese Welt bleibt ihnen verschlossen.

Eine der Frauen nestelt an ihrem Halsausschnitt. Ein Lederband mit vielen kleinen flachen Ledertäschchen kommt zum Vorschein. Aus dem einen fummelt sie schließlich eine Rasierklinge. Damit lässt sie sich von ihrer Nachbarin einen Nietnagel an ihrer rechten Hand abschneiden. Dann wird alles wieder sorgfältig an Ort und Stelle verstaut. Eigentlich ist so ein kleines braunes Ledertäschchen der Aufbewahrungsort für ein Gris Gris, ein Amulett, das schützende Koranverse beinhaltet. Oftmals haben schon ganz kleine Kinder ein solches Amulett um den Hals hängen. Man kann schließlich nie wissen. Sicher ist sicher! Doch was diese Dame in all den Täschchen sehr praktisch aufbewahrt und somit stets zur Hand hat, ist nicht erkennbar.

Nun wird eine Schüssel Nudeln mit Tomatensoße und Fleisch gebracht – das Festessen! Alle erhalten einen Löffel und gemeinsam rücken wir dem leckeren Mahl zuleibe. Bald ist die Schüssel leer. Datteln werden gereicht und zum Schluss gibt es den unvermeidlichen Tuareg-Tee.

Dann wird es lebendig. Die Stimmung steigt. Leider verstehe ich nicht, was gesprochen wird. Am Wöchnerinnengelass drängeln sich die Frauen. Meine Nachbarin lässt voller Begeisterung einen Triller steigen. Aha, der kleine Junge hat gerade eben seinen Namen erhalten. Nicht die Eltern, sondern ein selbsterwählter »Pate«, der sich dazu angeboten hat, ist dafür verantwortlich. Aber auch jetzt habe ich kaum etwas verstanden. Wie der kleine Junge wohl nun heißen mag? Doch nun holt man das Baby, in seine Decke gewickelt, heraus. Das kleine Bündelchen geht von Hand zu Hand. Ich darf es auch einmal in den Arm nehmen. Meine Nachbarin trillert ihm wieder beglückt ins Ohr. Dann trägt ihn der stolze Vater zu den Männern.

So ein Issem ist ein tolles Fest, bei dem sich viele Familienangehörige treffen und sich ordentlich den Bauch mit Fleisch vollschlagen können. Das ist selten in der Wüste. Kein Wunder, dass meine beiden Begleiter so heiß darauf waren, dieses Fest auf keinen Fall zu verpassen.

Aber bald rüsten sie nun doch zur Weiterfahrt und ich bin froh, meine Beine endlich wieder auszustrecken und den malträtierten Knien Ruhe zu gönnen. Und jetzt endlich erfahre ich es: Der kleine Junge bekam den so »seltenen« Namen Ahmed.

Übrigens höre ich viel später im deutschen TV, dass schon bei den alten Ägyptern vor einigen tausend Jahren die Zahlen 7 und 40 in ihrer Kultur eine große Rolle spielten. So gaben auch sie damals schon den Kindern sieben Tage nach der Geburt ihren Namen. Diese Tradition blieb erhalten. Viel später hat sie der Islam übernommen und wohl auch tief in die Sahara bis zu den Nomaden der Tuareg gebracht.

VII. In Talaïne

Hier singt der Wind in den Felsen.
Die auf- und abschwellenden Töne
klingen wie eine Verheißung.
So schmeichelt er sich ein in die Seele
wie ein Wiegenlied,
das man nie vergisst.

Zu Hause

Ich sitze am Gate 51 des Frankfurter Flughafens, abgestumpft und ausgelaugt. Nein, ich bin nicht traurig, weil ich aus der Sahara zurückkehren musste, ich habe meine Reise erst noch vor mir!!! Die vergangenen Arbeitswochen bis gestern waren angefüllt vom Stress der letzten Schultage. Und ohne einmal durchatmen zu können, begann gleich heute sehr früh nach einer sehr kurzen Nacht die Reise mit Taxi und Bahnfahrt.

Es ist Juli, und hier in Deutschland ist es schon ziemlich heiß. Sicher wäre es besser gewesen, etwas auszuspannen und erst einige Tage später zu reisen. Aber ich wollte ja schnell in die Wüste. Sehnsuchtsvoll hatte ich über ein halbes Jahr warten müssen, bis mir jetzt die Ferien genügend Zeit für eine solche Reise lassen, denn ich bin bei der Nomadenfamilie eingeladen, die ich bereits beim Besuch mit meiner Enkeltochter und weiteren kurzen Aufenthalten kennengelernt hatte. Mich erwarten also einige aufregende, interessante Wochen!

Doch dann erst einmal lange Wartezeit in Algier. Um die Zeit zu vertreiben, lese ich in einem dicken Schmöker. Schnell werden meine Augen müde, Kopfschmerzen stellen sich ein. Wenn ich aufsehe, aus dem Geschehen des Romans auftauche, stelle ich erstaunt fest: Ich bin in Algier, im Flughafen, bald werde ich in der Wüste sein! Aber auf die kribbelnde Vorfreude warte ich vergebens.

Ja, früher, als man erst noch weite Strecken mit der Eisenbahn und dem Schiff zurücklegen musste, um hierher zu gelangen, da gab es genügend Zeit, sich auf diese andere Welt einzustellen. Allerdings hätten da die Schulferien für ein solches Unternehmen bei weitem nicht ausgereicht. Und jetzt? Nach langem Arbeitsstress kann man frühmorgens zu Hause in ein Taxi steigen und in der Nacht schon 4000 Kilometer südlicher mitten in der Sahara ankommen. Doch in der Hektik vergeht jede romantische Regung.

Die folgenden zweieinhalb Stunden Flug ziehen an mir vorbei. Ich verzichte im Flieger auf das Essen, kann mich auf einer freien Dreier-Sitzreihe lang machen und sogar etwas schlafen.

Dennoch komme ich völlig übermüdet zwei Stunden nach Mitternacht in Tamanrasset an. Ob ich diesmal meinen Abholer bei meiner Ankunft hinter seinem Schesch gleich erkenne? – Natürlich sehe ich Mohammed sofort.

Die Freude, wieder hier in der Sahara zu sein, überdeckt nur für eine kurze Weile die bleierne Müdigkeit. Wir übernachten in der Nähe, unter freiem Himmel, wie ich es mir lange vorher gewünscht hatte. Ich wollte endlich wieder glücklich unter den Sternen einschlafen. Aber obwohl ich todmüde bin, bekomme ich trotz zweier Schlaftabletten kein Auge zu. Erschöpft betrachte ich den Sternenhimmel, registriere die bekannte Umgebung und wundere mich, dass ich nicht einmal mehr zur Freude Kraft genug habe.

Nach dem Frühstück fahren wir in die Stadt, um für Mohammeds Familie und für unseren Aufenthalt bei seinem Vater in der Wüste Lebensmittel einzukaufen. Dorthin war ich schließlich eingeladen.

Aber zunächst geht es zu Mohammeds Heim. Herzliche Begrüßung mit Sonya, Mohammeds Frau. Die Kinder freuen sich über die Geschenke. Am besten allerdings kommen die Luftballons an.

Nach dem leckeren Mittagessen, es gibt Couscous mit Gemüse und reichlich Fleisch – Sonya kocht vorzüglich – ist Siesta. Aber Gespräche und Besucher lassen uns nicht zur Ruhe kommen: »Ach, die Deutsche spricht ja sogar!« Ein Nachbar hört auf die fremden Wortklänge. Er hat schon recht. Ich sitze meist stumm bei den Besuchern und kann nicht einmal zuhören. In der Stadt wird Arabisch gesprochen, auch die Kinder in der Schule lernen es. Bei den Tuareg in der Wüste aber spricht man nur Tamahaq.

Einiges aber versteht man in beiden Regionen. Als mir Mohammeds Frau ein buntes Kleid schenkt, mit einem Schal für den Kopf, bedanke ich mich überschwänglich: »Tannemert, tannemert!« Danke, danke!) Sie hat es sogar selbst für mich genäht. Ich probiere es gleich an. Es passt perfekt. Ein wundervolles Begrüßungsgeschenk! Ich kann es in der Hitze hier gut gebrauchen. »Tannemert, hullan hullan!« (Vielen, vielen Dank!)

Erst am späten Nachmittag kommen wir endlich los, fahren in das Tal der wilden Berge nach Talaïne, zu Mohammeds Vater. Immer wieder haben wir bei meinen Reisen dort Station gemacht.

Auch Mohammed liebt die Weite und die freie Lebensweise draußen bei der Familie in der Wüste. Wenn es dort eine Schule für seine Kinder gäbe – er wohnte längst dort.

Auch ich bin gern in der Wüste. Nun aber bin ich besonders neugierig und aufgeregt und kann es kaum erwarten: Eine riesige Überraschung wartet dort nämlich auf mich, Mohammed hat es mir verraten: Eine eigene Schilfhütte! – meine Zeriba! Sie wurde extra für mich gebaut!

Wir halten direkt davor an. Wie groß sie ist! Ich kann es noch gar nicht fassen. Und schon kommt einer nach dem anderen herüber, um mich zu begrüßen. Da ist natürlich zunächst Manou, den ich gut kenne. Mohammeds Vater Brahim schließt sich bald an. Als nächste begrüßen mich dessen Frau Lalla, Manous Frau Aischa, so wie Mata, die letzte Tochter Brahims und die Kinderschar. Es ist schön, willkommen zu sein!

Aber aller Freude zum Trotz machen sich die letzten anstrengenden Tage deutlich bemerkbar. Ich bin viel zu müde, um all die Ereignisse, die auf mich einstürmen, gebührend zu würdigen. Der Stress der letzten Wochen wirkt noch immer nach. Als es allmählich dunkel wird, werden wir von Manou, Mohammeds Bruder, zum Essen eingeladen. Wir kennen uns schon gut von einigen Reisen, die beide gemeinsam mit mir unternahmen.

Aber lange halte ich mich nicht mehr aufrecht. In der neuen Zeriba ist es viel zu heiß. Deshalb schlafe ich wieder draußen unter den Sternen. Der leuchtende Mond hält ihre Pracht in Grenzen. Doch das kriege ich kaum noch mit, denn endlich kann ich tief und fest schlafen.

Ich weiß nicht, woran es liegt, was genau den Unterschied bewirkt: Aber während ich mich in Deutschland zügig und rasch bewege und bestrebt bin, alles fix und möglichst selbst zu erledigen, habe ich in der Wüste die Ruhe weg, nehme mir Zeit, gehe langsamer, ja, ich glaube, ich denke auch langsamer. Erfüllt von einer matten Wohligkeit, fällt alles Belastende, Drängende von mir ab. Als ob man einen Schalter umlegt, fühle ich mich in einer anderen Dimension, bin ich in einer anderen Welt.

Und so ergeht es mir auch jetzt. Schon früh am Morgen, die Ziegen beginnen zu meckern und die Sonne meldet sich mit den ersten

Rottönen am östlichen Horizont, wache ich frisch und gestärkt auf. Alle Anspannung ist wie durch Zauberhand verflogen, ich fühle mich wunderbar, wie ausgewechselt.

Endlich kann ich nach dem Stress der letzten Wochen auch wieder Empfindungen zulassen. Tief berührt überfluten mich Freude und Dankbarkeit. Was für ein Geschenk! Eine eigene Zeriba – ein eigenes Heim in einer Welt, die mir längst zu einem zweiten Zuhause geworden ist. Ich bin überwältigt und fühle mich nun ob meines gestrigen kühlen Entgegennehmens ziemlich beschämt. Welch undankbaren, arroganten Eindruck werden sie von mir haben?

Zum Frühstück sitzen wir drinnen, in meiner Hütte. Jetzt kann ich erst so richtig bewundern, was alles für mich getan wurde. Sie ist ziemlich groß – etwa fünf mal sechs Meter! Zwei Akazienstämme sind notwendig, um die Dachkonstruktion zu tragen. Der Eingang befindet sich in der Mitte an der südlichen Seite, denn von dort kommt der Wind nie. Dafür hat man außen an der Ostseite beim Umzäunen einen großen Platz frei gelassen – meine »Terrasse«!

Nur wenige Meter entfernt ist eine Linie aus Steinen gelegt. In der Mitte ein größerer Stein. Mohammed erklärt mir, dass hier die Männer der Familie zu islamischen Feiertagen gemeinsam beten. Ich allerdings habe hier bisher von großer Frömmigkeit nur wenig entdeckt.

Dafür habe ich von meiner »Terrasse« aus einen phantastischen Blick auf die Berge ringsum. Im Osten verliert sich das mit Akazien bestandene Wadi zwischen den Felsen, während hoch oben die Felsenberge im wechselnden Licht der Sonne thronen. Einen wunderschönen Platz haben sie für meine Behausung ausgewählt, stelle ich glücklich fest.

Innen hingegen gibt es im Gegensatz zu den Zeribas der Nomaden eine umfassende Ausstattung. An der linken Seite steht ein langer Tisch, auf dem gekocht werden soll. Dazu sind an eine Eisenplatte rechts und links zwei eiserne Bettgiebel als Stützen angeschweißt. Mohammed weiß, dass ich, wie fast alle Europäer, in kauernder Haltung nicht lange aushalten und folglich auch nicht kochen kann. Deshalb also hat man dieses Möbelstück hergestellt – oder sicher herstellen lassen.

In der hinteren rechten Ecke steht ein Tareksattel mit einer wunderschönen Satteldecke. Aischa, Manous Frau, hat sie selbst in vielen fröhlichen Farben und Mustern gewebt. Daneben hängen an den Stangen der Dachkonstruktion eine lederne Satteltasche, mit Ornamenten geschmückt, ein selbstgefertigtes dickes Seil aus Ziegenhaaren und andere bunte Handarbeiten, die ebenfalls zum Kamelschmuck gehören.

Alle haben sie zu meinem neuen Zuhause beigetragen, haben liebevoll zusammen getragen, was mir, ihrer Meinung nach, gefallen wird. Sie haben es gut getroffen! Sicher waren sie gespannt, wie ich all dies aufnehmen und mich freuen werde. Und ich komme und nehme es einfach nur so hin! Doch wie könnte ich ihnen Arbeitsstress und Ausgepowert sein erklären? Eine schöne Meinung werden sie sich wohl nun von der Europäerin, der Deutschen bilden. Sie aber übersehen lächelnd mein gestriges verhaltenes Gebaren und sind freundlich und mir zugetan wie eh und je!

Das Tollste aber kommt noch. Ich kann es draußen bestaunen. An die Zeriba ist, von außen zu begehen, ebenfalls aus Schilf eine Duschkabine angebaut – na ja, eher ein Waschräumchen. Und das ist zweifelsohne Mohammeds Idee. Ich glaube, das ist die einzige Zeriba weit und breit mit einer solchen Einrichtung.

So bleibt mir jetzt nur, mich voller Glück überschwänglich bei den geschickten Bauleuten und großzügigen Innenausstattern zu bedanken: »Tannemert, hullan hullan!«, und ich füge noch etwas unbeholfen mit begleitender Gestik hinzu: »Ulin dimar dir« (Mein Herz jetzt hier). Nun habe ich auch ein Zuhause in der Wüste. Ist das nicht wundervoll?

Nach dem Frühstück spielt Mohammed dann auf seiner Flöte. Das ist wie immer wunderschön. Und so ist nun auch die Kultur in meinem Heim eingezogen.

Besucher

Meine Ankunft hat sich herumgesprochen. Ich weiß nicht, ob es am Cappuccinopulver liegt, das ich als besondere Attraktion aus Deutschland mitbrachte? Oder sind es die beiden Stühle samt Tisch aus weißer Plastik, die seit einigen Tagen meine Hütte zieren? Jedenfalls sitzen immer wieder Männer, aber vor allem Frauen bei mir »zu Besuch«.

Der Cappuccinopulvervorrat schwindet zusehends. Aber das war ja auch so gedacht. Freilich verfeinern sie das süße Gesöff noch zusätzlich mit Zucker. Tuaregnomaden lieben es seeeehr, seeeehr süß!

Also sehe ich fragend zu Mohammeds Tante hinüber, die diesmal mein Gast ist, Zuckerdose und Kaffeelöffel in der Hand. »Iën? – Essien? – Maniket?« (Einen? – Zwei? – Wie viele?). Ich meine damit Löffel voll Zucker. »Ocours!« (Vier) ist die freundliche Antwort. Oha! Also gut, vier Löffel voll Zucker wandern zusätzlich in die Tasse. Alles lacht! – Was habe ich falsch gemacht???

In der Wüste hat man nicht für jede Handreichung ein Extragerät. So sind Kaffeelöffel unnötiger Luxus. Die Hand ist stets dabei und geschickt genug, alle möglichen Arbeiten zu verrichten. So sah ich neulich, wie Zucker aus einem größeren Sack in ein kleineres Gefäß geschüttet wurde. Die Hand formte einen Trichter – das ging wunderbar. Natürlich gelangen auf diese Weise immer wieder Lebensmittel daneben. Das macht nichts. Man sitzt schließlich auf der Erde, das verteilt sich schon. Und das kleine Getier sorgt für den Abtransport. Man ist als Nomade ohnehin nicht lange an einem Platz.

Was ich bei der zusätzlichen Ration Zucker falsch gemacht habe? Man zeigt es mir: Der Zucker wird ohne Löffel in die Hand geschüttet und dann in die Tasse gegeben. Ich hatte mich gründlich vertan, denn eine Löffelportion ist nicht gleich einer Handportion!

Aber jeder neue Besuch erfordert auch stets ein gemeinsames Essen. Sicher war das früher in der Wüste ein notwendiger Brauch. Man war lange unterwegs, ehe ein anderes Zeltlager erreicht wurde.

Da war es notwendig, dass man mit Wasser und Essen bewirtet wurde. Und so ein gemeinsames Essen besiegelt die Freundschaft.

Also bereitet Mohammed Reis zu, verfeinert ihn mit Rosinen und reicht ihn mit Salat. Grüner Salat mit Zucker, wie ich ihn mag und auch zu Hause anrichte, ist auch inzwischen in der Wüste bekannt. Hier nennt man ihn Schlatta. Wir lassen es uns schmecken.

Zur Siesta schläft die Tante bei mir in der Zeriba, während Mohammed zum Brunnen fährt und frisches Wasser holt.

Zum Nachmittagstee trifft die ganze Familie wieder bei mir ein und wir setzen uns draußen in den Schatten der Zeriba.

Ein Auto kommt und hält direkt vor meiner Hütte. Die zwei Männer, die aussteigen und sich zu uns gesellen, werden von Mohammed nach Tuaregart langatmig begrüßt. Eine Frau mit einer angefangenen Webarbeit kommt auch noch dazu. Sie macht es sich am Boden bequem und arbeitet weiter an ihrer Satteldecke. Etwas fällt mir auf: Die strikte Trennung von Männern und Frauen scheint weitestgehend aufgehoben. Die Sitten bei einer allgemeinen Unterhaltung sind also nicht so streng wie beim Essen.

Inzwischen sind wir dreizehn Personen. Eine Frau hat ein kleines Mädchen von etwa zwei Jahren dabei. Mit großen Augen sieht sie mich fassungslos an. So eine komische Frau mit hellen Haaren, hellerer Haut und vor allem so ungewöhnlich ohne Tissarnast, dem Wickeltuch der Frauen bekleidet, hat sie hier noch nie gesehen.

Die Ohrläppchen des kleinen Mädchens zieren dicke Fäden. Sicher hat man sie durchstochen und die Wollfäden darin gelassen, als Platzhalter sozusagen, damit sie nicht wieder zuwachsen. Schmuck gehört schon von frühester Kindheit an ganz selbstverständlich zum Alltagsoutfit. Alle Frauen und Mädchen tragen hier Ketten, Armreifen und Ohrringe, meistens aus Plastik gefertigt. Und sogar mancher Mann schmückt sich gern mit einem Ring.

Wir trinken Tee, den Manou zubereitet. Das ist ein richtiges Zeremoniell. In einer Emailleschüssel, mit einer Sandeinlage, wird ein Holzfeuer entfacht. Wenn nur noch die rote Glut Hitze ausstrahlt, und das Wasser im Kessel kocht, wird die Teekanne mit Teeblättern – grüner Tee made in China! – dem zugegossenen heißen Wasser und Zucker daraufgestellt. Geduldig wird der kochende Tee immer wieder geprüft, ob die Zusammensetzung nun gut sei.

Ein zweites Kännchen, winzig klein, kommt nun zum Einsatz, weil der Tee im armweiten Abstand von dem einen Kännchen in das andere gegossen werden muss. So reichert er sich mit Sauerstoff an und beginnt zu schäumen. Das ist eine Kunst! Man muss schließlich auch treffen! Ich habe einmal bis 43 Umschüttungen gezählt! Fest sollte der Schaum sein und nicht zu schnell zusammenfallen, denn er wird nun auf die Gläser verteilt.

Wenn der Tee noch einmal aufgekocht ist – und wieder probiert! – wird er zum Schaum in die Gläser gegossen. Dann bekommt jeder sein Gläschen gereicht. Der Tee muss stark und folglich bitter sein. »Bitter wie das Leben!«, sagt man. Und bitte den Schaum mit deutlich hörbarem Schlürfen trinken, als Anerkennung sozusagen für den Aufwand, aber vor allem für die hohe Kunst des Teekochers.

Er ist in der Tat ziemlich stark. Abends vermeide ich das Teetrinken, denn für Ungeübte wirkt er wie ein Schlafkiller.

Der zweite Aufguss ist schon nicht mehr so kräftig. Er bekommt aber auch noch eine Zusatzration Zucker, auf keinen Fall zu wenig! Auch jetzt prüft ein guter Teekocher sorgfältig und mehrfach, ob sein Produkt nach seinem Gutdünken geraten ist. Wenn vorhanden, kommen auch noch frische Minzblätter hinzu. – Ein wunderbares Aroma! »Süß wie die Liebe!« Wieder wird jedem das Glas gefüllt. Sie sehen übrigens unseren Schnapsgläsern sehr ähnlich, sind aber natürlich hitzebeständig.

Der dritte und letzte Aufguss ist dann nur noch mild, muss aber natürlich auch stets aufs Neue geprüft werden, ob er richtig geraten ist. Er soll »Sanft wie der Tod!« sein. Ein viertes Glas gibt es nicht. So sieht es das »Protokoll« der Tuareg-Teezeremonie vor.

Anschließend spült der Teezubereiter die Gläser und Kännchen mit dem restlichen heißen Wasser aus dem Wasserkessel, trocknet sie ab und stellt die Gläser wieder sorgfältig an ihren Platz in einem extra dazu angefertigtem verzierten Kästchen. Teetrinken ist das A und O der Gastfreundschaft. Aber auch ohne Gäste ist er begehrt, wird oft gekocht und gern genossen. Und: Nie, nie, nie wird er auf dem Gaskocher zubereitet! Nur das beste und härteste Akazienholz wird dazu verwendet.

Als unsere Teegläser wieder ihren Platz im vorgesehenen Kästchen eingenommen haben, gesellt sich Brahim, der Vater, dazu.

Und sofort wird alles wieder hervorgeholt, Holz entzündet, Tee gekocht – mit gleicher Mühe und Ausdauer. Alle anderen Vorhaben werden völlig unwichtig. Als ältere Person, aber vor allem als Vater, gilt ihm die besondere Hochachtung.

So zum Beispiel auch, als neulich Mohammed mit mir frühstücken wollte und sein Vater kam. Der ehrte mich damit als Gast. Aber Mohammed verzog sich sofort in die hinterste Ecke der Zeriba und bediente ihn fast unsichtbar mit langem Arm. Erst als Brahim viel später wieder gegangen war, setzte sich Mohammed an den Tisch. »Nun kann ich auch frühstücken!« Es geziemt sich nicht, gemeinsam mit einer Respektsperson wie dem Vater zu essen oder gar das Wort an ihn zu richten. Hingegen ist Gesetz, was er sich wünscht oder anordnet.

Dem Familienoberhaupt, aber auch allen älteren Menschen begegnet man stets mit sehr großer Achtung und auffälliger Zurückhaltung. Ich allerdings würde mich an deren Stelle mitunter sehr einsam fühlen.

Aschek

Manou ist während meines Aufenthaltes oft Gast in meiner Zeriba. Meist bringt er seine jüngste Tochter mit und spielt mit ihr. Es ist inzwischen sein drittes Kind. Gerade ein Jahr alt, hat sie schon gelernt, in die Händchen zu klatschen. Das macht ihn ganz besonders stolz. Immer wieder führt er ihre molligen Ärmchen, damit die Hände zusammenpatschen können.

Doch heute kommt er allein. Es ist sehr heiß. Deshalb habe ich ein luftiges Kleid angezogen, ein weiteres Geschenk von Mohammeds Frau Sonya. Mitleidig hatte sie bei meiner Ankunft vor einigen Tagen meine Kleidung gemustert. »Tuksi?!« (Hitze?!) meinte sie und betrachtete mein schweißgebadetes Gesicht. Ich trug noch die Reisekleidung: Trekkinghose und -hemd, wie es sich für eine ordentliche Touristin gehört.

Unauffällig in einer Plastiktüte verpackt, drückte sie mir ein Kleid in die Hand. Normalerweise trage ich keine Kleider. Dieses ist großblumig orange und weiß gemustert, hat angeschnittene Ärmel, fällt locker und ist fast bodenlang – und sehr luftig. Sobald ich es übergezogen hatte, spürte ich eine wohlige Erleichterung. Kein Hosenbund drückte mehr oder engte ein und ließ mich deshalb schwitzen. Die Luft konnte ungehindert zirkulieren. Was für ein wunderbares Kleidungsstück in heißen Zonen! Und: Man kann nicht, wie bei Bluse und Hose den Schritt sehen – sehr unanständig für islamische Länder – und auch das Hinterteil drückt sich nicht so plastisch durch. Dankbar hatte ich ihr die Hand gedrückt: »Tannemert!« (Danke!)

Aber damit war es nicht getan. Beim Umziehen, ich hatte es natürlich gleich anprobiert, hatte Sonya bemerkt, dass ein Unterkleid fehlte. Und so bekam ich ein solches noch als Zugabe, denn: Das ist schicklich – durch den dünnen Stoff des Kleides hindurch könnte man ja irgend etwas sehen, was nicht gesehen werden darf!

Dieses Kleid nun hat sich, während ich die unbequeme Sitzhaltung am Boden wechsele, unbemerkt aber unzüchtig nach oben geschoben. Der Saum war – nein, nicht bis zum Schritt – aber bis zum Knie hinauf gerutscht! Das sollte er besser nicht, schon gar nicht, wenn Besuch im Anmarsch ist. Eine stumme Geste Mohammeds bedeutet mir das Kleid zu richten und wieder sittsam hinunter zu ziehen. Man zeigt nicht seine Beine. Auch nicht, wenn es nur bis zum Knie ist.

Eilfertig komme ich seinem Wunsch nach. Man möchte sich als Gast den Sitten anpassen und schließlich nicht gleich als schamlos gelten. Ich weiß: Schicklichkeit – Aschek – wird in der Wüste groß geschrieben.

Doch als sich Manou setzt, rutscht augenblicklich sein Schesch lässig auf die Schultern herab und im Gegenzug die Hosenbeine nach oben – bis über die Knie!!!. Ich protestiere! Was dem einen Recht ist, ….

Prompt und andeutungsweise verschämt wird nun eilig alles wieder gerade gerückt, begleitet von einem verschmitzten Zublinzeln. Natürlich weiß ich, dass die beiden sehr wohl über die völlig anderen sittlichen Geflogenheiten der Europäer Bescheid wissen.

Wir kennen uns gut genug, um uns einen Spaß daraus machen zu können. Dennoch: Hier in der Wüste ist eben alles anders!

Spätabends sitzen wir dann mit der gesamten Familie bei Mohammeds Vater am Essplatz. Gäste von den umliegenden Nomadenlagern sind gekommen. Sie sind neugierig auf die Europäerin. Am Nachmittag hatten Mohammed und Manou mir zu Ehren eine Ziege geschlachtet. Nach dem Festmahl sitzen die Männer, im Dunkeln an einen Schilfzaun angelehnt, uns Frauen gegenüber.

Worte fliegen hinüber und herüber, es gibt viel Gelächter. Leider verstehe ich nicht immer, worüber gesprochen wird. Doch dann höre ich ein Wort, einen Begriff: »Kel Essouf«. Das kenne ich, das sind die bösen Geister der Wüste, die jede Gestalt annehmen können und so die Menschen narren und ihnen Angst einjagen. Als ich nachfrage, erfahre ich, die Besucher wollen wissen: »Hat sie Angst vor den Kel Essouf?« »Nein, sie hat keine Angst!«, ist die Antwort. Warum will man das wissen? Fürchtet sich der Frager vielleicht selbst?

Ein großer schwarzer Laufkäfer, ein Edjelli, huscht plötzlich in der Mitte zwischen den Sitzenden herum. Jemand hat ihn entdeckt und nun verfolgen ihn die Strahlen der Taschenlampen. Allerdings erhellen sie jetzt auch die Umsitzenden. Die hatten in der Dunkelheit des Abends ihren Schesch gelockert, um so die Kühle besser genießen zu können. Ach herrje! Hastig wird nun rasch wieder gerichtet und heraufgezogen, was zu locker gefallen war. Einer der Gäste muss sogar den Schesch wieder völlig neu wickeln, weil er ihn ganz abgenommen hatte. Welche Unhöflichkeit! Vor Frauen und vor allem vor einer Fremden kann man sich doch nicht so gehen lassen und sein Gesicht zeigen!

Ursprünglich ist der Schesch – der Turban der Männer – ihr fast wichtigstes Kleidungsstück. Ein ca. 90 Zentimeter breites Tuch und je nach »Wichtigkeit« des Trägers bis zu zwölf Meter lang, wird so um den Kopf und die untere Gesichtshälfte gewickelt, dass nur noch die Augen heraus schauen. Das ist sicher sehr praktisch im Saharawind und bei heißer Sonne und schützt vor Austrocknung, wenn man lange unterwegs ist.

Im Laufe der Jahrhunderte freilich hat sich die Kultur dieses Kleidungsstückes angenommen und zu einem unabwendbaren

Teil des Targi, des Tuareg-Mannes gemacht. Er scheint ihn Tag und Nacht zu tragen. Fällt der Schesch, so fällt auch die Tugend und damit das Ansehen des Mannes! Die Sitten wurden immer strenger: Sogar beim Essen und Trinken durfte niemand – und schon gar nicht die Frauen – Nase, Kinn oder gar den Mund der Männer sehen. Natürlich hat sich auch das im Zeitalter von Television und Globalisierung verändert. In den Städten der Wüste tragen junge Männer das Tuch nunmehr lässig um den Hals geschlungen und oft auch gar nicht mehr.

Aber bei den Nomaden in der Wüste hält man es noch mit den alten Sitten. Man erzählt sich sogar, dass ein Targi, der einstmals von einer Ziegenhirtin beim Baden in einem Guelta überrascht wurde, sich mit einer eilends ergriffenen Hose die untere Hälfte des GESICHTES bedeckte! – Das war ihm wohl wichtiger!

Eine Targia hingegen trägt keine Schleier wie die arabischen Frauen. Sie bedecken ihr Haar, sobald sie geschlechtsreif sind. Ob das auch sehr viel früher so war, weiß ich nicht. Allerdings trug man damals wunderschönen und vor allem großen Ohrschmuck – Kaskaden von fein ziselierten silbernen Dreiecken. Wie hätte man den unter Tüchern verbergen wollen? Im Nomadenlager bei Mohammeds Tante jedenfalls bekam ich auf meine Bitte leider keine Gelegenheit, die hübschen aber komplizierten Zopffrisuren der Frauen zu fotografieren, weil ein Mann dabei war – Mohammed hatte mich gebracht. Das war ihnen dann doch viel zu genierlich. Dafür flocht später Aischa ihrer Tochter Fatna die Haare, nachdem sie gefettet waren. So konnte ich die komplizierten Frisuren am kindlichen Modell bewundern.

Mohammed hingegen passt sich den verschiedenen Situationen an. Manchmal hält er es noch mit den alten Sitten. Als ich mit ihm bei einer verwandten Großfamilie in der Wüste vorbei kam, zog auch er den Schesch bis hinauf zur Nasenwurzel. Und zu meinem Erstaunen trank er vor lauter Ehrerbietung gegenüber einigen uralten Männern und Frauen, die mit im Kreise saßen, den angebotenen Tee, indem er das Tuch von unten anhob und so das Teeglas verdeckt zum Mund führte. Sogar beim Aufnehmen und Ausspucken seines geliebten Taba, eine Art Wüstenkautabak, lüftete er ihn dafür nur dezent und vornehm von unten. Mann oh Mann!

Nur sein Cousin »Kleiner Rabe«, wie ich ihn, seinen Namen verballhornisierend, nenne, sitzt trotz seines Alters mit völlig entblößtem Kopf bei ihnen. Er ist etwas älter als Mohammed, aber von schlichtem Gemüt. Darum wohl auch noch immer unverheiratet, steht er deshalb in der Rangliste ganz unten und trägt jetzt keinen Schesch. So erfreue ich mich an seinen wenigen verbliebenen aufrecht stehenden Härchen ganz oben am Scheitel, die sich zart im Wind bewegen.

Interior

Ein Besuch bei Mohammeds Tante brachte uns in das Wadi d'Honac. Sie war mit weiteren Familienangehörigen dort für einige Wochen, um ihren Ziegen bessere Weide bieten zu können. Ich war überrascht, wie einfach für diese längere Zeit ihre Unterkunft ausgestattet war.

Eine blaue Zeltbahn umschloss für die kalten Dezembernächte ihre Bleibe. Darin einige Decken – weiter nichts. Man lebt draußen, im Freien. Die »Küche« bestand aus der Feuerstelle im Freien und die wenigen Vorräte waren in Beuteln oben in einem Baum aufbewahrt, damit die Ziegen sich nicht bedienen konnten. Es gab einige Schüsseln und Töpfe, größere Beutel enthielten wohl Kleidungsstücke. Etwas tiefer hing eine Guerba – der Wasservorrat. Das war ihr gesamter Besitz im momentanen Zuhause für vier Frauen, eine Halbwüchsige und drei kleine Kinder.

Früher allerdings war so ein reisendes Wohnensemble noch ganz anders angelegt. Die gesamte Familie zog mit ihren Zelten von einem Lagerplatz zum anderen. Das war in früheren Zeiten, so wie teilweise auch jetzt notwendig, um den damals noch viel größeren Herden genug Futter bieten zu können.

Jetzt sind die Herden klein, so dass man nicht mehr ständig unterwegs sein muss. Darum findet man immer häufiger in der Wüste feststehende Zeribas – die Schilfhütten. Sie sind geräumiger als die

Zelte und dennoch ein luftiges Zuhause. Dort, wo so größere Ansiedlungen entstanden, hat die Regierung auch Steinhäuser mit einem ummauerten Hof für die Bewohner erbaut. Folglich gibt es nun richtige Dörfer mit Schulen, die mitunter sogar über einen modernen Sportplatz verfügen. Und – siehe »Elektrofest« – es gibt ein Wasserreservoir mit Pumpe und Wasserhahn bzw. schon elektrischen Strom.

Als einmal anlässlich einer Feier in Talaïne noch ein traditionelles Lederzelt extra für mich zur Anschauung aufgebaut wurde, konnte ich genau beobachten, wie das vonstatten ging.

Der Zeltaufbau ist Sache der Frauen. Zunächst müssen die Löcher für die Zeltstangen ausgehoben werden. Dazu ist es notwendig, den genauen Abstand einzuhalten, denn diese aufrecht stehenden Stangen tragen oben passgerechte Querstäbe, die die Lederzeltbahn tragen müssen. Die mittlere Firststange, Tamankait, ist auch die höchste. So entsteht nach dem Überziehen der rot gefärbten Lederhaut ein rechteckiges Gebilde, entfernt einem Haus ähnlich. Allerdings nur ca. 1,50 Meter hoch. Für so ein doch kleines Zuhause werden dreißig Ziegen- oder Mufflonhäute verarbeitet. Es gehört zur Aussteuer eines jungen Mädchens. Zur Hochzeit wird es erstmals bezogen. Deshalb haben die Wörter für Hochzeit und Zelt in Tamahaq auch den gleichen Begriff: Ehen. Der Mann wohnt also mit im Zelt der Frau. Bei einer Trennung würde er folglich heimatlos.

Kürzere Stangen außerhalb des Zeltes, ebenfalls tief eingepflanzt, dienen der Spannung der Zeltbahn. So ein Lederzelt, nur aus Naturmaterialien, ist zwar schwer, bietet aber vor dem oft kalten Januarwinden und dem Staub- und Sandstürmen besten Schutz. In der heißen Jahreszeit hingegen werden die Seitenwände hochgeklappt, so dass die Luft zirkulieren kann. Der tägliche Aufenthalt aber war und ist immer »draußen«, unter dem freien Himmel.

Die hintere Wand und die Seitenwände bekommen einen Windschutz. Es sind eigentlich zwei Essaber, die jeweils rechts und links nach vorn weitergeführt, eine Art Hof frei lassen. In dessen Mitte brennt das Feuer. Die rechte Seite – von vorn gesehen – ist den Männern vorbehalten. Gut zu erkennen am Kamelsattel, der dort abgestellt wird. Den Frauen gehört die linke Seite des Zeltes. Dort hängen dann auch in einer Kamellederhaut die Küchenutensilien.

Die Kinder schlafen im Freien im »Hof«, während die Frau links höchstens ihr kleines Baby bei sich hat. Der Mann hat seinen Platz in der rechten Zelthälfte.

Meine Zeriba verfügt dagegen über die reinste Luxusausstattung. Weil meine Knie- und Hüftgelenke nicht von klein auf die entsprechende Form zum ausdauernden Sitzen am Boden annehmen konnten und ich diese Sitzhaltung darum nie lange aushalten kann, hatte mir Mohammed einen Tisch für den Kocher angefertigt. Und allmählich hatte ich innenarchitektonisch weiteres Mobiliar nebst hübschen Accessoires z. T. aus Deutschland mitgebracht und ergänzt: Regale zum Aufhängen, Metallkisten zur Aufbewahrung und zum Abschließen. An der rechten Seite wird tagsüber ganz gemütlich aus Matte, Schlafsack, Kissen und Decke ein gemütlicher Diwan gebaut.

Letzteres war aber wohl doch zu unschicklich. Ein Lümmelleben – anzusehen am helllichten Tag! Deshalb wurde zu meiner großen Überraschung zwei Jahre später eine Zeriba eigens zum Schlafen für mich errichtet.

Meine Gäste aber haben dennoch stets ordentlich zu gucken. Und das tun sie dann auch. Allerdings möglichst unauffällig aus den Augenwinkeln.

Eines Tages, wir saßen vor Aischas »Anwesen«, fragte mich Mohammed, ob ich einmal einen Blick in ihre Schlaf-Zeriba machen wolle. Natürlich wollte ich! Dazu sei gesagt, dass die Anwohner von Talaïne ihre Schilfhütten inzwischen wie die Häuser in der Vorstadt von Tam großzügig nach arabischer Art angeordnet haben. Es gibt eine Hütte zum Kochen, eine zum Schlafen und eine vorn offene für den windgeschützten täglichen Aufenthalt.

Die Kochzeriba kannte ich bereits. Außer einem Propangaskocher und einer offenen Feuerstelle in der Mitte für das Backen der Tagella war dort nichts weiter zu sehen. Die wenigen Gerätschaften befanden sich vor der Hütte auf den Astenden eines Holzstammes aufgesteckt oder in Beuteln aufbewahrt.

Nun sollte ich die Schlaf-Zeriba kennenlernen. Aber auch sie war fast leer! Verblüfft sah ich mich um. Ein Kamelsattel stand darin und eine kleine Kiste. Von der Decke hing ein Bündel, das wahrscheinlich die Schlafdecken enthielt oder Kleidungsstücke.

Ansonsten gab es auf den etwa zwanzig Quadratmetern Kiesboden – nichts!

Wer immer auf Reisen ist, hat nur wenig Gepäck! Der Fortschrittsglaube unserer Wegwerfgesellschaft, was heute gut ist, muss morgen durch ein besseres und ein »noch mehr« ersetzt werden, hat sich bei Nomaden nicht entwickeln können. Was hier gut ist, IST optimal. Es liegt einer jahrtausendelangen Erfahrung zugrunde, ist erprobt, für den autarken Nomadenhaushalt minimiert und nicht durch anderes ersetzbar. Erst in den Vororten der Städte werden neue Wünsche geweckt.

Ich aber bin nicht unglücklich über diese Entwicklung. Natürlich komme ich unterwegs gut mit den nur allernotwendigsten Dingen aus. Doch in meinem Zuhause, meiner Zeriba, schätze ich die Bequemlichkeit. Doch ich muss aufpassen, dass ich nicht zu weit über das Ziel hinausschieße und mich zu sehr von meinen Mitbewohnern absetze. Schließlich bin ich auch hier, weil mich ihre einfache Lebensweise anspricht und mich immer wieder zum Nachdenken über unsere Konsumgesellschaft anregt.

Kinder, Kinder!

Meine treuen kleinen Begleiter Sidi und Fatna sehen mir gespannt zu, als ich dabei bin, meine Tagebuchnotizen zu vervollständigen. Aischas Töchterchen ist zu diesem Zeitpunkt höchstens vier Jahre alt, ein zierliches Persönchen und anmutig wie eine kleine Prinzessin. Aufmerksam verfolgt sie jede meiner Schreibbewegungen wenn ich eine neue Zeile beginne, nachdenklich innehalte oder auch einmal etwas durchstreiche.

Diese oder ähnliche Tätigkeiten sind in der Wüste nur äußerst selten zu sehen. Die älteren Erwachsenen können nicht lesen und schreiben. Erst für die jüngere Generation besteht überhaupt die Möglichkeit, eine Schule zu besuchen. Dann aber wohnen sie in einem Internat in der Stadt und kommen nur in den Ferienzeiten nach Hause zu ihrer Familie. So gehören Papier und Stift zu den Artikeln, die bei den Nomaden kaum anzutreffen sind.

Umso überraschter beobachte ich das Interesse des kleinen Mädchens, schlage das Tagebuch hinten, auf einer leeren Seite auf und gebe ihr den Kugelschreiber in die Hand.

Als hätte sie nie etwas anders getan, ergreift sie den Stift und beginnt voller Grazie und Hingabe diese Seite zu gestalten. Ganz bestimmt ist es das erste Mal, dass sie mit einem Stift auf ein Blatt Papier kritzelt. Sie weiß gar nicht, dass man Dinge so malen kann, dass sie als Abbild wiederzuerkennen sind. Sie hat nur gesehen, dass ich den Kuli mit kurzen Bewegungen auf dem Papier herumschiebe und macht es nun ebenso. Unermüdlich malt sie hier einen Strich, dort ein Pünktchen und beachtet auch, dass die Ecken nicht vergessen werden. Voller Intensität ist sie bei der Arbeit. Als sie bemerkt, dass das Papier Linien hat, zeichnet sie in die Linien senkrechte Striche – sie schreibt!

Etwas später, Fatnas Mutter Aischa und auch die Großmutter Lalla leisten mir Gesellschaft, zeige ich ihnen das Kunstwerk der Kleinen. »Fatna müsst ihr bald in die Schule schicken. Sie kann den Stift sogar schon richtig halten!«

Schule? Warum das? Selbst die Frauen zeigen völliges Unverständnis. Fatna ist ein Mädchen! Nein, es gibt keine Diskriminierung bei den Nomaden. Auch ein Mädchen ist ein Geschenk Allahs! Sie wird später eine wichtige Funktion übernehmen, die Ziegenherde hüten und für den Nachwuchs sorgen. Aber dazu braucht sie doch keine Schule! Bei den autarken Nomaden geht es in erster Linie um Effizienz bei Aufwand und Nutzen. Ja, bei den Jungen ist das etwas anderes. Die müssen sich später auch in der Stadt auskennen, müssen einkaufen und darum eben auch ein wenig lesen können. Deshalb wurde Limane, ein jüngerer Bruder Manous, auch zur Schule geschickt. Er bewohnt in dieser Zeit das dazugehörige Jungen-Internat und kann die Familie nur in den wenigen Ferien besuchen.

Warum ich hier nicht eingreife? Warum ich nicht gegen die Meinung der Familie dafür sorge, dass das kleine Mädchen einmal zur Schule gehen wird? Ich habe lange darüber nachgedacht.

In Deutschland lebe ich allein, fühle mich dabei sehr wohl und komme in allen Lebenslagen bestens damit zurecht. Meine Kenntnisse, Fertigkeiten und Erfahrungen befähigen mich dazu. Genauso allein, aber in der Wüste, hätte ich große Probleme mit diesen europäischen Lebensgrundlagen. Hier hilft zum Überleben ausschließlich der Jahrtausende alte Erfahrungsschatz der Nomaden. Warum also sollte ich mich naserümpfend als kolonialer Besserwisser einmischen?

Die Welt der Nomaden erfordert ein völlig anderes Lebenskonzept. Es ist alles klar und einfach geregelt und hat auch seinen Sinn. Ihre Kindererziehung ist so wie die unsere darauf bedacht, vollwertige Mitglieder der Gesellschaft, hier der Großfamilie, heranzuziehen. Und bei den Tuareg bedeutet »Familie« alles! Denn allein sie bietet Schutz, Hilfe und Geborgenheit. Nur, die Anforderungen im Erwachsenenleben sind in der Welt der Nomaden völlig andere, als sie es bei uns sind. Das Leben muss der Unbarmherzigkeit der Natur angepasst sein. Wie soll man sonst in der Wüste bestehen können? Da geht es seit Jahrtausenden in erster Linie um das einfache Überleben! Darüber hinaus ist für sie Bildung in unserem Sinne nur unnötiger Ballast. Was nützt Shakespeare, Mozart oder Einstein, wenn man den Unbilden einer lebensfeindlichen Natur ausgesetzt ist und sich mit ihr arrangieren muss? Erst in den urbanen Gesellschaften benötigt man zur Orientierung die Schrift, die für die Tuareg-Nomaden zudem auch noch auf einer fremden Kultur und auf einer fremden Sprache, dem Arabischen basiert. Ein Verlust der eigenen Nomadenkultur und damit ihrer Identität ist die Folge. Eine schwierige Zeit für die algerischen Tuareg, die sich immer stärker und viel zu schnell den komplexen Problemen des Übergangs vom Nomadentum zur Sesshaftigkeit und somit der Arabisierung stellen müssen.

Eine Schwägerin von Manou hat die Koranschule besucht. Das scheint das einzige öffentliche und erstrebenswerte Bildungsziel für ein Mädchen in dieser Zeit und in dieser Region außerhalb der Ortschaften zu sein. Sie hat dort also den arabisch lautenden Koran auswendig gelernt, ohne richtig Lesen, Schreiben und Rechnen zu beherrschen. Sie sitzt korrekt »islamisch« gekleidet – das Kopftuch lässt auch nicht das kleinste Härchen sehen – mit ihrem Söhnchen auf dem Schoß inmitten der Besucher, stumm und freundlich lächelnd. Fremd in dieser Nomadenwelt fühlt sie sich einer anderen, höheren Kaste zugehörig. Ihre religiöse Bildung trennt sie von den anderen. Doch damit kann sie nichts anfangen.

Natürlich ist mir bewusst, dass nur eine umfassende Bildung den Fortbestand der Tuareg-Kultur gewährleisten kann. Die Errungenschaften der Zivilisation bieten dazu unendlich viele neue Möglichkeiten. Doch ich meine, der letzte Impuls muss von den direkt Beteiligten ausgehen. Wie bei Mohammed, der in einer Vorstadt von Tamanrasset wohnt, damit seine Kinder dort die Schule besuchen können. Der Schulbesuch eines einzelnen Nomadenmädchens in der Stadt würde es aber sicher nur stigmatisieren und einsam werden lassen.

Leider tut der reiche algerische Staat selbst in den Ortschaften kaum etwas für eine ausreichende, moderne Bildung. In der gesamten arabischen Welt wird im Jahr durchschnittlich sieben Minuten gelesen. Sogar in der großen Wüstenstadt Tamanrasset, mit seinen weit über 120 000 Einwohnern, gibt es keine Buchhandlung. Den Wert einer umfangreichen Bildung für ein späteres berufliches Vorankommen, auch für Mädchen, haben erst sehr wenige erkannt. So verschwindet eine Kultur still von der Bildfläche.

Lehrer müssten vielleicht zu den Menschen in die Wüste gehen, um dort vor Ort alle Nomadenkinder zu erreichen. Es müsste … Ach ja, da ist sie wieder, die europäisch-amerikanische Heilsbringerlehre! Doch wirklich greifen kann nur eine Entwicklung von innen. Sollte man nicht der eigenständigen, selbst gewählten Entwicklung vertrauen und somit seine Achtung den Nomaden gegenüber zeigen? Und ihnen vor allem auch die notwendige Zeit dazu lassen? Wie fühlen wir uns, wenn andere in unsere Leben eingreifen und für uns bestimmen, was »gut« für uns wäre?

Es ist Abend. Bei Lalla ist Besuch angekommen. Ich höre deutlich Musikklänge, es wird sogar gejuchzt. Nun kommen alle zu mir herüber. Ein junger Mann ist der Mittelpunkt der Gesellschaft. Sicher war er der Auslöser für die Freudenschreie. Denn mit viel Phantasie hat er sich selbst eine Gitarre gebastelt. Kaum hat er sich einen Platz in meiner Zeriba gesucht, fängt er auch schon an zu spielen. Es ist erstaunlich, welch ansprechende, sehr orientalisch rhythmische Musik er hervorzaubert. Dabei hat er lediglich einen leeren Plastikkanister mit einen Stock so durchbohrt, dass auch noch der Steg Halt findet. Drüber sind drei Drähte gespannt. Das ist schon alles.

Aischa kommt mit den Kindern dazu und auch Mata, Manous Schwester, wird von den wunderschönen Klängen angezogen. Manou kocht Tee, die kleine Fatna fächelt fleißig mit einer Sandale die Glut an. Die Stimmung steigt, als Mohammed zur Musik singt.

Nur die Kinder sind müde. Mona schläft zusammengekauert auf einem Stuhl. Sidi, sechs Jahre alt, hat die gebeugten Arme auf den Tisch gelegt, seinen Kopf hinein gekuschelt und ist ebenfalls eingeschlafen. Das Baby hat es am besten. Es schläft in Aischas Armen. Niemand käme auf die Idee, die Kinder vorher schlafen zu legen. Sie sind immer bei den Erwachsenen, man lässt sie nicht allein.

Als schließlich viel später alle aufbrechen, muss Mona aufgeweckt werden. Doch sie rutscht vom Stuhl und schläft sofort unten auf dem Boden weiter. Alle lachen etwas hilflos. Doch sie muss ja zurück. Laut weinend läuft sie schließlich neben ihrer Mutter her, die das Baby trägt. Wie gern würde ich sie auf den Arm nehmen, hinüber tragen und in ihre Decken einkuscheln. Doch hier hat keiner Mitleid mit der Kleinen. Auch Mata, die Tante, nimmt sie nicht auf den Arm, sondern schiebt sie vor sich her. Schließlich kann Mona doch laufen!

In der Unbarmherzigkeit der Wüste muss sich die Erziehung diesen harten Anforderungen zwangsläufig anpassen. Da helfen keine Verzärtelungen und auch keine Nachsicht. Aber es wird auch niemand gedemütigt oder gar ausgeschlossen!

Alle tragen, ihren Möglichkeiten entsprechend, zum Wohl der Familie bei. Spielerisch werden sie an die Arbeitswelt der Erwachsenen herangeführt. So saß Fatna neulich bei uns und drehte mit Hilfe einer Spindel einen schmalen gerissenen Stoffstreifen zu einem festen Strick. Niemand hat es von ihr verlangt. Aber sie kann das schon perfekt.

Vor einigen Tagen halfen sie und ihr größerer Bruder Sidi unermüdlich ihrem Vater dabei, feinen Sand aus dem Wadi heraufzuschleppen. Der Boden vor der Zeriba sollte möglichst glatt und eben werden. Später, mit sechs, sieben Jahren wird Fatna die Ziegenkinder zu den nahen Akazien führen und dort beaufsichtigen. Darauf ist ein Kind unerhört stolz. So lernen sie von klein auf selbstständiges Handeln und Verantwortung zu übernehmen. Eine unverzichtbare Grundlage für die spätere Stellung der Frau in der nomadischen Tuareg-Gesellschaft.

Natürlich haben sie auch genügend freie Zeit, laufen im Lager umher, spielen miteinander oder sitzen bei den Erwachsenen und hören deren Gesprächen zu.

Die kleine Mona kommt zu mir herüber. Sie ist jetzt bald drei Jahre alt und hat sich mit einem paillettenbesetzten Tuch erwachsen gemacht. Nun spielt sie »Ana« (Mutter). Eine stoffummantelte Flasche, die sonst das Trinkwasser kühl hält, hat sie als ihr Baby adoptiert. Zärtlich drückt sie die Flasche an sich und gibt ihr sogar die Brust – allerliebst! Die Flasche hat keine Arme, keine Beine und kein Gesicht. Das »Baby« ist ihre eigene Kreation. Wäre eine geschenkte Puppe aus Europa mit Schlafaugen, Mamastimme und Pinkelwasser besser? Wenig später liegt die Flasche unbeachtet am Boden und das Baby ist vergessen. Ein anderer Gegenstand hat nun ihre Aufmerksamkeit.

Bei den Kindern sind meine weißen Plastikstühle besonders heiß begehrt. Es gibt nur zwei und so wird oft darum gezankt. Die kleine Mona kann sich stets am besten durchsetzen. Wehe, wenn es etwas gibt, das sie nicht auch bekommt. Mein Prinzesschen Fatna ist die Ältere und gibt stets nach. Mütterlich ist sie um die jüngere Schwester besorgt. Dass sie selbst dabei zu kurz kommt, scheint sie nicht zu stören.

So formen sich Charaktere. Jeder wird so angenommen, wie er ist und spielt später in der Familie eine Rolle, die seinem Charakter entspricht. Denn auch jeder wird gebraucht: Ein Mensch, der bestimmt, ein Mensch, der fürsorglich ist, ein Mensch, der geschickt ist. Doch selbst ein Mensch, der wie der »Kleine Rabe« geistig behindert ist, oder der körperliche Gebrechen hat, wird eingebunden und von der Familie umsorgt.

Das allerdings funktioniert so nur innerhalb der Nomadengesellschaft. Der Weg eines jeden ist hier von vornherein vorgezeichnet, weil es keine anderen Möglichkeiten gab. Jetzt aber kollidiert diese Lebensweise mit den neuen urbanen Gesellschaften, die andere und vor allem sehr verschiedene Lebensentwürfe ermöglichen. Doch sein Kind auf einem anderen Lebensweg ins Erwachsenenalter zu begleiten und entsprechend zu fordern und zu fördern, haben die Eltern selbst nie erfahren. Und deshalb wachsen – auch jetzt noch in den Städten – viele Kinder ohne zielgerichtete Einflussnahme heran. Schule, das ist immer noch allzu oft nur die Sache der Kinder. Ein Teufelskreis.

Als ausländischer Gast halte ich mich bei fremden kleinen Kindern in der Wüste stets zurück, denn allzu oft rennen sie schreiend vor mir Fremden davon. Doch diesmal komme ich nicht darum herum. Eine der Frauen, die bei mir zu Besuch sind, hat ein Baby dabei. Vielleicht ein halbes Jahr alt, will es einfach nicht aufhören, seinen Protest laut heraus zu schreien. Es wandert von Arm zu Arm; jede der Frauen versucht es zu trösten, zu schaukeln und zu wiegen. Aber nichts hilft. Entnervt landet es schließlich doch in meinem Arm. Und plötzlich ist alles mucksmäuschenstill! Die Frauen sind baff! Wie hat die Gauria, die Ungläubige, diese Europäerin, es geschafft, das kleine Bündel zu beruhigen?

Tja, ich brauchte ihm nur ganz leise eine einfache europäische Kindermelodie ins Ohr zu summen. Das war etwas gänzlich Unbekanntes, Neuartiges. Da musste das kleine Wesen doch zuhören – und war still. Leider war das nur ein kurzzeitiger Erfolg.

Solange sie nicht laufen können, werden Nomadenkinder von ihrer Mutter auf dem Arm herumgetragen, überall hin. So gibt es steten Körperkontakt und Geborgenheit. Innig werden sie geliebt, von allen Familienangehörigen.

Aber sie werden nicht, absolut nicht verzärtelt.

Brahim

Zeribas von Talaine

Sahra

Mein Prinzesschen Fatna

VIII. Aktivitäten rings um mein Zuhause

Es ist ein wunderschönes Gefühl,
endlich wieder in die Wüste zu fahren,
den wilden Bergen immer näher zu kommen.
Es wird stärker, als der spitzkegelige Tasaq,
der Hausberg von Talaïne, auftaucht.
Heimat und Dazugehören benötigen keinen Passvermerk.

Unterm Tasaq

Ich sitze auf der »Terrasse« meiner Zeriba und kann mich an der herrlichen Felslandschaft ringsum nicht satt sehen. Die Sonne ist dabei, gerade unterzugehen und Ajor, der Vollmond, beginnt zu leuchten. Die Ziegen kommen, heute von Aischa geführt, zurück. Man könnte meinen, ein Gemälde der Idylle »Heimkehrende Hirtin mit Ziegen« vor sich zu haben. Doch ich weiß, das Leben hier ist entbehrungsreich und anspruchslos. Aber man nimmt sich Zeit für das, was wichtig ist. Keine Hast, keine Hektik, kein Stress kommen auf. Das ist für mich schon fast wie im Paradies.

Ich fühle mich in dieser traumhaften Umgebung und bei den Menschen, die sie bewohnen, ausgesprochen wohl. Zirka 800 Meter westlich von hier ist im Wadi unter Palmen und Akazien ein Brunnen angelegt. Den Weg muss man mit leeren und dann gefüllten Kanistern oder Eimern täglich gehen, wenn man Wasser braucht: Zum Trinken, zum Kochen und zum Waschen. Ein gefüllter Kanister ist schwer! »Große Wäsche« hält man da praktischerweise gleich am Brunnen und hängt die gewaschenen Kleidungsstücke zum Trocknen in die umstehenden Akazien.

Unweit von dieser Stelle verengt sich das Wadi und biegt mit einem eleganten Schwung um die enger zusammenstehenden Felsenberge. Akauka, Klippschliefer, wohnen in dieser steinernen Welt, doch nahe genug, um die grünen Akazien davor »beweiden« zu können.

Gegenüber meiner Behausung, im Süden über das sandige Wadi hinweg, das von Ost nach West verläuft, hinweg gibt es einen kleinen Pass, sind die Höhen der Felsen herabgezogen und erlauben einen holprigen, aber direkten Weg in das mit vielen Akazien bestandene reizvolle Wadi Tin Hounan.

Nach Osten hin, weiter entfernt, erheben sich über dem Anfang unseres Wadis aber die höchsten Gipfel. Vierschrötig überragt ganz hinten der Inmahaledjene alle anderen. Auch hinter meiner Zeriba im Norden geht es gleich in eine wirre Felsenwelt. Riesige Kolosse neben- und übereinander wetteifern mit bizarren Formen. Wenn man nicht aufpasst, kann man sich in dem Labyrinth der Felsen leicht verirren.

»Willst du dir morgen die Umgebung ansehen?« Mohammeds Vorschlag ist genau richtig. Ganz nahe im Nordwesten bewacht ein hoher spitzer Berg aus riesigen Steinquadern die Ansiedlung, der Tasaq. Wie eine Wegmarkierung ist er schon von weitem zu sehen: Dort unterhalb des Berges steht meine Zeriba!

Er gehört wie alle Berge der Umgebung zu einem Gebirgszug, dem die vulkanische Vergangenheit noch deutlich anzusehen ist. Einige hundert Meter von hier führt der Weg an einem kleinen Berg poröser Lava vorüber. Der ist ganz bestimmt jüngeren Datums und nicht aus der Zeit der ersten Eruptionen. Jeder der imposanten Gipfel aber hat ein anderes Gepräge. Während der eine schroffe Spitzen aufweist, ist der Rücken eines anderen wie ein glatter Buckel geformt. Und überall liegen Steine wie riesige Findlinge, einige Meter hoch, eigenartig geformt durch Jahrtausende währende Erosion, die Höhlungen schuf und vielfältige phantastische Formen.

Der nächste Morgen ist angebrochen, das Frühstück im Kreise wechselnder Besucher absolviert. Nun kann es losgehen. Im weiten Bogen chauffiert mich Mohammed um den Tasaq, den Hausberg, in Richtung Norden. Ja, auch ein Nomade hat es gern bequem!

Auf der anderen Seite hält er an und führt mich über welligen Schwemmkies zu einer kleinen Felsengruppe. Als ich näher herankomme, bin ich überrascht. Sie spiegelt sich in einem Guelta, einem kleinen Wasserreservoir. Das hätte man vorher nicht glauben mögen. Ein kleiner Teich hier mitten in den Felsen! Man kann sogar die Kiesel am Grund gut sehen. Stolz umrundet ihn Mohammed. »Es ist ganz klar!« erklärt er mir und trinkt zum Beweis sogar von dem Wasser.

Auf dem Rückweg sehen wir weit oben auf dem höchsten Fels im Gegenlicht einige Mufflons stehen. Mohammed muss sie mir erst zeigen. Allerdings spricht er von drei Tieren, ich sehe gerade einmal eines. Aber bei diesem kann ich sogar das dicke, gekrümmte Gehörn erkennen. Ich staune, dass sie sich so nahe an menschliche

Siedlungen heranwagen. Und während ich den Naturschutz im Sinn habe, denkt Mohammed wahrscheinlich lüstern an Fleisch.

Direkt hinter meiner Hütte, vom Tasaq gekrönt, ist man sofort in einer wirren Felsenwelt. Gleich hinter dem ersten Felsen im Sand eines winzigen Wadis befindet sich dann auch ganz nahe meine von mir erkorene FLT – meine Freilufttoilette. So nenne ich das kleine Stück sandigen Bodens, hinter Felsen verborgen. Sanitäre Anlagen sucht man vergeblich bei den Nomaden.

Die Welt der Felsen ist riesengroß. Haushoch aber auch in Findlingsgröße stehen sie wild durcheinander. Man könnte sich leicht verirren – wenn nicht der Tasaq stets die Richtung weisen würde. In einem schmalen Tal zwischen den Felsen prangt es grün im Gegenlicht. Überall, wo auch nur ein winziges bisschen Wasser für kurze Zeit verweilt, drängt reich die Vegetation. Mohammed hingegen bevorzugt einen der höchsten Felsen als Telefonierpunkt. Hier findet er für sein Handy sogar ein Netz. Ich aber genieße aus dieser Höhe die wunderbare Aussicht in unendliche Weiten, bis zu den markanten Tafelbergen am Horizont.

Zwei Tage später begleite ich Manou und Mohammed auf einer Holzbeschaffungstour in die nähere Umgebung. Sie haben es auf einen trockenen Akazienbaum abgesehen, der schon zu Boden gesunken ist. Während sich die beiden Männer plagen, den dicken Brummer zu zerkleinern, streife ich frei und unbekümmert umher und freue mich, die Umgebung wiederzuerkennen. Mit voll beladenem Auto kehren wir zurück.

Wenig später nutze ich eine kurze Zeit des Alleinseins, um den gegenüberliegenden Felsenberg im Südosten zu erkunden. Eine große Felskugel hoch oben ist mein Ziel. Bestimmt hat man von dort aus einen tollen Blick über das Land. Also marschiere ich los: Die Wasserflasche umgehängt, in der gehäkelten Umhängetasche daneben, einem Geschenk von Lalla, habe ich den Fotoapparat und Tempos gesteckt, auf dem Kopf einen Schesch, denn es ist trotz der frühen Morgenstunde jetzt im Juli schon recht heiß.

Zunächst muss ich über das sandige, etwa zweihundert Meter breite Wadi. Die Kletterei dann ist nicht problematisch. Aber weil mir die Sonne schon ordentlich auf den Kopf brennt, mache ich im

Schatten der Felsen viele kleine Pausen und trinke immer wieder. Das habe ich auch bei den beiden Männern beobachtet, als sie mühselig Holz zerkleinerten und ordentlich dabei schwitzten.

Mehrmals muss ich im Felslabyrinth zurück, um einen besseren Weg zu finden. In einer langen Felsspalte wächst üppiges Grün. Sicher fließt hier immer das Wasser entlang, wenn es geregnet hat und vereint sich dann unterirdisch mit dem anderen Grundwasser, das etliche hundert Meter weiter den Brunnen speist.

Einige Etagen höher verändere ich meine Route und gehe nicht wie geplant zu der großen Felskugel. Sie ist doch weiter, als ich dachte. Aber nun, von meinem jetzigen Standort aus, sehe ich eine kleinere, die sich noch hinter der großen befindet. Sie scheint den felsigen Grund nur an einem winzigen Punkt zu berühren. Wenn man sie nur mit dem Finger ganz leicht anstupsen würde? Bestimmt rollte sie dann polternd und dröhnend zu Tal!

Ich versage mir einen solchen Versuch, vermeide also einen Felssturz und klettere zu einem Grat, der hoch aufragend davor liegt. Er ist auch der Grund für die veränderte Route, denn nun liegen das Wadi und der Siedlungsplatz Talaïne weit unten, mir direkt gegenüber. Winzig klein erscheinen die Schilfhütten von meinem hohen Beobachtungspunkt aus, zumal sie sich in ihrer fahlgelben Farbe kaum vom kiesigen Untergrund abheben. Vor allem die Berge in der Ferne, deren Spitzen ich von dort unten gerade einmal sehen kann, sind von hier aus vollständig zu betrachten. Ein phantastisches Panorama!

Nur wenige markante Berge haben Namen. Wozu auch? Niemand kann sich hier vorstellen, dass ein erwachsener Mensch auf Berge klettert, einfach nur so, weil es Spaß macht oder gar als sportliche Herausforderung. Berge sind nicht von Bedeutung. Sie nützen nicht einmal den Ziegen, die zwar hinauf klettern können, aber darauf kein Futter finden. Das wächst in den Wadis, und die bekommen auch Namen, damit man sich orientieren kann.

Und so tippelt auch Aischa als kleines Pünktchen unten im Wadi. Wo sie wohl hin will? Wahrscheinlich will sie ihre Freundin in Dandußat, einer Ansiedlung, die gut drei Kilometer entfernt ebenfalls auf einer großen Kiesbank am Wadi liegt, besuchen. Da hat sie einen wunderschönen Weg vor sich. Weit ausladende Akazien spenden immer wieder Schatten. Eine Stelle mag ich besonders. Dort werden außerordentlich reizvoll die großen Felsenberge im Hintergrund von engen Felsen rechts und links des Weges gerahmt. Aber wer immer an der gleichen Stelle lebt, hat kaum noch einen Blick für die Besonderheiten der Landschaft. Obwohl, neulich fragte sie mich, während sie auf die Umgebung wies: »Hoßee?« (Schön?) Da konnte ich nur antworten »Ajo, hoßee hullan hullan!« (Ja, sehr, sehr schön!)

Mich hier oben aber beutelt der auffrischende Wind und weht mich fast hinab, so heftig wird er nun. Und weil ich sah, was ich sehen wollte und weil ich die Djenoun, die Geister der Berge, nicht länger stören will, steige ich brav wieder hinab.

Erst am kühleren Spätnachmittag nimmt mich Mohammed zu den Felsen im Süden mit. Oben, direkt über dem Wadi, auf einem kleinen Plateau, gibt es ein rundes Steinhaufengrab aus vorislamischer Zeit. Niemand weiß, wer hier unter den im Kreis geschichteten Steinen beerdigt wurde.

Unweit davon aber sind die Toten der Familie, die nun beständig hier lebt, begraben. Ich zähle sieben Gräber. Die Toten werden, der islamischen Sitte entsprechend, in Leinentücher gewickelt, auf der rechten Seite liegend, mit dem Gesicht nach Osten – nach Mekka – bestattet. Das heißt, der Kopf zeigt nach Süden. An Kopf- und Fußende sind flache Steine aufgerichtet Jeweils einen bei einem Männergrab und zwei bei einem Grab für eine Frau. Ringsherum gibt es eine kleine Steineinfassung. Einige Gräber sind bereits eingefallen. Hier hat die Zeit am Körper der Toten ihre Wirkung vollbracht. Ehrfurchtsvoll murmelt Mohammed einige Gebete. Er kennt natürlich die Toten. Und so verzichte ich auf neugierige Fotos.

In die weitere Umgebung

Um die weitere Umgebung zu erkunden, müssen wir allerdings Vorbereitungen treffen. Dazu bepackt Mohammed sein Auto wie zu einer wochenlangen Reise: Zelt, Matten, Kocher und Töpfe und Pfannen, Lebensmittel en masse und natürlich Wasser. Dabei ist lediglich eine einzige Übernachtung geplant. Doch mir soll es an nichts fehlen!

Endlich geht es los. Wir fahren zu einem etwas entfernten Wadi, im Nordosten. Früher war das ein vielbesuchter Ort seiner Großfamilie, als sie noch als Nomaden mit ihren Herden umherzogen. Das ist kein Wunder, denn viele Akazien versprechen dort ausreichend Futter. Doch es gibt keinen Brunnen. Wie weit mussten damals die Frauen laufen, um das notwendige Nass heran zu schaffen?

Die Anfahrt wird auf dem Pass, der die beiden Wadis voneinander trennt, unterbrochen. Das hat Mohammed gut gewählt. Mir bietet sich eine phantastische Aussicht auf die Umgebung ringsum. Vor mir liegt eine riesige weite Felsenlandschaft mit Gipfeln, Tälern und Ebenen, bis zum Horizont, wo sich entfernte Berge mit den Staubschleiern am Himmel vereinen. Ich bin überwältigt! Obwohl ich weiß, dass es an wenigen Stellen unterhalb der Berge kleine Ansiedlungen gibt, scheint diese Landschaft völlig unbewohnt und menschenleer. Es ist kein Wunder, dass sich der Mensch hier im Angesicht dieser lebensfeindlichen Natur, als es noch keine Autos und Satellitentelefone gab und er einsam zu Fuß oder mit dem Kamel umherzog, der Allmacht eines göttlichen Wesens bedingungslos unterordnete.

Wir aber haben mehr als alles Notwendige im Auto und fahren weiter, überwinden tiefgründige Sandflächen und steile Abhänge, um schließlich im Schatten einer weit ausladenden Akazie unser Lager aufzuschlagen.

Mit einem Afasugrasbüschel fegt Mohammed den Boden von Dornen und Zweigen frei. Auf einer Decke können wir uns dann an kühlem Orangensaft und frischen Weintrauben laben. Der Salat zu Mittag ist auch bald fertig.

Ziegen kommen vorbei. Aischa führt sie. Nur, jetzt ist es umgekehrt und sie muss rennen, um hinterher zu kommen, und sie flitzt an uns vorüber. »Macht nichts,« meint Mohammed, »sie weiß, sie kommt Mittag!«

Die Siestazeit nutzt Mohammed gern zu einem Schläfchen, er ist daran gewöhnt. Ich hingegen kann tagsüber und erst recht in der unerhörten Hitze jetzt im August auch im Schatten nicht schlafen.

Ringsum auf den riesigen hohen Felsenbergen aus grobem Granit thronen einzelne große Steine in wunderlichster Gestalt. Es ist beeindruckend, welchen Formenreichtum die Natur zu bieten hat. Wir befinden uns in einem Gelände, das wie ein Kessel von diesen Bergen umgeben ist. Nur im Westen gibt es einen Durchgang.

Die Ziegen, die jetzt wieder zurückkommen, waren allerdings im östlichen Zipfel des Wadis unterwegs. Und nun kommt Aischa auch zu ihrem Mittagessen. Bald erscheint eine zweite Herde. Deren beide Hirtinnen gesellen sich ebenfalls zu uns. Die eine trägt – sehr ungewöhnlich für hiesige Frauen– einen großen Strohhut, über den allerdings wieder ganz züchtig ein schwarzes Tuch mit blinkenden Goldpunkten drapiert ist.

Die Ziegen halten nicht viel von Siesta und sind schon wieder dabei, davonzurennen. Die drei müssen hinterher. Aber bald kommt Aischa zurück, mit etwas Holz zum Teekochen. Als der fertig ist, sind auch die beiden anderen wieder da. Wir haben viel Spaß, weil ich Aischa anbiete, mich einmal in Deutschland zu besuchen. Nein, das wird sie ganz bestimmt nicht tun! Sie läuft nicht auf der Straße nackt herum!!! – Sie hatte wohl in dem Katalog, den ich zum Angucken mitgebracht hatte, die Seiten mit der Unterwäsche für die Tageskleidung gehalten.

Zur Ergänzung des Mittagessens hat sie einen Brei aus Gerstenmehl dabei, den Mohammed nun mit etwas Wasser zu einer Suppe kocht. Die ist schön frisch und schmeckt am besten mit Zucker.

Für die Siestazeit hat sie sich eine Arbeit mitgebracht. Wenn man mit den Ziegen unterwegs ist, kann man auch mittags nicht schlafen. Nun ist sie beschäftigt, eine neue Satteldecke zu weben. Geschickt führt sie mit der Hand die beiden Schussfäden abwechselnd um die Kettfäden, so dass ein wunderschönes buntes Muster entsteht. Eine der beiden anderen Ziegenhirtinnen hat auch eine Handarbeit dabei. Sie fertigt aus Fäden, die aus Ziegenhaaren gedreht wurden, einen breiten Gurt für das Sattelzeug der Kamele an. Geschickt hält sie die einzelnen Stränge mit den Fingern auseinander, um sie abwechselnd miteinander zu verflechten. Aber bald müssen sie endgültig den Ziegen hinterher.

Wir aber beschließen, ein Guelta hinten im Wadi aufzusuchen. Es ist noch immer sehr heiß. Doch ich möchte es gerne sehen. Wir gehen einen Weg, der wie von Salvador Dalí erfunden scheint: Rechts, links und vor uns liegen Steine, eigenartig ausgehöhlt oder abgeschmirgelt, in den skurrilsten Formen. Wenn nur ein einziger dieser Felsen in Deutschland irgendwo in der Landschaft stehen würde, wäre er ein Besuchermagnet. Hier gibt es sie zuhauf – und keiner interessiert sich dafür!

Heilkräftige Kräuter wachsen dazwischen. Mohammed erklärt mir ihre Wirkung. Er kennt sich wirklich gut aus. Das muss man wohl auch als autarker Nomade. Wir finden das Guelta tatsächlich auch noch mit Wasser gefüllt. Bestimmt war dieses Wasserloch heute Mittag das Ziel der eiligen Ziegen.

Plötzlich bleckt ein weißes Gebiss, tote leere Augen starren mich an. Ich bin ordentlich erschrocken! Eine Ziege ist vor etlicher Zeit oben auf einem d'Honac-Strauch entsorgt worden. Sicher war sie krank und ist hier gestorben. »Nur Menschen werden, wenn sie tot sind, in die Erde gelegt«, erklärt mir Mohammed. Tote Tiere bleiben deshalb nicht am Boden, weil sie sonst Schakale und anderes Getier anlocken.

Aber es gibt hier prima trockenes Akazienholz. Leider haben wir keine Axt dabei. Kein Problem! Auch jetzt weiß er sich zu helfen: Mit einem großen, schweren Stein »schlägt« er das Holz, indem er die einzelnen Äste einfach »abwirft«. Beladen kehren wir zurück. Das Feuerholz für das Abendessen ist gesichert.

Der Lagerplatz muss allerdings gewechselt werden, denn die Sonne ist gewandert und schickt ihren Schatten nun auf die andere Seite des Baumes. Leider ist der leckere Orangensaft längst nicht mehr kühl. Deshalb bekommt die Packung von Mohammed einen nassen Handtuch-Wickel. Aha, also deshalb haben einige Wasserkanister einen Überzug aus Sackleinen! Nassgemacht fungieren sie durch die Verdunstung wie ein Minikühlschrank! Angenehm rinnt bald der frische süße Saft durch die heiße Kehle.

Etwas abseits vom Lager hat Mohammed in den Zweigen eines nahen Strauches ein Stück Ziegenfleisch wie in einem Vorratsschrank aufgehängt. Das ist Nomadenart, denn der Kühlschranktrick funktioniert bei Fleisch nicht. Nun hat sich eine ganze Schar Riesenhornissen eingeladen und schlägt sich die Bäuche voll. Aber das Fleisch soll unser Abendessen krönen. Ob sie es uns friedlich überlassen? Sicher stechen sie sofort zu, wenn Mohammed sie stört und zugreift! Nein! Auch dafür weiß er Rat! »Guck mal!«, belehrt er mich, zündet einen trockenen Zweig an und verscheucht damit das gefräßige, angriffslustige Volk. Das Abendessen ist gerettet.

Allerdings krabbeln an unserem Platz die Ameisen herum. Aber nun hat sich die Sonne verabschiedet und schickt ihre Strahlen in andere Weltgegenden. Also verlagern wir, ohne nun noch auf sie Rücksicht nehmen zu müssen, erneut unseren Platz.

Zum Abendessen bekomme ich einen herrlichen Tee aus selbstgepflückten Kräutern. Bald steht der Mond hoch am Himmel. Da erzähle ich Mohammed von den Amerikanern, die schon dort waren. Mit einem Satelliten, erkläre ich ihm der Einfachheit halber, denn die kann er auch hier am Nachthimmel beobachten. Verwundert ist er dann aber, als ich ihm erkläre, dass sie viele Jahre um unsere Erde kreisen. Er sieht sie immer nur eine kurze Spur ziehen und glaubt, es müsse dann immer wieder ein neuer in den Himmel geschossen werden.

Dennoch kann er kontern. Und er zeigt mir den Polarstern, der hier »Blhadi« heißt und der Karawanen den Weg aus dem Niger zurück zum Hoggar zeigte, ebenso wie einen Stern im Süden, der ihnen den Hinweg wies. Da ist dann z.B. noch »Talamt«, die Kamelstute mit ihrem »Awara«, dem Fohlen. Sie sind die Bezeichnungen der Tuareg für unseren Großen und Kleinen Wagen. Den Orion, den man hier »Amanagh« nennt, kenne ich auch, aber dass sein Schwert ebenfalls nach Süden zeigt, habe ich vorher nie bewusst wahrgenommen. Ich kann also noch etwas lernen.

Längst ist der Mond untergegangen und das Dreieck des Schwans zieht wie ein riesiger diamantener Pfeil inmitten der Milchstraße seine Bahn. Ich habe meine Matte unter den Sternen ausgebreitet. Was sind die eventuell fünf Sterne eines Hotels gegen diese milliardenfache Himmelspracht!

Die große himmlische Ruhe aber täuscht. Obwohl kein Lüftchen weht muss es sich bei den Mücken herumgesprochen haben, dass hier erstklassiges Europäerblut zu holen ist. Die vereinten Streitkräfte von Mücken, Fliegen und anderen Insekten haben nun ihr Schlachtfeld gefunden. Sie sind besonders hinterhältig: Man hört sie nicht heransirren, man fühlt nicht einmal ihren Stich. Nur die juckenden Quaddeln an allen freien Stellen des gesamten Körpers – flächendeckend – künden von ihren Attacken. Müde bekratze ich die Kriegsschauplätze.

Übrigens: Es gibt in Tamahaq nur eine gemeinsame Singular- und Pluralform für das Wort »Mücken«. Sie heißen einzeln oder im Rudel stets »Tadast«.

Ein neuer Tag ist angebrochen. Die Strahlen der aufgehenden Sonne lassen die Spitzen der umliegenden Felsenberge erglühen. Als ich von der Morgentoilette zurückkomme, brennt schon wieder das Feuer und der Tisch ist gedeckt. Ich lebe wie im Schlaraffenland!

Wir erkunden den westlichen Teil des Wadis. Nein: Mohammed zeigt es mir. Erkunden muss er hier nichts mehr, denn als er klein war, hat seine Familie oft an diesem Ort ihr Lager aufgeschlagen. Einmal, so erzählte er mir, waren sie durch ein Fest so abgelenkt, dass sie nicht rechtzeitig bemerkten, wie die Ziegen sich in die hohen Felsen verirrten. Mühsam mussten sie wieder zurückgeholt werden.

Bald sitzen wir wieder im Auto. Der Zweitagesausflug ist beendet, wir fahren zurück. Plötzlich hält Mohammed an und sieht aus dem Autofenster aufmerksam auf den Erdboden. Schließlich wendet er und fährt wieder eine Strecke zurück. Sein geschultes Nomadenauge hat unter den vielen Kamelspuren ganz frische entdeckt. Als wir die Tiere dann vor uns haben erkennt er schon von weitem, dass es nicht, wie er zunächst glaubte, Manous Kamele sind. So dreht er ab und wir setzen unsere Rückreise fort. Bald kommt auch schon im Eilschritt ein etwa elfjähriger Junge heran. Er ist von einer anderen Ansiedlung und der Hirte, der nach den Kamelen sehen soll.

Wenn Mohammed das Auto auch wunderbar beherrscht, Kamele sind ihm besonders an Herz gewachsen.

Amanna

Weihnachten? Nein, daran denke ich heute überhaupt nicht. Die Sonne scheint und wir wollen in ein benachbartes Wadi zu einer Gedenkfeier für einen Urahn.

»Kleiner Rabe« ist eigens deshalb angereist. Seine Gandura hat eine Dreiangel. Aber er ist ein ordentlicher Mensch und bittet um Nadel und Faden. Doch als geübte deutsche Hausfrau entreiße ich ihm die Näharbeit. Nun sitzt er verwegen im Unterhemd neben mir und trinkt meinen Mangosaft, während ich nähe.

Nach dem Essen fahren wir los. Bald eine halbe Stunde geht es querfeldein in die Wüste. Dann sehen wir sie: Unterhalb felsiger Höhen am Rande eines mit Akazien bestandenen Wadis tummeln sich Kinder, sitzen Männer im Gespräch und weitab davon entfernt haben Frauen ein Feuer angezündet, um zu kochen.

Von nah und fern sind sie angereist – die Nachfahren. Es sind bestimmt über sechzig Personen. Nun erst höre ich, dass es sich bei dem Bedachten um eine Frau handelt. Fünf Generationen sind inzwischen geboren. Es ist erstaunlich: trotz des islamischen Patriarchats hält man das Andenken an eine Frau noch immer so hoch. Was muss sie für eine Persönlichkeit gewesen sein!

Wie es sich gehört, sitzen Männer und Frauen weit voneinander getrennt. Viele der Frauen kenne ich schon. Das erleichtert die Verständigung. Dennoch kann ich auf die vielen Begrüßungsformeln immer nur standartgemäß mit »Alkher ghas« antworten, was so viel bedeutet wie: »Was auch immer du fragst, es geht mir bestens und alles ist wunderbar!«

Die alte Fatma zieht mich neben sich. Ihr Alter ist schwer festzustellen. Ein entbehrungsreiches Leben und der trockene heiße Saharawind haben tiefe Furchen in ihr Gesicht eingegraben. Aber ihre Augen sind jung geblieben und funkeln lebendig.

In Ermangelung ausreichender Sprachkenntnisse hole ich Fotos von meiner letzten Reise hervor. Ich hatte noch in Deutschland wohlweislich für jeden Abgelichteten einen Abzug gemacht und heute eingesteckt. Das war eine gute Idee. Begeistert gehen sie von

Hand zu Hand und werden immer wieder aufs Neue begierig beguckt, egal ob sie selbst darauf zu sehen sind oder andere.

Als ich aber jetzt die Kamera zücke, gibt es eine allgemeine Verweigerung. »Ach nee, Fotos gucken wollt ihr, aber wenn ich euch dann fotografieren will, wollt ihr nicht!« Wenn ich auch deutsch spreche – mit der entsprechenden Gestik – verstehen mich doch alle und lächeln unsicher. Die alte Fatma verweist auf ihr faltenreiches Gesicht. Leider versteht sie meine Worte nicht, die erklären, dass man gerade auf ihrem Gesicht ablesen kann, wie gut sie ihr sicher schweres Leben gemeistert hat.

Und so bitte ich Aischa, die natürlich auch anwesend ist und meinen Fotoapparat kennt, ein Foto von mir inmitten der Frauen zu machen. Verunsichert wenden sich die meisten dabei noch ab. Aber als die ersten Mutigen sich in Positur setzen, ist der Bann gebrochen. Ich glaube, hier greift gar nicht so sehr das islamische Abbildverbot. Etwas Befremdliches geschieht mit ihnen und sie wissen nicht genau, was da passiert. Ernst und skeptisch sehen sie in die Kamera. Doch dem Display sei's gedankt, nach und nach darf ich dann doch alle fotografieren.

Nur die kleine Amanna, die Enkeltochter von Mohammeds Tante, verbirgt sich. Etwa zehn, elf Jahre alt, sitzt sie zwischen den anderen und hält sich beständig ein Auge zu. Augenkrankheiten sind in der Wüste häufig. Staub und Sand gibt es allerorten, Wasser zum Reinigen der Hände nicht immer genug. Und die lästigen Fliegen tun das Übrige.

Die Männer gehen nach dem Festmahl, Siesta und dem Nachmittagsgebet gemessenen Schrittes, Koranverse sprechend, zu den gegenüberliegenden Kieshügeln. Ich kann es nicht sehen, aber ich vermute dort das Grab der heute Verehrten. Inmitten der weiten Wüstenlandschaft, so wie sie es von alters her gewohnt sind, begegnen sie voller Hochachtung ihrer Vorfahrin.

Und obwohl es ja eine Frau, die Ururgroßmutter der meisten Anwesenden ist, bleiben jetzt die Frauen zurück. So ist es wohl Sitte. Natürlich gedenken auch sie der toten Ahnin, werden still, legen ihre Hände vor das Gesicht, beten und bitten für sie auf diese Weise für einen Platz im Paradies.

Amanna habe ich nicht vergessen. Als wir aufbrechen, bitte ich die Tante, doch mit ihr zu uns zu kommen. Ich habe eine Salbe für das kranke Auge.

Das scheint sich mit Windeseile herum gesprochen zu haben, denn ein Mann wartet schon bei meiner Zeriba. Er begrüßt uns und Mohammed übersetzt mir seine Frage, ob ich eine Medizin für das Auge seiner Tochter habe, sie hätte die ganze Nacht nicht schlafen können! Was für ein Glück! Ich hatte zwei Tuben eingepackt.

Also kann ich dem Mann genau und nachdrücklich erklären, wie er vorgehen muss. Das ist gar nicht so einfach. Hier hält man Krankheiten mit stoischem Gleichmut einfach nur aus. Über die Anwendung von Kräutern hinaus geht kaum eine Behandlung. Das ist das harte Gesetz der Auslese.

Also weise ich darauf hin, ein möglichst weißes, sauberes Tuch zum Auswaschen des Auges zu benutzen, denn die eitrigen Krusten müssen erst einmal entfernt werden. Auch sollte das dazu benutzte Wasser vorher abgekocht sein. Das Leben in der Wüste ist hart. Da wird normalerweise auf solche Dinge nicht geachtet. Zumal sich Krankheitskeime durch die trockene Luft kaum verbreiten. Niemand hat gelernt, damit umzugehen. Nur die Fliegen sind fleißig und tragen die Augenkrankheit weiter.

Zum Abendessen sitzen wir in meiner Zeriba in trauter Runde: Manou und Aischa, deren Kinder, Mohammed und ich und »Kleiner Rabe«. Heute scheint die Etikette vergessen, wir sitzen gemischt. Als dann der Tee gekocht wird, entspinnt sich ein lebhaftes Gespräch zwischen Manou und »Kleiner Rabe«, von Heiterkeitsausbrüchen unterbrochen. Leider verstehe ich nichts. Doch diesmal übersetzt es Mohammed für mich: »Warum bist du eigentlich nicht verheiratet?«, wollte Manou wissen. »Ach, ich hätte ja gerne eine Frau, aber mich will doch keine!« Und hoffnungsvoll setzte er hinzu: »Vielleicht sollte ich einmal nach In Salah fahren (das liegt über 700 Kilometer entfernt), vielleicht finde ich ja dort eine Frau, die mich heiraten will!!!« Armer »Kleiner Rabe«! Er ist jetzt schon 47 Jahre alt. Er sollte bald nach In Salah reisen.

Am nächsten Morgen kommen die Tante und ihre Enkelin Amanna. Um besser am Auge hantieren zu können, setze ich mich auf den Boden und lasse das Mädchen neben mir Platz nehmen. Ein wenig ängstlich aber auch verschämt kommt sie nun meiner Bitte nach, ihren Kopf auf meinen Oberschenkel zu legen. Körperliche Nähe ist bei den Tuareg verpönt. Aber nur so kann ich die eitrigen Verkrustungen mit einem sauberen Tuch und warmen Wasser bequem lösen. Es ist so schlimm, dass es mir nicht ganz gelingt. Die Augensalbe, zu solchen Zwecken extra mitgebracht, muss den Rest erledigen. So bestehe ich den Einstieg als Augenärztin schon ziemlich gut.

Am Nachmittag fahren wir im Wadi ostwärts. Dort wohnt, auch in Schilfhütten, die Tante mit ihrer Familie. Erfreut werden wir empfangen. Die Verkrustungen an den Wimpern sind verschwunden. Es sieht schon wieder ziemlich normal aus. Dennoch gibt es die zweite Behandlung. Sicher ist sicher! Tufat's tufat (Morgen früh) komme ich noch einmal und sehe nach dem Auge. Aber nicht darin reiben!!!

Und so wird es dann auch gemacht. In der klaren Luft der frühen Morgenstunde erscheint die großartige Bergkulisse zum Greifen nahe, als wir uns auf den Weg machen. Auch Amannas Augen blitzen fröhlich und blicken wieder ungetrübt umher. So bin ich froh, den Menschen hier mit meinen bescheidenen Mitteln auch einmal helfen zu können.

Einige Tage später sitze ich mit Mohammed beim Abendessen in meiner Zeriba. Wir haben seinen Vater zu Gast. Ich wollte schon lange den Namen der neulich Geehrten erfahren. Als ich Mohammed fragte, meinte der, er wüsste nicht, welcher der Richtige sei, er kenne zwei Namen. Nun kann der Vater sicherlich Auskunft geben. Der erzählt und erklärt auch offensichtlich Umfassendes zu diesem Thema. Ich kriege nur die Worte Iklan (Sklaven) und »Samara« mit. Doch als er endet, schweigt Mohammed beharrlich. Ist es ihm zu kompliziert, einen so langen Monolog zu übersetzen? Oder glaubt er, ich höre ja – und verstehe folglich – was gesagt worden ist?

Was ich mir zusammenreime, bestätigt er dann später aber erst auf meine Nachfrage hin kurz und bündig: »Ja, sie hieß Samara.«

Elektrofest

Weit im Westen, am Ausgang unseres Wadis, hat sich eine richtige kleine Siedlung herausgebildet. Im Laufe der Zeit ersetzte ein festes Haus nach dem anderen die Schilfhütten. Sogar Gärten wurden in einiger Entfernung angelegt.

Seit kurzem ist zu einem großen Wasserspeicher nun auch die Elektrizität hinzugekommen. Weithin verkünden die errichteten Strommasten an der nahen Straße vom Schritt in die Moderne.

Nun kann auch der Wasserspeicher mit einer elektrischen Pumpe versehen, das Wasser aus der Tiefe heraufpumpen und die Leute brauchen nur noch den Wasserhahn aufzudrehen – schon fließt das kostbare Nass. Diese Zapfstelle gibt es allerdings nur an einigen Stellen an der Dorfstraße, nicht in den Häusern. Das ist noch Zukunftsmusik.

Doch heute kommen die Honoratioren der Stadt und der Region in die kleine Ansiedlung, um diesen Anlass festlich zu würdigen. Deshalb ist ihnen zu Ehren und allen zur Freude ein Fest geplant – ein »Elektrofest« sozusagen.

Das wollen wir uns nicht entgehen lassen. Um halb neun Uhr fahren wir los. Manou ist mit seinem herausgeputzten Mehari schon voraus geritten. Wir sausen im Auto hinterher – und sind ein wenig zu früh da. Bei den Häusern werden wir von den Anwohnern herzlich begrüßt. Es wohnen schließlich viele Angehörige von Brahims Großfamilie dort.

Dann nahen die Kamelreiter. Was für ein prächtiges Bild! Unter dem weiten Himmel, die wilden Berge am Horizont, kommen sie angemessenen Schrittes herangeritten. Stolz und erhaben über jegliche Prahlerei geben sie sich, als wäre niemand anwesend. Und warum haben sie sich dann doch so herausgeputzt? Alles nur Schein!

Selbst in prächtige, wallende Gewänder gehüllt, leuchtend blau oft oder strahlend weiß, das Gesicht hinter einem teuren Indigo-Schesch verborgen, stellen ihre Kamele sie noch in den Schatten. Bunte Satteldecken konkurrieren mit herrlich gemusterten Ledertaschen. Lange Behänge vorwiegend in Rot- und Brauntönen haben kleine rote Schleifchen an den untersten Spitzen der Schmuckfäden. Dazwischen glänzt leuchtend eine Trinkschale aus Messing, die an einem langen Gurt angebracht ist. Quasten aus dünnen farbigen Lederstreifen und anderer bunt geknüpfter Zierrat hängen an allen möglichen und unmöglichen Stellen am Kamelsattel, dass es eine Pracht ist.

Die alte Dame, die mich neulich schon so warmherzig begrüßte, hält wieder meine Hand, zeigt auf sich und sagt: »Ana« (Mutter). Dann erzählt sie weiter von Mohammed. Aber dessen Mutter ist doch schon seit langem tot? Der erklärt mir später, dass sie eine Schwester seiner Mutter sei. Aber ist sie dann nicht auch eine Schwester von Amannas Großmutter? Die ist doch Mohammeds Tante? Oder hatten sie nur den gleichen Vater? Oder nur die gleiche Mutter? Ach, es ist sehr kompliziert, das verwandtschaftliche Geflecht dieser Menschen zu durchdringen. Aber verwandt sind sie alle irgendwie miteinander.

Doch nun gehen wir zum Festplatz. Es ist immer noch Zeit, so dass Sissi, ein Mann, der wohl hier die Organisation in den Händen hat, mir die herrlichen rot gefärbten großen Leder-Tuaregzelte mit all ihrem wunderschönen Schmuck zeigen kann. Doch im Vergleich zu den althergebrachten Lederzelten der Tuareg-Nomaden scheint es sich hier um nachgearbeitete Folkloreausstellungsstücke zu handeln. Die ausgelegten Teppiche und vor allem die Kissen darauf sind deutlich arabischer Machart. Sissi oder andere Organisatoren scheinen sie aus dem Fundus einer Tuareg-Soap entliehen zu haben.

In der Nähe der Zelte sitzt eine Gruppe Frauen eng beisammen. Sie sind in indigogefärbte Tücher gehüllt. Als weitere Kamelreiter eintreffen, werden die von den Frauen mit Trillern empfangen.

Inzwischen scheint auch die Presse angekommen zu sein. Eifrig machen sich die Fotoreporter an die Arbeit. Sie rücken den Frauen immer näher auf den Pelz. Unbeeindruckt beginnen die aber mit Trommeln und Singen.

Jetzt formieren sich die Kamelreiter zu zweit und reiten stolz auf ihren geschmückten Tieren an den Sängerinnen vorbei. Iludjan (zur Trommel, der Tinde, reiten) gehört zu den kulturellen Höhepunkten der Tuareg.

Es ist beeindruckend, wenn die Reiter auf ihren reich ausstaffierten Kamelen einher getänzelt kommen – unnahbar, würdevoll und doch einbezogen in den auf- und abschwellenden Issuhar – dem Gesang der Frauen. Obwohl sie die Frauen keines Blickes würdigen, bewegen sie sich vor ihnen unermüdlich und stolz in langen Passagen hin und her.

Da besteigt Mohammed ein großes weißes Kamel, das bisher abseits saß und nun ungehalten und laut protestiert. Im wilden Galopp kommt er direkt auf die Sängerinnen zu, so dass die Frauenfotografen in ihrer Nähe eiligst die Flucht ergreifen. Sie sind Nordalgerier aus der Stadt und kennen die Gebräuche der Wüste nicht.

Die Frauen bleiben ruhig und gelassen sitzen und singen und trommeln und trillern ungerührt weiter. Das gehört zum Spiel dazu. »Tinde reiten« bedeutet, sich zeigen, aber äußerlich ungerührt bleiben. Mohammed hat sich lediglich in die Phalanx der Reiter eingereiht und präsentiert sich nun wie die anderen Tindereiter im steten Hin und Her.

Plötzlich aber prescht er los, schert aus und lässt sein Kamel in die entgegen gesetzte Richtung rennen. Sollte nun doch das Kamel mit ihm durchgegangen sein? Nein, eine Wagenkolonne kommt, angeführt von etlichen Polizeiautos. Ist das schon der Chef der Region? Jedenfalls rast Mohammed auf die ankommenden Autos zu und alle seine Mitstreiter auf ihren Kamelen kommen hinter ihm her.

Ach, nur eine Musikantengruppe, einheitlich hellblau gekleidet, entsteigt den Autos. Einige weitere Offizielle sind bereits im Festzelt versammelt. Und so stehen nun die Reiter stramm Spalier, um auf ihren Einsatz zu warten. Doch der »oberste« Chef fehlt noch immer, schon mit einer Stunde Verzug. Es ist bereits Mittag. Normalerweise beginnt jetzt die Siesta, die doch selbst ein Regionalchef gewiss auch nicht auslässt.

Als nach einer weiteren Stunde noch immer alles wartet, gibt Mohammed auf und steigt vom Kamel. Wir fahren zur Zeriba und gönnen uns eine Zwischenmahlzeit.

Wieder zurückgekehrt, müssen wir feststellen: Der Chef der Region hatte wohl doch seine Siesta für eine Kurzvisite unterbrochen.

Die Größen der Regionalpolitik haben rasch die Elektrizität eingeweiht, sich fix huldigen lassen und sind umgehend wieder in die Stadt zurückgefahren. Auch der Rest der offiziellen Begleiter ist auf dem Rückmarsch und verlässt gerade die ihnen fremde Welt der nun sesshaft werdenden Nomaden.

Und so fahren auch wir heimwärts. Mit uns sind etliche Kamelreiter aufgebrochen. Und da kann einem schon das Herz aufgehen: Inmitten dieser wilden Landschaft, mit den schroffen Felsenbergen im Hintergrund, reiten die festlich gekleideten Tuareg auf ihren noch mehr herausgeputzten Kamelen mit wehenden Gewändern zwischen den Akazien im Wadi dahin. Wie lange wird man so etwas noch sehen können?

Kurzbesuch

Mohammed packt einige Lebensmittel in einen Sack, der für die Familie der Tante bestimmt ist. Natürlich will er mit dem Auto fahren. Ich aber möchte lieber laufen. Es ist ja auch nicht weit, vor allem, wenn man über die Felsen den Weg abkürzt. Also gehen wir zu Fuß.

Der Sack, den er nun für die Tante mitschleppt, scheint schwer und ich habe Mitleid mit dem armen Mohammed. Wir laufen die erste Strecke im Sand des Wadis. Dann, außer Sichtweite unserer kleinen Ansiedlung und nach einigen Überredungskünsten – schließlich ist es ja meine Schuld, dass wir nicht bequem fahren – darf ich den Sack auch eine kurze Strecke tragen. Er ist tatsächlich recht schwer.

Bald haben wir den Abzweig über die Felsen erreicht. Wir müssen ordentlich klettern, doch der Weg dort ist schon richtig glatt getreten. Erstaunlich aber ist, dass in der langen Zeit, in der man diese Abkürzung nutzt, niemand Steine zurecht gelegt hat, damit man bequemer steigen und klettern kann. Und klettern muss man! Wie mag die alte Tante, die gewiss über die Siebzig ist, diese schwierige

Strecke bewältigen? Zum Glück übernimmt nun Mohammed wieder den Trägerdienst.

Im engen Oued Ouanedjar, in das wir nun auf der anderen Seite des Berges gelangen, stehen sogar einige kleine dürre Akazien. Mühsam muss man sich daran vorbeischlängeln, um nicht von den Dornen festgehalten zu werden. Kniehoch hängt angeschwemmtes Gestrüpp am Stamm.

Und nun verstehe ich auch die »Nachlässigkeit« der Bewohner. Was nützt es, wenn man sich z. B. Steine wie eine Treppe anlegt! Die Natur ist stärker! Sie verwandelt bei Regenfällen mit tosenden, gurgelnden Wassermassen die Felsen und erst recht das Oued immer wieder in ein schwierig zu durchdringendes Chaos. Offenbar aus langer leidvoller Erfahrung versuchen die Nomaden nicht, sich die Natur untertan zu machen, sie nehmen sie so hin, wie sie ist.

Bald schon kann man die Zeribas sehen. Ziegen streunen herum, Kinder laufen hinterher. Hier in dieser Ansiedlung leben vorwiegend Frauen. Der Sohn der Tante, ein liebenswerter Mann mit einem verkrüppeltem Fuß, ist nicht da. Einen Mann, der in der Stadt Geld verdient, gibt es hier nicht. Deshalb ist Mohammed als Neffe in der Pflicht. Aber ich glaube, als Pflichtübung sieht er seine Hilfe gar nicht an. Ganz normal und selbstverständlich werden alle aus seiner großen Familie, die etwas brauchen, mit Lebensmitteln versorgt.

Er legt den schweren Lebensmittelsack einfach ab und dort bleibt er auch liegen, solange wir dort sind. Niemand beachtet ihn, obwohl alle ahnen, was er enthält. So sind die Anstandsregeln bei den Tuareg.

Ich bekomme nach der Begrüßung eine Gastdecke zum Draufsitzen hingelegt und eine weitere zum Armaufstützen. Man sitzt um mich herum auf dem puren Erdboden: Die Tante, Mohammed, eine seiner Schwestern und noch etliche andere Frauen.

Einige größere Kinder beaufsichtigen die Ziegen, die in der Nähe herumlaufen. Es werden auch einige gemolken. Bald erfahre ich auch, warum: Der Gast wird mit Essink bewirtet. Und ich bin heilfroh, dass ich mich schon gut an den Hirsepudding mit Ziegenmilchbeilage gewöhnt habe und ihm inzwischen sogar Geschmack abgewinnen kann.

Amanna, das Mädchen, dem ich vor einem Jahr mit ein wenig Bepanthensalbe die eitrigen Augen geheilt hatte, flirtet von weitem mit mir. Es gehört sich nicht, dass Kinder sich erwachsenen Gästen nähern oder sich gar in Gespräche einmischen. Aber ich freue mich, dass sie mich wiedererkennt und auch einmal schüchtern zurücklächelt.

Da macht mich Mohammed auf ein Aghlal, eine große Schüssel aufmerksam. Sie hat einen eigentümlichen Inhalt. Und so erfahre ich am lebendigen Beispiel, wie eine Guerba hergestellt wird.

Erst neulich wies mich Mohammed auf eine große Tamat-Akazie hin, die am Brunnen steht. Die Rinde eines solchen Baumes wird klein geschnitten und gekocht. In diesem Absud nun wird eine Ziegenhaut mit der Haarseite nach innen einige Tage eingelegt. Die Haut sollte natürlich makellos, sauber vom Fett gereinigt und ohne Löcher sein.

»Und warum liegen noch diese schmalen Palmblattstreifen mit darin?« Mohammed zeigt es mir: Sie werden, zu feinen Fäden zerteilt, als stabiles Nähgarn für die notwendigen Nähte an der Guerba benötigt. Das Tamat-Wasser soll auch sie geschmeidig machen.

Drinnen angenehme Kühle – wie in einem Kühlschrank!

Die einzigen Gegenstände bei der Herstellung einer Guerba, die nicht aus der Natur sind, ist die Schüssel, in der die Tierhaut gegerbt wird und eine lange eiserne Ahle, die die Nählöcher für die Palmblattstreifen bohrt, mit denen der Bauchschnitt mit einem überlappenden Streifen Leder zugenäht wird. Alle anderen Materialien kommen aus der Natur. Die Tuareg waren bis vor Kurzem ausschließlich auf ihre Umwelt, die rohstoffarme Wüste, angewiesen. Deshalb haben sie notgedrungen gelernt, sich der wenigen Materialien zu bedienen, die sie bietet. Doch schon längst ist diese autonome Lebensführung dem Untergang geweiht. In den Läden der Stadt gibt es Haushaltgegenstände und vor allem die »praktischen« Plastiktüten als Massenware. Nur leider sind sie nicht aus Naturmaterialien und können auch nicht, wenn sie nicht mehr brauchbar sind, sich einfach recyceln. Die Konsumgüterwirtschaft hat vergessen, zu ihren tollen Erfindungen in Afrika das Müllauto gleich mitzuliefern.

Aber nun weiß ich wenigstens, woher das Wasser, das in einer

Guerba aufbewahrt wird, seinen eigentümlichen Geschmack hat. Wenn auch mehr und mehr Plastikkanister zur Aufbewahrung des Trinkwassers verwendet werden, in einer Guerba hält es sich viel länger kühl!

Oftmals sieht man sie an einem Auto hängen. Sacht tropfen sie durch das Fell vor sich hin. Und gerade das ist gewollt! Denn durch das verdunstende Wasser entsteht drinnen angenehme Kühle – wie in einem Kühlschrank! Eine Technologie, die wir Europäer erst viel, viel später als die Nomaden zu nutzen wussten. Nur, wir verbrauchen dabei auch noch Elektrizität!

IX. Auf Reisen

Hier kann man Zwiesprache halten
mit der Natur ringsumher,
mit der Ferne, die lockt
und Antwort auf alle Fragen
zu verheißen scheint.

Rote Erde

Der Kurzbesuch bei Mohammeds Tante inspiriert mich zu weiteren Fragen. »Wurde früher das Leder der Zelte auch so gegerbt?« Und dann: »Liegt es an der Rinde der Tamat-Akazie, dass die Zelte eine so schöne rote Farbe haben?« Sie ist nämlich dafür verantwortlich, dass die Guerba innen ein wenig rot gefärbt ist.

Aber nun erfahre ich es genau: Die wunderschöne rotbraune Farbe eines »Ehen«, eines Lederzeltes, das früher zur Aussteuer eines jeden jungen Mädchens gehörte und immer in ihrem Besitz blieb, hat eine andere Herkunft.

Sie wird aus ganz besonderer Erde gewonnen. »Es gibt nur wenige Stellen, an denen diese Erde vorkommt. Eine ist gar nicht weit von hier.« Mohammed weiß auch das.

Und er erklärt mir noch mehr: Leder für das Zelt muss erst enthaart werden. Dazu verwendet man den milchigen und giftigen Saft der Torrha. Überall stehen sie herum, die Sodomsapfelbäume, manchmal mit hübschen zartlila Blüten und grünen, apfelgroßen Früchten zugleich.

Die rote Farbe der Zelte aber wird anders erzeugt. Lalla, die zuhört, weiß es noch: Diese rote Erde muss in Wasser aufgelöst werden. Hinzu kommt das Fett einer Ziege und vertrocknete und zerkleinerte Kamelköttel.

»Möchtest du den Platz sehen, an dem es diese Erde gibt?«, fragt mich Mohammed. Klar möchte ich das! Aber dazu müssen wir in die Berge. Ein Auto nützt da nichts. Manou muss uns behilflich sein; er hat die Kamele. Und: Er macht mit! Schließlich kann er da nebenbei Holz zum Verkauf schlagen. Das ist sein Geschäft.

Und so rüsten wir eines Morgens zur Karawane. Die zurückbleibenden Frauen und Kinder sitzen vor meiner Zeriba und geben mir das Geleit, obwohl wir nur zwei Tage unterwegs sein werden.

Mohammed und Manou sind mit dem Beladen der Kamele beschäftigt. Limane, der zur Zeit Ferien hat, steht dabei und sieht sehnsüchtig zu. Sicher möchte er gern mitkommen. Aber er wird noch nicht für voll genommen, weil er doch fast immer in der

Stadt im Internat der Schule ist und dort mit Kamelen nichts zu tun hat.

Endlich geht es los. Zunächst zu Fuß. Zur allgemeinen Erheiterung habe ich mir entgegen aller Integrationsgelüste einen Schesch umgewickelt und ein langes einfarbiges Kleid, wie eine Gandoura, angezogen. Manou findet das ganz besonders putzig: »Wie ein Mann!« Das ist auch meine Absicht.

Tuaregfrauen reiten nicht auf Kamelen. Auch nicht früher, als es noch keine Autos in der Wüste gab. Damals saßen sie bei weiten Touren wie in einer Kutsche hoch oben im Takhaouit, der Kamelsänfte. Sie wurde auf dem Kamelrücken angebracht. Aber die gibt es heute nicht mehr.

Ich aber werde mich als Mann sogar erdreisten, bei den Männern am Lagerfeuer zu sitzen. Ich will als Kamerad angenommen und nicht wieder als Frau abseits deponiert werden. Deshalb also die »Verkleidung«.

Aber nun muss ich mich auch als Mann erweisen und führe mein Kamel wie sie. Erst später sitzen wir auf. Leider kann ich nicht wie sie auf das stehende Kamel geschickt über den Hals des Tieres kletternd hinaufgelangen, sondern muss nun doch als hilfsbedürftige Europäerin über Mohammeds aufgestelltem Knie aufsteigen. Das ärgert mich schon ein wenig. Aber es geht nicht anders.

Kurz vor der Felspassage halten wir an. Nun geht es zu Fuß bergan auf einem schmalen Pfad, der sich um Felsen schlängelt, über große und kleine Steine steigt und sich abenteuerlich an Abgründen entlang windet. Die Kamele werden dabei geführt.

Auch wenn ich genau auf den Weg achten muss, um nicht zu stolpern oder gar zu stürzen, gefällt es mir außerordentlich, hier durch die Wildnis des Hoggar zu steigen. Hierher gelangt kein Auto!

Mitten in einer Schlucht liegt ein riesiger Felsbrocken mit einem Loch, an dessen Boden viele kleine Steine liegen. Mohammed macht mich darauf aufmerksam und wirft noch einen dazu. Sicher als gutes Omen. Doch welcher Aberglaube mag sich dahinter verbergen?

Lange Zeit führen wir die sechs Kamele durch diese wilde, menschenleere Landschaft. Erst als die Sonne hoch im Zenit steht, gelangen wir in eine Ebene, die, von hohen Felsenbergen eingerahmt, einer Caldera ähnelt. Im schmalen Schatten einer kleinen Felsgruppe errichten wir unser Lager. Hier finden die Kamele gute Weide.

Und schon bereitet Mohammed den Mittagssalat, Manou kocht den unvermeidlichen Tee und ich baue mein Zelt auf.

Als die Männer ihr Mittagsschläfchen genießen, kraxele ich einstweilen in den Felsen herum, die die Ebene wie einen Kessel einschließen. Eine tolle Aussicht belohnt mich. Tief unter mir erscheint unser Lager winzig klein. Vor allem aber hat es mir der Blick über das weite Land angetan. Unendlich weit in der Ferne schimmern neue Gebirgsketten blau am Horizont.

Zurückgekehrt begleitet mich Mohammed zu einer Führung zum »Abbaugebiet« der roten Erde. Ich bin gespannt! Aber, wie alle »normalen« Abläufe bei den Tuareg, ist es wenig spektakulär. Gar nicht weit von unserem Lagerplatz, am Abhang eines Berges, kann man schon von weitem in der Erde lediglich einige tiefe Löcher erkennen. Ringsherum ist der Boden deutlich rot gefärbt.

Es ist gut zu erkennen, dass man hier schon seit Generationen roten Erdfarbstoff für die Lederzelte herausholt. Eines der Löcher ist etwa einen Meter tief, aber so schmal, dass dort gerade einmal ein Mensch stehen kann.

Wahrscheinlich wird dieses Verfahren der Farbgewinnung bald gänzlich der Vergangenheit angehören. Kaum ein Tuareg wohnt noch im Lederzelt und auch die anderen Gebrauchsgegenstände werden immer weniger selbst gefertigt, sind statt dessen in der Stadt gekauft – made in China.

Ich nehme mir ein Tütchen dieser Erde als Andenken mit. Am gegenüberliegenden Hang sind auch einige kleinere Löcher zur Erdgewinnung gebuddelt. Dort hinauf kraxeln wir und setzen uns zu einer kleinen Rast. Am Horizont zeigt mir mein Guide den markanten Berg, zu dessen Füßen das Oued Ouarsin liegt. Dort waren wir im November 2009. (siehe »Pathfinder«)

Das sind schöne Erinnerungen. Mohammed wird es ähnlich gehen. Wohl deshalb stimmt er ein Lied an. So träume ich mich, von seinem Gesang begleitet, in die Weite. Es gibt schon einige wunderbare Stellen hier im Gebirge, die ich bereits kennengelernt habe. Aber es gibt noch viel mehr geheimnisvolle faszinierende Gegenden, die ich gern noch erkunden möchte.

Manou ist inzwischen auf Brennholzsuche – für die Familie und vor allem zum Verkauf in der Stadt. Hier in dieser menschenleeren Gegend hofft er fündig zu werden. Zurückgekehrt hilft ihm Mohammed bei der Suche. Laute Axtschläge hallen in den Bergen wider.

Ich habe frei und kann mir nach Herzenslust alles im näheren Umkreis ansehen. Natürlich klettere ich wieder in den Felsen herum und finde sogar einen Pyritstein – Katzengold.

Es ist 17.15 Uhr. In Deutschland ist jetzt im Dezember längst dunkle Nacht und sicher alles trostlos grau und nass. Hier aber scheint noch die Sonne vom blauen Himmel herab. Aber im Schatten ist es schon ziemlich kalt. Und sie werden immer länger, die Schatten. Die untergehende Sonne taucht die Felsen in ein goldenes Licht. Nur der Wind hat aufgefrischt und weht eisig.

In meine warme Daunenjacke gekuschelt sitze ich später beglückt im Schutze der Felsen unter den Sternen des Hoggar – am Lagerfeuer in der Zentralsahara. Nirgendwo anders möchte ich jetzt sein!

Manou kocht mir einen extra guten Kräutertee, der hoffentlich meine afrikanische Darmflora an die Kandare nimmt. Für den Notfall habe ich zwar immer Tabletten dabei, aber so ein Tee ist doch immer wieder etwas ganz besonderes, vor allem, wenn er mit so viel Fürsorge zubereitet wird.

Das Abendessen ist mit der in der heißen Asche gebackenen Tagella ein typisches Tuaregmahl, zu dem ich neben den Männern sitzen darf! Schließlich bin ich mit dem Schesch ein Targi!

Morgen ist Heiligabend. Hier aber steigt der Orion über den Felsen empor und trägt mich in die Träume meiner Kindheit …

Die Nacht war windstill und nicht so kalt wie befürchtet. Das Überzelt allerdings, dass ich auf Mohammeds Rat hin wegen des kalten Abendwindes noch übergezogen hatte, musste erst zum Trocknen ausgebreitet werden. Es war von der Atemluft innen ganz nass geworden.

Nach dem Frühstück gebrauchen die Männer ihre aufgenommenen Energien, um das zusammengetragene Holz in Stücke zu zerteilen und dann in handliche Bündel zusammenzupacken. Nur mit Mühe gelingt es Mohammed eines der Bündel anzuheben, so schwer ist das Akazienholz.

Während die Männer die Kamele mit dem Holz beladen, fotografiere ich »Knubbelchen«. Ich hätte es nicht erkannt, Mohammed musste mich erst darauf hinweisen. Es ist das gleiche Kamel, auf dem meine Enkeltochter Ulla vor fünf Jahren ritt und das jetzt mein Reittier ist. Weil es auf der Nase einen Schönheitsknubbel trägt, bekam es von ihr den Namen »Knubbelchen«.

Unweit unseres Lagers finde ich Tonscherben. In dieser Einöde müssen früher Menschen gewohnt haben. Aber wahrscheinlich stammen die Scherben von hier rastenden Nomaden, die sich rote Erdfarbe holen wollten.

Nun haben die Männer alle Holzbündel und unser Gepäck aufgeladen. Aber zwei Kamele sind noch ohne Last. Wir führen unsere kleine Karawane ein Stück weiter hinter einen Felsenberg. Dort haben die Männer bereits gestern einige Holzbündel deponiert. Während ich die beladenen Kamele zu bändigen habe, werden die letzten beiden zu den Holzbündeln geführt und bekommen nun ihren Packen aufgebürdet.

Meine Aufgabe ist sehr verantwortungsvoll: Ich muss auf die beladenen Kamele aufpassen. Doch die mir anvertrauten Tiere wollen unbedingt ihren Kameraden nachlaufen. Da habe ich alle Hände voll zu tun. Ich kann allemal »Brrrr« und »Halt« rufen und am Zügel ziehen. Sie sind stärker. Nur gut, dass die Männer bald fertig sind. Als selbsterwählter »Targi« kann ich mir doch nicht so eine Blöße geben!

Während die Männer Mühe hatten, zu zweit ein Bündel anzuheben, um es am Rücken der Tiere festzumachen, schleppen die Kamele gleich zwei dieser sperrigen Holzbündel bergab auf schwierigem, gewundenen Pfad durch die Felsen.

Die Männer kümmern sich um je zwei Lastkamele, ich darf die Reitkamele führen. Ja, es sind nur noch zwei, denn Mohammeds Reittier musste seinen Stand wechseln, ist zu einem Lastkamel herabgesunken. Es gab mehr Holz als gedacht!

Was für ein herrlicher Tag! Ich bin mitten in der Sahara und habe zwei Kamele am Zügel, die lieb und brav mit mir durch die wilde, ursprüngliche Felsenwelt steigen. Die Sonne scheint vom blauen

Himmel herab und jetzt im Dezember ist es auch des Mittags nicht zu heiß. So habe ich es mir immer gewünscht: Mit den Männern auf Kamelen durch den Hoggar ziehen! Was für ein Abenteuer! Ich bin restlos glücklich – und das am Heiligen Abend.

Als wir unten im sandigen Wadi ankommen, wird Mittagsrast gemacht. Mohammed kocht Makkaroni. Aber erst als ich eine Apfelsine schäle und in drei Teile zerlege, denke ich an das Weihnachten meiner Kinderzeit. Damals waren Apfelsinen eine Rarität – zum Fest von meiner Tante aus dem »Westen« geschickt. Auch sie wurden sorgfältig geschält und geteilt. Keiner sollte zu kurz kommen. Welche Entwicklung gab es bisher für mich! Ich fühle mich in hohem Maße begünstigt und bin meinem Schicksal unendlich dankbar.

Manou kocht anschließend den unvermeidlichen Tuareg-Tee. Mohammed scheint es geschmeckt zu haben. Während der Siesta macht er extra eine Kuhle für seinen vollen Bauch in den Sand. Da komme ich auf die Schönheitsgepflogenheiten in Europa zu sprechen, mit Fettabsaugen und Sportübungen für den straffen Waschbrettbauch. So'n Quatsch! Darüber mag er nicht einmal nachdenken. Ein dicker Bauch beweist doch deutlich, wie gut es einem geht! Aber ich hätte das Thema heute vielleicht doch nicht anschneiden sollen. Denn sein dicker Bauch hat ein Nachspiel. Erst hat er sich mit dem schweren Holz überanstrengt und dann zu viel gefuttert! Was zu viel ist, ist zu viel. Und nach einigen Qualen und Manous besorgten Blicken wird er's dann zum Glück auch wieder los und es geht ihm besser.

Trotz alledem denkt er auch an die Ziegenhirtinnen und schnürt ein kleines Fresspaket. Schon nach einer kurzen Wegstrecke treffen wir auf eine Herde und die begleitenden Damen freuen sich über seine leckere Gabe. Nach dieser guten Tat geht es ihm sichtbar besser.

Erst kurz vor Sonnenuntergang sind wir wieder zurück. Nun erst wird Aischa mein Männeroutfit bewusst. Warum ich keinen Tissarnast trage, möchte sie wissen. Die wahren Hintergründe wären ihr fremd. Das Betätigungsfeld der Männer und der Frauen ist deutlich voneinander abgegrenzt. Niemals fiele es einer Frau ein, mit den Männern, noch dazu auf Kamelen, ins Gebirge zu reiten.

So erkläre ich ihr mit deutlicher Pantomime – auch völlig wahrheitsgemäß – dass ich dieses Gerutsche und Gehänge nicht mag. Es hindert mich am Gehen, an allen Bewegungen, denn die lange Stoffbahn bleibt zumindest bei mir nie an der Stelle, die ihr zugedacht ist. Wie die Frauen hier damit fertig werden und dabei auch noch ihre Arbeiten verrichten können, ist mir schleierhaft.

Zum Abend gibt es auf meinen Wunsch Linsensuppe, die Mohammed und ich zum Erstaunen von Limane und Aischa, die heute mit uns das Abendessen teilen, mit reichlich Zucker würzen und es uns wohlschmecken lassen.

Und weil heute Heiligabend ist, gibt es noch ein Flötenkonzert von Mohammed.

Spurensuche

Meine Freundin Heidi hatte ein altes Buch, Mitte der siebziger Jahre erschienen, wieder entdeckt und mir geschickt. Es heißt: »Die verschleierten Männer«!

Was für ein Fund! Günter Nerlich, ein DDR-Reporter, hatte seinem Buch über eine »Expedition« nach Nordafrika diesen Titel gegeben, denn es handelte vorwiegend von den Tuareg des Hoggargebirges. Für mich ist das ein Quell vieler interessanter Informationen. Aber seit dem Erscheinen des Buches sind über 40 Jahre vergangen und auch bei den Tuareg hat die Zeit Veränderungen gebracht.

Ich zeige Brahim das Buch und erzähle ihm, dass es jemand geschrieben hat, der vor vierzig Jahren aus Deutschland hierher in die Sahara gekommen war, um das Leben der Tuareg kennenzulernen. Interessiert blättert er jede Seite um, schaut sich jedes Bild genau an. Als ich dem Text den Namen Marly ag Amaja, des damaligen Amenokal, des »Königs« der Hoggartuareg, entnehme, lacht er wegwerfend. »Der war niemals Amenokal! – Höchstens einer seiner Berater!«, übersetzt mir Mohammed. Nanu, wer hat sich denn da mit fremden Federn geschmückt?

Die »Saharaexpedition« bat damals einen Tuareg vom Stamm der Tegehe-n-Efis, sie zu den Kel Rela, dem adligen Stamm zu führen, aus dem der Amenokal stets hervorgeht. Und dieser Führer hieß Kadi Ben Beschah. Jetzt wird Brahim aufmerksam. Klar kennt er den. Der lebt sogar noch – jetzt ist er über achtzig Jahre alt! Das Gebiet der Tegehe-n-Efis grenzt an das Gebiet der Aguh-en-Tehle, zu dem Brahims Familie gehört.

Lebhaft erzählt Mohammeds Vater weiter. Nur leider kriege ich das nicht mehr übersetzt. Mohammed ist zu interessiert. Es scheint, vieles von dem, das er jetzt von seinem Vater erfährt, ist ihm neu. Kein Wunder, fragen doch Söhne niemals ihre Väter nach deren Vergangenheit. Das gehört sich nicht!

Aber wenn der Targi, der die Expedition damals zum Amenokal führte, noch lebt und sogar bekannt ist, dann könnte man ihm doch mal einen Besuch abstatten? Vielleicht weiß er noch mehr zu berichten und freut sich, das Buch, in dem er erwähnt ist, zu sehen?

Also planen wir eine Tour zu den Tegehe-n-Efis, zu Kadi Ben Beschah!

Gesagt, getan! An einem frühem Maimorgen starten wir. Es ist sogar noch etwas kühl, als wir von Aischa und Lalla verabschiedet werden. Dann geht es am Brunnen vorbei, wo Manou gerade seine Kamele tränkt, immer weiter Richtung Südwest. Der Tandjer, ein markanter Berg, begleitet uns am westlichen Horizont.

Durch das Wadi Amassara fährt Mohammed mit ernster Miene. Erst auf meine vehemente Nachfrage erfahre ich, dass es hier viele Gräber von Familienangehörigen gibt. »Dort ist mein Cousin begraben«, sagt er und weist auf den Rand des Wadis. Nomaden begraben ihre Toten gleich in der Gegend, wo sie gestorben sind. Das ist bei den Klimaverhältnissen auch notwendig.

Aber wieso gibt es gerade an dieser Stelle so viele Gräber? Darauf bekomme ich keine Antwort. In seine Gedanken vertieft, spricht er mir statt dessen ein Poem auf Tamahaq, dann übersetzt er es für mich etwa so:

»Im Wadi Amassara gab es viele Kämpfe
Die Ikufar (hier: Franzosen) haben Gewehre
Die Tuareg haben Speere und Schwerter
Ich auch!

Ich kämpfe mit Speer und Schwert
Bis ich im Blut wate.«

Es bezieht sich auf die Kämpfe zwischen Tuareg und Franzosen zu Beginn des vergangenen Jahrhunderts, die auch genau hier im Siedlungsgebiet zwischen Tegehe-n-Efis und Aguh-en-Tehele ausgetragen wurden. Für die Menschen, die hier leben, ist das wohl noch heute gegenwärtig.

Es ist eine völlig andere Erfahrungswelt, die Mohammed seit seiner Kindheit begleitet. Immer wieder stoße ich darauf und muss umdenken. Schon solch eine gänzlich andere Biografie, eingebettet in eine andere Umwelt, bringt natürlich auch andere Einstellungen, eine vollkommen andere Sicht auf die Dinge mit sich.

Im nächsten Wadi zeigt mir Mohammed einen großen Stein mit vielen Tifinagh-Zeichen. Der Stein heißt »Ablal Noranis«. Aber obwohl das Tifinagh die Schrift der Tuareg ist und Mohammed die einzelnen Zeichen kennt, kann er den Text nicht lesen. Tifinagh kommt fast ohne Vokale aus und beginnt an der Stelle, die der Schreiber gewählt hat. Man kann also von oben nach unten, von rechts nach links aber auch umgekehrt angeordnet schreiben – oder gar im Kreis.

Bald säumen Gärten den Rand des nächsten Wadis. Buschige Äste, dicht als Zaun in den Boden gesteckt und miteinander verwoben, sollen die gefräßigen Ziegen und andere Räuber abwehren. Nah davor, im Sand des Wadis, sind große tiefe Löcher gegraben: die Brunnen. Mit darüber gelegten Ästen gekennzeichnet, verfügen sie sogar über Benzinpumpen, die das Wasser in dicken Schläuchen in die Gärten leitet. Zu Günter Nerlichs Zeiten dachte ganz bestimmt niemand an eine solche Entwicklung.

Damals legten nur dunkelhäutige Haratin Gärten an und verdienten sich so ihren Lebensunterhalt. Sie sollen Nachfahren ehemaliger freigelassener Sklaven sein. Aber nun sind hier im Süden Algeriens viele Tuareg-Nomaden bereits sesshaft geworden und betreiben die früher verpönte Tätigkeit selbst.

Mohammed begrüßt einen der Gärtner. Obwohl er weit vom heimatlichen Wadi entfernt ist, scheinen sie sich doch zu kennen. Wie sich herausstellt, ist es ein Verwandter aus der Familie von Mohammeds längst verstorbener Mutter. Wir werden weitergeschickt.

Der nächste Gärtner muss erst zwischen seinen grünen Beeten gesucht werden. Er heißt Moussa. Der Garten ist ziemlich groß – das bedeutet viel Arbeit, aber auch reichliche Ernte.

Stolz führt er mich nach der Begrüßung herum. Die Gärten in der Wüste sind ein wenig anders angelegt, als die Gärten bei uns in Europa. Während wir die Wege zwischen den Beeten festtreten und so absenken, ist in der Wüste das Beet tiefer gelegt und die einzelnen Anbauflächen werden durch kleine Dämme getrennt. Das ist notwendig, weil so die Beete leichter bewässert werden können. Zucchini, Tomaten, vor allem aber Mais, auch Kürbisse und Wassermelonen wachsen hier prächtig.

Zwei Töchter von Moussa haben unter einem Baum ein kleines Feuer für den unvermeidlichen Tee brennen. Die Kännchen stehen schon parat. Die Mädchen mögen fünf und neun Jahre alt sein. Die ältere ist mit einem schicken langen Jeansrock bekleidet. »Issemenem kamm?«, will ich wissen. Und so erfahre ich, dass die beiden Fatma und Nana heißen.

Es geht auf zwölf Uhr zu und Mohammed wählt gleich den Platz unter einer weit ausladenden Akazie im Wadi vor Moussas Garten als Mittagslager. Aber erst müssen die vielen stachelbewehrten Zweige, die rings um den Stamm am Boden liegen, entfernt werden. Nur gut, dass Moussa uns dazu seinen Harken ausleiht.

Es ist inzwischen unglaublich heiß geworden. Mein Gesicht glüht hochrot, obwohl ich beständig und fast reglos im Schatten der Akazie sitze. Während sich der fleißige Mohammed um das Mittagessen kümmert, liege ich apathisch auf einer Matte und sehe in das dichte Gezweig über mir. Den Vögeln dort oben scheint die Hitze nichts anzuhaben. Sie hüpfen im Geäst herum, äugen nach unten in die zusammengeharkten trockenen Zweige, um sich dann sofort an den aufgescheuchten Raupen zu bedienen. Für sie ist der Tisch schon gedeckt.

Auch Mohammed beobachtet das. Deshalb spricht er mir einen Kinderreim über die Neuntöter, die hier Egadirdaghen heißen, vor:

»Egadirdaghen
Warum hast du so schwarze Anaghen? (Augenbrauen)
Ich aß zu viele Ahaghen« (Feigen)«

Zum Essen kommen Moussa und seine Töchter zu uns. Mit Keksen beladen gehen die beiden Mädchen dann nach Hause. Er aber leistet uns Gesellschaft.

Und nun erfahre ich, WER dieser Moussa ist! Wir haben unser Ziel erreicht! Nein, Moussa ist nicht der Targi aus dem Buch, der die Deutschen zu den Kel Rela und damit zum angeblichen Amenokal führte. Aber es ist sein Bruder!!! Leider, leider befindet sich Kadi Ben Beschah, der nun alte Targi, weit weg in der Stadt, in Tamanrasset. Wie schade!

Nur, Moussa ist höchstens Mitte dreißig und Kadi müsste in den achtziger Jahren sein. Wieso aber sind sie dann Brüder? Wie kann das gehen? Mohammed erklärt es mir. Der Vater der beiden hatte vier Frauen – nacheinander. Kadi war von der ersten Frau und Moussa ist von der letzten, der vierten. Deshalb gibt es den enormen Altersunterschied. Ach, Männer sind doch überall auf der Welt gleich eitel! Da hat der Vater von Kadi Ben Beschah mit bald siebzig Lenzen noch einmal eine junge Frau geheiratet und mit ihr Kinder gezeugt!

Und nun erfahre ich noch weitere Familienverbindungen. Die einäugige Schwiegertochter von Mohammeds Tante ist eine Schwester von Moussa. Hier hat man also über Stammesgrenzen hinweg geheiratet.

Nun hole ich das Buch hervor und zeige es wenigstens dem Bruder. Interessiert sieht der sich die alten Fotos an. Leider haben sie keine Untertitel. So ist auch nicht herauszufinden, wen sie zeigen. Auch Moussa erkennt niemanden. Es ist wirklich schade, dass der Führer des deutschen Teams von damals nicht anwesend ist.

Aber möglicherweise hätte der sich auch gar nicht mehr an die Ereignisse vor so langer Zeit erinnert. So wichtig war ihm die Begebenheit vor 40 Jahren sicher nicht. Jedenfalls hat er sich auch später nie bei Mohammed nach diesem Buch erkundigt.

Am späten Nachmittag, als die Sonne schon im Sinken ist und ihre heißen Strahlen mich nicht mehr zu arg quälen, machen wir uns auf dem Rückweg. Dabei kommen wir an einem der Gärten vorbei, die diesem Kadi Ben Beschah gehören. Also hat auch er sein Nomadentum abgelegt und sich modernisiert. Dank der Wasserpumpen sprießt üppiges Grün wie in Moussas Garten. Die gelben Blüten der Sonnenblumen, die auf einem großen Beet wachsen, sehen über den hohen Ästezaun zu uns herüber. Bewirtschaftet wird der Garten freilich von jungen Leuten. Dort versorgen wir uns mit Wassermelonen und Mais. Und so haben wir wenigstens etwas von Kadi Ben Beschah auf der Heimfahrt dabei.

Ahidja

Am späten Nachmittag fahren wir wieder einmal zur Tante im Wadi weit östlich meiner Zeriba. Ich hatte für sie eine Solarlampe mitgebracht. Die hat in der Wüste große Vorteile, denn da braucht man keine Batterien.

Die Tante ist die Schwester von Mohammeds verstorbener Mutter. Angekommen bekomme ich wie immer eine Decke zum Daraufliegen und eine weitere zum Aufstützen des Armes, denn ich bin der Ehrengast. Alle anderen sitzen auf der bloßen Erde.

Nach der üblichen ausgiebigen Begrüßung wird dann die Lampe hervorgeholt und erklärt und deren sorgfältige Nutzung an das Herz aller gelegt. So ein fremdartiges Ding aus Europa ist eben kein Wunderding und verfügt nicht über die robusten Qualitäten, die ein Wüstenhaushalt erfordert. Es kann leicht seinen Dienst quittieren, wenn die Kinder zwischenzeitlich ein wenig damit spielen oder wenn es tagsüber irgendwo im Sand abgelegt und vielleicht von den Ziegen angeknabbert wird. Sind die Kabel abgerissen oder hat der Sand das Modul zerkratzt, funktioniert auch die Lampe aus Europa nicht mehr.

Wir sitzen hier den wilden Bergen viel näher. Deutlich kann man jeden Spalt, jeden schroffen Grat erkennen. Ich bin immer wieder aufs Neue begeistert. Eine grandiose Landschaft, die ihren vulkanischen Ursprung nicht verhehlen kann.

Man unterhält sich. Da zeigt mir Mohammed eine junge Frau. Sie hatte sich am Fuß verletzt. Holzsplitter waren am Knöchel und unter dem Fuß erst viel zu spät entfernt worden. Solche für Europäer bedenkliche Wunden werden hier ganz einfach ignoriert. In der Welt der Tuareg ist man nicht zimperlich oder gar wehleidig. Doch dann hatten sich die Wunden entzündet und erwiesen sich beim täglichen Gehen mit den Ziegen als besonders hinderlich. Nun hatte sie dicke »Pflaster« darauf geklebt. Mohammed erklärt mir, dass diese Pflaster aus salzhaltiger Erde gemacht sind, die es nur an einer ganz bestimmten Stelle, ca. siebzig Kilometer von hier entfernt gibt.

Wahrscheinlich sind diese Erdpflaster wesentlich dauerhafter. Unsere Leukoplastaufkleber verlieren im Sand rasch ihre ihnen zugedachte Aufgabe, lösen sich allzu schnell und die aufgebrachte Heilsalbe scheuert sich sofort wieder ab. Schmutz kann erneut in die Wunde eindringen. Das Erdpflaster aber hält besser, schließt die Wunde sicher und das Salz heilt.

»Wenn du willst, können wir nach Ahidja fahren, wo es diese Erde und auch heilendes Wasser gibt. Vor allem Frauen kommen dorthin, um sich zu heilen.« Na wenn das kein guter Vorschlag von Mohammed ist!

Einige Tage später soll es losgehen. Wir stehen früh auf und beladen das Auto mit den nötigen Lebensmitteln und all den Dingen, die man für eine längere Reise benötigt.

Wir sind tatsächlich auch lange gefahren. Siebzig Kilometer in der Wüste über Stock und Stein, fast ausschließlich ohne geebnete Piste, lassen sich nicht so rasant wie auf einer deutschen Autobahn überwinden. Wir fahren gen Südwesten bis zu einer Bergkette. Sicher hat sich diese besondere Erde dort am Fuße der Berge angesammelt, vermute ich. Die Landschaft ist ziemlich eintönig. Nicht nur die felsigen Berge, auch die Hügel davor sind kahl und erdbraun. Keine interessanten Formationen halten das Auge fest.

Hier also soll es das heilkräftige Wasser geben? Das kann ich kaum glauben, denn auch die Vegetation hat sich in dieser unwirtlichen Gegend vollkommen zurückgezogen. Selbst hilfesuchende Menschen sehe ich nicht. Nichts erinnert an ein vielbesuchtes »Heilbad«!

Doch Mohammed lenkt das Auto nicht zu der Gegend am Fuße der Berge, sondern hält sich weiter links. Die Landschaft ist hügelig und öde.

Er steuert auf eine einsame kleine Akazie zu. Erst als wir uns schon fast davor befinden, erkenne ich warum. Mehrere Frauen haben dort mit ihren Kindern ihr Lager aufgeschlagen. Kleine Planen unter den Ästen des dürren Baumes halten Wind und Sonnenstrahlen nur dürftig ab.

Ein kleines Mädchen hat einen dicken, aufgeblähten Bauch. Deshalb sind sie hier, am heilkräftigen Wasser. Und schon wird mir, der allwissenden Europäerin, die Kleine vorgestellt. Ob ich ein Medikament für sie habe? Natürlich nicht. Ich bedaure immer wieder, über nur unzureichende medizinische Kenntnisse zu verfügen. Wie oft schon hätte ich helfen können!

Eine Fehlernährung scheint aber nicht vorzuliegen, denn wie ich deutlich sehen kann, haben die Geschwister dieses Problem nicht. Vielleicht ist es eine Geschwulst? Das Kind sollte einem Arzt in Tamanrasset vorgestellt werden. Aber so eine für sie fremdartige Behandlung wird bei den Nomaden tunlichst vermieden. Und ich denke an meinen Vater in Deutschland, der Arztbesuche auch ablehnte und lieber »litt«.

Wir fahren ein kleines Stück weiter, direkt zum »Heilbad«. Aber die etwas wellige Landschaft bleibt noch immer völlig kahl. Wo sollte man hier baden können? Niemand ist zu sehen. Doch Mohammed steigt aus und marschiert los. Plötzlich verschwindet er im Boden. Das Erdloch, in das er unmittelbar vor mir abgestiegen ist, hat etwa drei Meter im Durchmesser, ist zirka zweieinhalb Meter tief und senkt sich steil in den harten Boden. Nichts rings umher deutet darauf hin.

Unten stinkt eine flache, ölig grün schillernde Brühe herauf, in der nun Mohammed gläubig herumwatet. Vielleicht wird ja sein Fuß besser! Die Bänder und Sehnen seines rechten Fußes schmerzen. Ich wage mich nicht hinein und bekomme von ihm dazu auch die Zustimmung: »Es sind tote Tiere drin.« Huuuuch!!! Was sollen das für Tiere sein? Vögel, die ihren Durst stillen wollten, hinein stürzten und ertranken? Ich kann nichts in der fragwürdigen Flüssigkeit erkennen und erfahre es auch nicht.

Ganz bestimmt aber hat sich das Wasser in der langen Geschichte der Tuareg und vielleicht schon der anderen Völker vor ihnen hier bei den verschiedensten Beschwerden als hilfreich erwiesen. Zumal, wenn es keine anderen Möglichkeiten der Heilung gibt. Warum sollen die im Boden befindlichen Mineralien, die sicher hier eine besondere und konzentrierte Zusammensetzung haben, nicht auch über eine heilende Wirkung verfügen? Die deutliche Nutzung über einen sehr langen Zeitraum spricht für sich.

In diesem Zustand allerdings gleicht das Wasser eher einer übelriechenden Kloake. Aber wer glaubt, dem wird geholfen. Das ist genau so wie am heiligen Ganges.

Nur wenige Schritte entfernt beinhalten blank gewaschene felsige Strudellöcher im Boden klares Wasser, das man trinken kann. Mohammed meint, es wäre allerdings sehr sauer. Die Begleiter der Kranken müssten deshalb stets Trinkwasser mitnehmen, wenn hier gekurt werden soll. Ich denke, dass auch dieses Wasser über eine gewisse Heilkraft verfügt. Es müsste nur einmal chemisch untersucht werden.

Weiter steigt Mohammed ein Stück auf eine kleine felsige Anhöhe, um das Terrain zu sondieren. Dort soll es ein größeres Trinkwasserguelta geben. Ich höre die Antwort einer Frauenstimme von unten, die ihm auf seine Fragen antwortet. Dann kommt er zurück und erklärt mir: »Du kannst gehen und auch fotografieren.« Als Mann hat er dort nichts zu suchen, denn die beiden Frauen haben sich für hiesige Verhältnisse »nackt« ausgezogen, d.h., sie laufen in der Unterwäsche – sprich: im Unterrock – herum. Man kann ihre gewaltige, wohl gerundeten Arme bis zur Schulter betrachten. Und auch der bedeckte Rest des Körpers straft diesem Eindruck keinesfalls Lügen, sondern unterstützt in freundlicher Weise die Vorstellung von wonnigen weichen Massen.

Es sind ganz bestimmt keine Nomadenfrauen, die täglich mit den Ziegen gehen müssen. Sie sind wahrscheinlich aus der Stadt. Die Frauen dort halten sich bequem und züchtig fast nur in ihrem Hause auf und bewegen sich folglich kaum. Stolz tragen sie ihre Fülle zur Schau. In einem Landstrich, in dem man jahrtausendelang nur das Nötigste zum Leben hatte, ist es eben schön, dick zu sein, denn es zeugt von Wohlhabenheit und Reichtum. Das war bei uns zu Rubens Zeiten ganz genau so. Allerdings öffnet das bei einer solchen abrupten Änderung der Lebensverhältnisse der Diabetes Tür und Tor! Vielen Wüstenbewohnern ergeht es so. Aber da hilft auch kein Heilwasser, da müsste man nur wieder zu der einfachen Kost und den täglichen Gängen mit den Ziegen zurückkehren …

Diese beiden gewichtigen Damen nun haben große Wäsche. Ich frage mich, warum sie das hier mit dem sauren Wasser betreiben. Denn mit Savon – Waschpulver – wird nicht gespart.

Ich begrüße sie mit einem freundlichen Kopfnicken und fotografiere deutlich an ihnen vorbei, damit sie meine Harmlosigkeit erkennen. Denn wer ließe sich schon gern im Unterrock ablichten!

Man kann gut am glattpolierten Felsboden erkennen, welchen Weg die Wassermassen hier nahmen und noch heute nehmen, wenn es regnet.

Zurück am Lagerplatz der Tuareg-Fauen unter der Akazie verschenke ich Waffeln aus Tamanrasset und Nähzeug, dass ich für diese Anlässe aus Europa mitnehme. Vielleicht hilft das heilkräftige Wasser ja doch der Kleinen. Es wäre ihr zu wünschen, denn obwohl ich es ihnen ans Herz lege, einen Arzt werden sie erst aufsuchen, wenn es zu schmerzhaften Komplikationen kommt und dann sicher schon zu spät ist.

Dennoch: Viel später einmal erzählte mir Mohammed von einem Freund, den er beim Militär kennen gelernt hatte. Der war rücklings ans Feuer getreten, um sich die Hinterseite zu wärmen. Dabei fing seine lange Gandoura Feuer und noch ehe man eingreifen konnte, waren Gesäß und Rücken verbrannt. Das gibt schmerzhafte Wunden! Aber ein ausgiebiger Besuch der heilkräftigen Wasser von Ahidja hat alles wieder heilen lassen – sagte der gläubige Mohammed.

Tit

Wir befanden uns auf dem Rückweg vom Ilamane im gleichnamigen Wadi. Da hielt Mohammed an, zeigt auf diesen Platz und erzählte mir, dass dort einstmals die Tuareg und die Franzosen einen Kampf ausgefochten haben. Und die Tuareg hätten gesiegt! Doch dann wendete sich das Blatt. In einer zweiten Schlacht unterlagen die Tuareg. Sie hatten kaum Gewehre. Da hätte der Amenokal, der König der Tuareg, beschlossen, eine Karawane nach Marokko zu schicken, um dort Gewehre zu besorgen. Aber er starb vorher unter mysteriösen Umständen. Soweit Mohammeds damaliger Bericht. Die beiden Großväter seines Vaters Brahim waren übrigens auch unter den Kämpfenden.

So nahm ich mir vor, mich ganz genau bei Brahim zu erkundigen. Sicher kann er Genaueres berichten.

Erst bei einem späteren Besuch komme ich dazu, Mohammed als Dolmetscher einzusetzen und seinen Vater nach den Kämpfen zwischen den Franzosen und den Tuareg zu fragen. Die liegen zwar nun über hundert Jahre zurück, aber sicher weiß er mehr als der Sohn.

Ich habe inzwischen erfahren, dass Brahims Großvater in der Schlacht bei Tit gefallen ist. Das war im Mai 1902, also zu der Zeit, als die Franzosen sich daran machten, den zentralen Teil der Sahara zu erobern. Sie wollten sogar eine Eisenbahnlinie quer durch die Wüste bauen.

Nun höre ich die Version des Tuaregs Brahim. Meine Frage scheint eine Schleuse geöffnet zu haben. Brahim erzählt und erzählt. Er ist richtig in Schwung gekommen. Selbst der kleine Sidi kann ihn nicht unterbrechen, der mit einer defekten Solarlampe zu uns gerannt kommt. Es ist erstaunlich, was Brahim alles zu erzählen weiß. Ob ich das über die deutsche Geschichte auch so ausführlich könnte? Auch Mohammed hört gebannt zu. Er scheint eine Menge neuer Informationen zu bekommen, von denen er vorher nichts wusste. Deutlich kann ich das seinem aufmerksamen Gesichtsausdruck entnehmen. Ja, wie viele Menschen wissen überhaupt noch Bescheid, was vor über hundert Jahren geschah, was sich dabei in ihrer Familie ereignete und wie sich die jetzigen Verhältnisse daraus entwickelt haben?

Leider erfahre ich aus diesem langen, emotionalen Bericht von Brahim nur sehr wenig. Mohammed tut sich bei längeren Berichten stets schwer mit der Übersetzung. Zu viel, zu kompliziert – so erklärt er mir in knappen Sätzen, als sein Vater gegangen ist, dass es fünf Schlachten gegeben hat und dass beide Großväter von Brahim damals bei Tit gefallen sind.

Immerhin beschließen wir, während meines Besuches jetzt im Januar, auch einmal nach Tit zu fahren.

Endlich ist es soweit! Wir fahren gen Norden, zunächst nach Tamanrasset. Damit wir nicht Hungers sterben, besorgt Mohammed in der Stadt leckere Pommes mit gebratenem Hühnerfleisch. Ich sitze währenddessen im Auto und habe die Warteposition. Auf dem Parkplatz neben mir werden mehrere Hammel auf die Ladefläche eines Autos gehoben und dort straff festgebunden. Na, hoffentlich geht's denen dann nicht auf der Fahrt wie dem Ziegenbock bei der »Schwäbsche Aisebahne«!

Mohammed kommt mit dem Essen und schon fahren wir weiter. Der Verkehr brummt, viele alte, aber auch neue Autos fahren vorbei. Die Stadt vergrößert sich zusehends. Neue Bewohner kommen aus dem Norden des Landes und benötigen Wohnraum. Es wird gebaut, was das Zeug hält! Überall entstehen neue Stadtteile und Straßen und Brücken über das Wadi Tamanrasset. Wir fahren an einem Müllauto vorüber, das gerade hinten in seinem riesigen Rachen Tonne um Tonne Müll verschlingt, und gelangen bald an die Peripherie. Während wir den Hammeltransport überholen – es stehen noch alle drauf – passieren wir die neue Universität, die wohl immer weiter wächst.

Auf der Straße N 1, die Richtung Algier führt, soll es weitergehen. Noch schnell tanken. Ach, was ist das Benzin hier billig! Umgerechnet 23 Cent kostet der Liter!!! Tja, es müsste eben auch aus Deutschlands Tiefen Erdöl sprudeln!

Ein junger Mann steht am Wegesrand. Mohammed stoppt sofort und fährt extra ein Stück zurück, damit der Anhalter nicht erst zu unserem Auto laufen muss. Er hat das gleiche Ziel wie wir und stammt, wie könnte es anders sein, aus der weitläufigen Verwandtschaft.

Es geht weiter nach Nordwesten. Entlang der Straße wird eine dicke Rohrleitung verlegt: Wasser aus In Salah! Dort scheint es genug zu geben! Doch die Stadt ist etwa siebenhundert Kilometer entfernt. Ein Riesenprojekt also. Weil In Salah sehr tief liegt und zu den heißesten Gegenden der Sahara gehört, hat eben Tamanrasset mit seinen 1400 Höhenmetern die besseren Karten, bekommt über eine lange Wasserleitung das notwendige Nass und wird zur Metropole des Südens ausgebaut.

Ein Gebäude in einem eingezäunten, weitläufigen Gelände auf der linken Seite trägt ein großes Schild: SINOTEC – und chinesische Schriftzeichen. Die Asiaten liefern Aufbauhilfe, bauen Straßen und Rohrtrassen und kriegen im Gegenzug Erdöl und andere Rohstoffe. Was für ein Geschäft!

Wir kommen auf der gut ausgebauten Straße flott voran, einer neuen, modernen Asphaltstraße mit Markierungen, Leiteinrichtungen, Straßenschildern usw. Man ist gerade dabei eine letzte Brücke über ein Wadi zu bauen.

Zirka sechzig Kilometer hinter Tamanrasset kommt ein langgezogenes Band grüner Bäume in Sicht, das sich quer zur Straße hinzieht. Häuser sind zu sehen. Es ist das Wadi Tit. Hier steigt unser Fahrgast aus.

Wir aber biegen zu einer Felsgruppe ab. Schon von Weitem sieht man eine eigenwillige Betonskulptur davor. Ja, hier fand die große Schlacht zwischen Franzosen und Tuareg statt. Ich nehme an, das Monument bildet aus hohen Betonsäulen einen arabischen Schriftzug: ALLAH. Mohammed kann zwar nicht die arabische Schrift lesen, dennoch bestätigt er meine Annahme.

Wir steigen aus und gehen direkt zu den Felsen. Wahrscheinlich hatten sich die französischen Truppen hier verschanzt. Schraublöcher im Fels lassen eine ehemalige Gedenktafel vermuten. Mohammed nickt und erklärt weiter: Diese Tafel berichtete, dass der französische Kommandeur an dieser Stelle verwundet sei.

Ein traumhaftes Panorama und ein so trauriger Platz! Aus der weiten Ebene müssen sie herangekommen sein, die Tuareg-Krieger: Im Gewoge der galoppierenden Kamele, eine Staubwolke hinter sich herziehend, wehende Gewänder, kehlige Schreie, erhobene Lanzen und gezückte Schwerter – direkt hinein in die Gewehrsalven der Franzosen. Und mittendrin die beiden Großväter von Brahim – damals noch junge starke Männer. Ihr Heldentum war umsonst!

Es waren die Dag Rali und die Aguh-en-Tehele, zu denen auch Brahims und damit Mohammeds Familie gehört. Über siebzig Tuareg gaben ihr Leben. Überall findet man ihre Gräber. Der Kampf hat nur Tote und Trauer gebracht. Was blieb von Ruhm und Ehre, von Sieg oder Niederlage? Die Franzosen kamen und gingen. Jetzt sind die Nordalgerier da.

Die Autos, die auf der Straße zwischen Tamanrasset und In Salah oder gar Algier auf dem Asphalt entlang surren, bringen mir die Gegenwart wieder nahe. Mohammed ist dabei, das Auto zu reparieren und ich suche einen Schattenplatz. Obwohl es erst Mitte Januar ist, scheint die Mittagssonne heiß auf meinen Kopf und macht mich schwindelig. Das Essen, die leckeren Pommes nebst Hühnerfleisch, nehmen wir im Schatten des Autos ein, denn sonst gibt es keinen ausreichenden Schatten in der näheren Umgebung.

Die Berge ringsum sind wie Perlen auf einer Schnur am Horizont aufgereiht. Davor im Norden als dunkler Streif die Vegetation vom Wadi Tit. Im Osten grüßen die Riesenfelsbuckel von Tissalatine, der Ilamane und der Tahat herüber; ebenso wie der Assekrem, wo der französische Pater du Foucauld einige Jahre nach der Schlacht seine Klause errichtete und ein Freund des Amenokal wurde. Die Wolken lassen die Berge abwechselnd hell und dunkel hervortreten. Hier ist das Kernland der Kel Ahaggar, der Tuareg des Hoggar-Gebirges.

Ein etwas sandiger Untergrund vor uns macht die Landschaft hell, die Erosion hat die Felsen jahrtausendelang geformt, Tafoni allerorten. Eine der dicken Wolken über uns ist grau und verspricht Regen. Man kann gut sehen, wie sich das Wasser aus ihr ergießt und nach unten fällt. Aber es kommt nicht an, sondern verdunstet auf dem Wege zur Erde. Es scheint mir wie ein Sinnbild für den Kampf der Tuareg um ihre Unabhängigkeit.

Sahara-Eis

Wir waren in Hirafouk, im Norden des Hoggar, und wollen nun über den Assekrem nach Tamanrasset zurück. Erst am Nachmittag kamen wir los, denn Manou wollte noch einen Freund aus der Militärzeit besuchen. Nun haben wir eine lange Strecke mitten durch das Gebirge, durch den Atakor, vor uns.

Riesige schwarzbraune Lavafelder rechts und links begleiten uns. Was für eine weite Einöde! Kein grünes Hälmchen ist zu sehen. Über einen sehr langen Zeitraum ist es sehr heftig hier zugegangen! Schon vor 25 Millionen Jahren begannen die ersten Vulkane ihre Lavaströme übers Land zu ergießen. Erst im Neolithikum, in der Jungsteinzeit, trat endgültig Ruhe ein. Seitdem steht der Ahaggar, das Hoggar-Gebirge, und bot mit seinen Schluchten, Tälern und Gueltas früher, als die Tuareg noch mutige Krieger sein mussten, wie eine riesige Festung gute Verstecke und Rückzugsmöglichkeiten, aber auch ein Lebensumfeld, in dem Nomaden überhaupt erst existieren konnten.

Allmählich wird die Piste steiler. Drei Gazellen rennen vor uns her, um dann in höchster Not nach Westen auszubrechen und in der Ferne scheinbar immer kleiner zu werden. Ihr fahlbraunes Fell verschmilzt fast mit dem Hintergrund. Nur die weißen Hinterteile kann man noch im steten Auf und Ab ausmachen.

Immer unwegsamer und abenteuerlicher wird unsere »Straße«. Mir allerdings erscheint sie kaum noch erkennbar. Es ist beeindruckend, mit welchem akrobatischen Geschick Mohammed sein Auto über das zerfurchte Gelände lenkt. Endlich haben wir eine kleine Passhöhe überwunden.

Dann ein jäher Stopp. Ein einsamer, älterer Targi mit seinen drei Kamelen quert unseren Weg. Manou und Mohammed steigen aus, um ihn freudig zu begrüßen. Nein, nicht auf Tuaregart unnahbar und höflich, wie es sich vor allem Älteren gegenüber gehört – sondern alle drei freuen sich augenscheinlich über die unerwartete Begegnung. Mohammed wird sogar herzlich umarmt. Wie sich herausstellt ist es Ouankara, ein alter Bekannter. Er hat schon öfters mit ihm gemeinsam als Chamelier Touristen auf Kameltouren durch das Tefedest, einen Gebirgszug nördlich des Hoggar, begleitet.

Nun beginnt ein intensives Gespräch zwischen den Dreien. Ouankara malt sogar etwas auf den staubigen Erdboden. Dann zieht er mit seinen Tieren weiter querfeldein. Wieder eingestiegen erklärt mir Mohammed, dass wir mit diesem drahtigen Targi am Abend wieder zusammentreffen werden. Aha, wahrscheinlich war der Treffpunkt von dem Alten aufgezeichnet worden.

Sehnsucht steht in Mohammeds Augen. Sicher wäre er gern mit dem Chamelier gezogen. Wenn er auch froh ist, mit dem Auto schnell in entfernte Gegenden zu gelangen und dabei gönnerhaft jeden zu chauffieren, der mitfahren möchte, so gehört seine ganze Leidenschaft doch den Kamelen.

Ein wenig gedankenverloren spricht er, mir zugewandt, ein Poem. Und damit ich den Inhalt auch verstehe, übersetzt er es mir so:

»Tenere – eine sehr große Wüste
Tenere sprechen: Hast du Wasser?
Nein!
Hast du Essen?
Nein!
Ich habe ein gutes Kamel, heißt Aurah!
Aurah sprechen zu Tenere:
Ich bin da. Ich bin Hengst, sehr stark!
Ich bin traurig!
Warum?
Meine Freundin ist nicht hier.
Auch sprechen Aurah:
Es gibt einen Marabout,
der macht ein Medikament für mein Herz.«

Ach, armer Mohammed! Wie gern wärst du jetzt mit den Kamelen unterwegs! Doch wir müssen weiter – im Auto.

Plötzlich tut sich vor uns inmitten der graubraunen Felsenwelt wie eine Fata Morgana ein lieblicher Grünstreifen auf. Palmenbestanden und mit Oleanderbüschen gesäumt, blinkt ein kurzer Wasserlauf, Egef Mellem genannt. Ein kleines Paradies!

Aber wir halten hier nur zu einer kurzen Stippvisite an. Dennoch kann man jetzt, wo wir direkt davor stehen, erst richtig erkennen, was für ein zauberhafter Ort vor uns liegt. Palmen, Schilf und vor allem Oleander umstehen ein lang gezogenes Wasserbecken.

Dicke Basaltsäulen stehen senkrecht dicht an dicht und bilden oberhalb des Gueltas eine Art beuliges Riesenpflaster. Salzkrusten haben weiße Ränder gebildet. Doch dann bricht diese Formation plötzlich ab und lässt den Blick auf diesen kleinen Wasserlauf an ihrem Fuße frei. Gegenüber des Steilufers gibt es flache Stellen, an denen man direkt bis zum Wasser vordringen kann. Was für ein wunderbares idyllisches Einsprengsel in dieser rauen, ziemlich eintönigen Landschaft.

Aber wir wollen noch ein ganzes Stück weiter und schließlich zum Treffpunkt mit dem Chamelier. Mohammed spricht von einem ähnlichen Guelta dort, das aber geschützter liegen soll. Das wird auch notwendig sein, denn jetzt im Januar weht der Wind des abends hier oben im Gebirge besonders eisig.

Ein ganzes Stück weiter landen wir – etwas von der Piste entfernt – in einem schmalen Wadi, von Lavabrocken und Basaltgestein begrenzt. Auch hier gibt es eine Abbruchkante, die uns jetzt Windschatten bietet, doch ohne Wasserlauf.

So sah es wenigstens zunächst aus. Doch als ich einen größeren Stein entferne, um meinem Zelt eine ebene Fläche zu geben, sickert Wasser aus dem entstandenen Loch. Die Wasserader fließt hier also dicht unter der Oberfläche. Ein etwas erhöhter Platz für meine nächtliche Unterkunft ist darum ratsam.

Um nach dem Aufbau meines Zeltes dieses Wadi nun etwas genauer zu erkunden, nutze ich die letzten Sonnenstrahlen. Nicht weit entfernt, nach einer Biegung, vertieft es sich zu einer kleinen aber spektakulären Schlucht. Um näher an deren Rand zu gelangen, überquere ich eine wunderschöne grüne Wiese. Herrje – wer hätte das gedacht! Platsch, platsch – stehe ich bis zum Knöchel im Wasser, das vom Gras verdeckt wurde. Dass ich einmal mitten in der Sahara, nach langer Trockenheit, im Gras nasse Füße bekommen sollte, hätte ich vorher bestimmt nie glauben können.

Das durch felsigen Grund aufgestaute Wasser ergießt sich bald als kleiner Wasserfall in die enge Schlucht. Erst in einiger Entfernung öffnet sich die Landschaft und der schmale Wasserlauf tritt aus seinem tiefen Gefängnis. Am Ausgang der Schlucht sehe ich in der Ferne sogar zwei Palmen. Doch dort scheint das Wasser bereits zu versiegen.

Als ich zurückkomme, sitzen die beiden Männer am Feuer. Es ist ziemlich kalt geworden. Und wie auf ein Stichwort erscheinen über einem nahen Lavahügel drei Kamelköpfe. Pünktlich zum Abendessen hat uns Ouankara nun auch zu Fuß und querfeldein mit seinen Kamelen erreicht. Die Tiere werden abgesattelt und auf Futtersuche geschickt. Na, hoffentlich holen die sich nicht auch noch nasse Füße! Aber nun haben die drei ausgiebig Gelegenheit zu reden.

Ich verziehe mich bald in mein Zelt. Trotz Fleecejacke und dicker Daunenjacke noch oben drüber ist mir draußen zu kalt geworden. Und auch der Daunenschlafsack reicht nicht aus, mich genügend warm zu halten. Da muss die Fleecejacke auch in der Nacht herhalten, damit ich nicht friere. Doch bald werde ich wieder wach. Meine Stirn schmerzt – es fühlt sich an, als wäre sie von eisigen Nadeln gespickt. Aber wie ein Targi bis weit über den Kopf zugedeckt kann ich nicht schlafen. Endlich komme ich auf die Idee, den Ärmel meiner Daunenjacke, die neben mir liegt, um die Stirn zu wickeln.

Als ich wieder wach werde, ist der Horizont bereits rot. Verschlafen! Zum Glück ist es noch nicht allzu spät. Auch die drei anderen scheinen schwer aus der Wärme ihrer Decken zu kommen.

Als dann Manou eine Schüssel leert, die mit Wasser gefüllt über Nacht stehen geblieben war, wird mir klar: Der Frost hat uns in der Zange! Das Wasser ist zu einer gut vier Zentimeter dicken Eisschicht gefroren. Auch die flachen Lachen in der Nähe der Schlucht haben eine feste Haut bekommen. Eis in der Sahara! Wer wird mir das in Deutschland glauben!?

Am schattigen Frühstücksplatz herrscht die Kälte. Und so stehen die Männer in der Morgensonne, deren Strahlen ein wenig Wärme verheißen. Ouankara ist unterwegs, um seine Kamele zu suchen. Auf seinem Schlafplatz liegt lediglich eine dünne Decke und ein kleines Gazellenfell als Unterlage. Ob Tuareg die Kälte besser verkraften als wintergestählte Mitteleuropäer?

Ich glaube nicht. Aber sie haben vom ersten Tage an ein hartes Training hinter sich, dass sie gelehrt hat, alle Unbilden des Lebens mit fatalistischer Gelassenheit zu ertragen.

Unverhoffte Begegnung

Unsere Fahrt geht weiter hoch hinauf zu den höchsten Höhen. Der Assekrem ist unser heutiges Ziel. Er zählt nicht nur zu den höchsten Bergen des Hoggar, er hat auch »Geschichte«. Die geht auf die Zeit zurück, als die Franzosen die Heimat der Ahaggar-Tuareg eroberten.

Ein flotter französischer Adliger, Charles Eugène Vicomte de Foucauld, kam nach einem ausschweifenden Leben als bekehrter Eremit 1905 nach Tamanrasset. Dort wollte er voller Demut das Christentum verbreiten. Er erforschte die Sprache der Tuareg und stellte ein Wörterbuch zusammen. Und obwohl er keinen Tuareg bekehren konnte, baute er hoch oben im Gebirge auf dem Assekrem eine Einsiedelei.

Leider gab es auch damals strenggläubige Islamisten – die Ordensgemeinschaft der Senussi. Sie wollten ihn zur Zeit des ersten Weltkrieges gefangen nehmen. Dabei wurde er am 1. Dezember 1916 in Tamanrasset erschossen. Erst später gründete sich, auf seinen Glaubensregeln basierend, eine Bruderschaft, die »Kleinen Brüder«. Auch heute noch betreuen sie die Klause auf dem Assekrem. Foucauld ist übrigens 2005 selig gesprochen worden.

Seine Klause hat sich inzwischen zu einer Touristen-Attraktion im Hoggar gemausert. Sicher auch, weil man von dort oben aus ein atemberaubendes Bergpanorama bewundern kann, das besonders bei Sonnenauf– und untergang eine unglaubliche Faszination ausübt.

Dort wollen wir hin. Und so geht es für uns weiter bergauf und bergab durch das unwegsame Gelände des Atakors, des zentralen Teils des Hoggargebirges. Mohammed muss wieder sein ganzes Geschick aufbringen, um den Wagen auf Kurs zu halten. Mannstiefe ausgespülte Rinnen veranlassen ihn, sich immer wieder einen neuen Weg für die vier Räder zu suchen. Eine artistische Sonderleistung!

Für die letzte besonders steile Strecke lässt er mich aussteigen. Auch Manou geht zu Fuß. Er hat kurzerhand den Job eines Chaussee-Arbeiters übernommen und versucht, mit flachen Steinen die schwierigsten Passagen etwas auszugleichen. Ich helfe ihm dabei. Deshalb wohl heißt diese Strecke auch Tehe n' Taratemt – Sandalenpass! Es ist ein halsbrecherisches Unternehmen. Aber ohne Frage: Unser Fahrer ist perfekt!

Oben angekommen gibt es eine kleine Pause. Ein weiter Blick über das gesamte Gelände belohnt uns. In der Ferne am hohen Horizont zeigt mir Mohammed die höchsten Berge: Den Tahat, den Ilamane und den langen Rücken des Assekrem.

Da kommt ein Pickup aus der entgegengesetzten Richtung angebraust. Als »Ladung« einige Targi, die die Fahrt dort hinten stehend genießen dürfen. Nach einem Stopp mit dem üblichen Begrüßungszeremoniell und Erkundigungen nach dem Wegverhältnissen starten sie gleich wieder. Also klettern alle Mann wieder hinten hinauf auf die Ladefläche und los geht's, stehend!!! mit Getöse den Sandalenpass hinunter. Ich mag gar nicht hinschauen. Sind sie lebensmüde? Doch ein echter Targi hat da nur ein müdes Lächeln: Nur Allah weiß ...

Auch wir steigen ein und fahren weiter. Freilich nicht in so einem halsbrecherischen Tempo, obwohl die Piste sich nun – wesentlich ziviler – als deutlich erkennbares helles Band durch die unwegsame Landschaft windet.

Immer näher rücken die riesigen Vulkanschlote, die im weiten Umkreis den Assekrem umstehen. Mittagsrast aber halten wir unterhalb eines ganz eigenartigem Gesellen: Es ist der Imadoursene. Riesige bizarre Basaltsäulen umstehen wie Figuren hoch aufragend in einem großen Ring einen imaginären zugeschütteten Krater. Manche dieser Formen recken Kopf und Oberkörper rank und schlank in die Höhe, lehnen sich aneinander, andere scheinen gar zu sitzen.

Dicke Lavaschichten bedecken den Boden, an anderer Stelle gibt es farbige mineralhaltige Sandsteine in rot, gelb und weiß. Ein Geologe hätte seine helle Freude.

Nach kurzer Siesta geht es dann Schlag auf Schlag! Ein riesiger Vulkanschlot nach dem anderen taucht auf, immer imposanter als der eben gesehene. Steil aufragend stehen sie am Wegesrand und lassen mich nicht aus dem Staunen kommen. Man möchte meinen, sie seien mit unerhörter Kraft aus dem Boden gedrückt.

Und so ist es wohl auch. Denn diese Formationen sind Ruinen – Vulkanruinen. Die Flanken der ehemaligen kegelförmigen Vulkane bestanden vorwiegend aus lockeren Aschen und konnten deshalb leicht abgetragen werden. Das letzte aufsteigende Magma, das aus dem Erdinneren heraufgepresst wurde, blieb im Schlot stecken. Man kann die Aufstiegsbahnen deutlich als tief eingeschnittene Rillen erkennen. Wie Säulen zieren sie die Flanken der längst erkalteten Schlote bis hinauf zum Gipfel. Und mitten durch diese imposante Felsenwelt führt die Piste zum Assekrem.

Ich bin überwältigt. Wie hoch diese Schlote sind! Einige bilden eine richtige Kette. Immer wieder muss Mohammed anhalten, damit ich fotografieren kann.

Dann, am Fuße des Assekrem, endet unsere Fahrt. Dort ist eine Touristenstation eingerichtet. Mit großen Sonnenkollektoren ist auch hier oben die neue Technik eingekehrt. Wer aber hinauf will auf den Berg und zur Klause, der muss das von hier aus auf Schusters Rappen tun. Doch wir richten uns erst einmal in einem der Zimmer häuslich ein. Manou kocht Tee. Und während Mohammed schon einmal das Abendessen vorbereitet, richte ich mein Nachtlager – in einem kleinen Räumchen ganz für mich allein.

Ich sehe mir die Route zum Gipfel an. In Serpentinen geht es am steilen Berg hinauf. Ich will pünktlich zum Sonnenuntergang dort oben sein. Was muss das für einen tollen Ausblick geben!

Mohammed begleitet mich schließlich. Der Pfad endet oben direkt an der Klause. Inzwischen gibt es etwas unterhalb davon einige weitere kleine Hütten, als Gästezimmer eingerichtet. Wir sind nicht allein. Auch andere wollen sich das Schauspiel nicht entgehen lassen. Dazu müssen wir allerdings zur Westflanke des Berges. Es wird nicht mehr lange dauern, bis die Sonne hinter den Felsenbergen verschwindet.

Was für ein Panorama bietet sich uns! Wie auf dem götterbewohnten Olymp können wir weit über die Welt schauen. Aber es ist lausig kalt hier oben. Der Wind hat ein wenig aufgefrischt und trägt sein übriges dazu bei, dass mich Mohammed schließlich zu einem Haus führt, das sich, ein weites Stück entfernt von der Klause, als meteorologische Station entpuppt. Hier können wir im Windschatten sitzen und in Ruhe dem Schauspiel zusehen, das uns die Sonne mit rotgoldenem Licht auf die Gipfel der umliegenden Vulkanschlote zaubert.

Um noch besser zu sehen, steige ich dann doch im kalten Wind auf einer Außentreppe nach oben auf das flache Dach der Station. Ein prächtiges Szenarium bietet sich mir. Die obersten Gipfel scheinen zu glühen, während sich der Horizont allmählich im samtenen Dämmergrau verliert.

Ein fremder junger Targi kommt hinter mir her. Ich habe ein ungutes Gefühl, denn ich bin auf dem Territorium der Station. Meine erläuternde Geste in die Runde und ein »Hoßee hullan hullan!« scheinen ihm nicht zu imponieren. Und so fällt mir Sidi ein. Sidi ist ein Meteorologe aus Tam, der sicher auch mit dieser Station zu tun hat. Also frage ich ablenkend den jungen Mann nach Sidi. Ach, die Welt ist klein! Es ist der Cousin! Welch günstige Fügung! Er wählt auch gleich die Nummer auf seinem Handy und schon gibt es eine überraschende Begrüßung mit Sidi im entfernten Tam. Wer hätte das gedacht?

Sidi hatte mir einmal von seiner Arbeit erzählt und sie am Computer genauer erläutert. Es handelt sich um ein Projekt, das die Luftfeuchtigkeit in kleinen Messstationen misst, die in den verschiedenen Wüstenabschnitten aufgestellt wurden und dann die Werte per Funk an die Zentrale zu ihm nach Tam weitergeben. An Hand der Daten kann nun z. B. die Heuschreckenpopulation berechnet und eine eventuelle Plage zeitig vorausgesagt werden. Denn die riesigen Schwärme kommen aus der Wüste. Auch für Afrika kann die neue Technik hilfreich sein!

So kommt es nun, dass Mohammed und mir jetzt voller Stolz die Station gezeigt und deren Bedeutung erklärt wird. Es gibt nur drei dieser Stationen in Afrika. Außer dieser gibt es noch eine in Kenia und in Südafrika. Sie sind weltweit vernetzt – auch mit den USA – und dienen der Überwachung der Atmosphäre. Er zeigt uns die Messinstrumente, die u. a. die Luftfeuchtigkeit und den Luftdruck feststellen. Und so erfahre ich, dass diese Station genau auf 2710 Meter Höhe liegt.

Inzwischen ist die Sonne längst untergegangen. Macht nichts. Morgen früh, zum Sonnenaufgang werde ich wieder hier oben stehen.

Weit am südlichen Horizont leuchtet ein Lichtermeer zu uns herauf. Tamanrasset ist zu einer florierenden Metropole der Zentralsahara geworden.

Assekrem

Es ist sechs Uhr und noch dunkel, als ich erneut zum Assekrem-Plateau aufbreche. Diesmal möchte ich den Sonnenaufgang beobachten. Ich habe mir zwar meine Taschenlampe für alle Fälle eingesteckt, doch ohne künstlichen Lichtkegel hat man das Terrain im Licht der Sterne besser im Blick.

Allmählich beginnt auch die Natur sich für den Tag zu rüsten. Es ist wieder sehr kalt, deshalb habe ich mich warm eingemummt, und die steilen Serpentinen sorgen für die nötige Körperwärme. Langsam setzt die Dämmerung ein und immer deutlicher tritt die phantastische Bergkulisse aus dem Dunkel der Nacht hervor.

Andere Sonnensucher sind schon vor mir hinaufgestiegen. Ich kann sie oben reden hören. Aber weil ich das Naturschauspiel allein genießen möchte, quartiere ich mich in einer windgeschützten Felsnische knapp unterhalb der Kapelle ein. Ich finde sogar eine steinerne Platte als bequeme Sitzgelegenheit. So kann ich ganz für mich allein Zwiesprache halten mit der grandiosen Landschaft ringsum.

Im Osten hinter den steilen Vulkandomen wird der Horizont immer heller. Kleine Wölkchen färben sich rot, dann golden und endlich blinkt es zwischen den Felsen, beginnt zu leuchten, wird größer und größer – die Sonne geht auf. Als würde sie mit ihren Strahlen die Welt erwecken, verändert sich die Landschaft zusehends. Sogar die kleinen Blumen am Berghang beginnen durchscheinend zu leuchten, sobald sie von den ersten schrägen Sonnenstrahlen erfasst werden. Immer höher steigend lässt die Sonne diese wilde Landschaft jeden Tag aufs Neue aus der Dunkelheit erstehen, taucht erst die Gipfel, dann immer mehr die weiter unten stehenden Berge in ein rotgoldenes Licht.

Ich aber kann das nur heute erleben und sehe ergriffen zu. Nein, es ist kein erhabenes Gefühl, das mich erfasst. Vielmehr fühle ich mich als winziger, unbedeutender, aber geduldeter Beobachter vor der großen Szenenfolge der Natur. Hier, allein und weit über das einsame Land sehend, erscheint mir dieser Sonnenaufgang wie ein Hauch einer göttlichen Ewigkeit, wie der Anfang der Welt.

Dann steige ich die wenigen Schritte zur Klause hinauf. Foucauld hätte keinen besseren Platz wählen können. Sie ist aus groben Steinen errichtet und umschließt lediglich einen kleinen Raum. Der aber legt mit vielen Fotos Zeugnis ab von seinem Erbauer – dem Pater Foucauld. Ein kleiner, älterer Mann mit heller Hose, Jacke und Strickmütze bekleidet, ist ein Vertreter der »Kleinen Brüder«. Er bittet die dort Versammelten mit ihm einzutreten in die Kapelle zu einer Messe.

Ich aber steige hinab zur Touristenstation. Mohammed und Manou warten mit dem Frühstück auf mich. Wir wollen bald los – zurück nach Tamanrasset.

Wieder fahren wir an den steil aufragenden Vulkanschloten vorüber. Mohammed hält an, um mir einen letzten Blick darauf zu gönnen. Am Fuße des einen hat sich ein wilder Olivenbaum – Aleou – eingenistet. Seine Blätter sind winzig klein. Früchte sehe ich nicht.

Weiter unten dann ein erneuter Stopp. Ein einsames Haus steht etwas verloren auf einer kleinen Ebene. Wir steigen aus. Und während Manou ein Schwätzchen mit seinem Besitzer hält, begleitet mich Mohammed ein Stück weiter.

Tief in den felsigen Grund eingeschnitten beginnt vor uns mit üppigem Grün eine lange Wasser führende Schlucht, das Afilal. Das Ende kann ich nicht erkennen, denn sie windet sich im weiten Bogen durch das Gelände. Wie auch schon bei Egef Mellem gibt es zu Beginn ein größeres Wasserbecken, aus dem sich durch einen dicken Oleanderwald das Wasser seinen Weg sucht.

Steile Felsabbrüche ziehen sich an seinen Seiten entlang. Mittendrin aber ist ein kleines Paradies entstanden. Wir müssen durch dichtes Oleandergestrüpp, um dem Wasserlauf folgen zu können.

Wilde Minze duftet und sogar kleine Fische springen und schlängeln sich der Fließrichtung des Wassers entgegen. Wo das Wasser vor einiger Zeit noch gestanden hat, bilden salzhaltige Streifen weiße Ränder. Doch auch dieses Paradies ist nicht ewig für mich gedacht, wir fahren weiter.

Ein hoher Felsfinger bewacht unsere Mittagsrast. Nein, eher wie ein erhobener Daumen reckt er sich in den Himmel – der Adauda. Auch hier gibt es einen steilen Abbruch, aber aus kiesigem Sand und ohne Wasser am Grund. In seinem Windschatten genießen wir nach dem Essen die Sonne.

Roter Kopf, blauer Schwanz – eine Echse genießt wie wir die warmen Sonnenstrahlen. Doch kaum habe ich den Fotoapparat in der Hand, ist sie in einer Felsspalte verschwunden.

Die Siesta wird durch den Besuch einer Ziegenherde unterbrochen. Gierig machen sich die Tiere über die ausgelaugten Teeblätter her, die Manou neben das Feuer gekippt hatte. Mit heiseren Schreien werden sie von den Ziegenhirten vertrieben. Es sind zwei Jungen, etwa elf, zwölf Jahre alt. Mohammed steckt ihnen eine Tüte mit Keksen, Äpfeln und ähnlichen Kostbarkeiten zu und bald sind sie mit ihren Tieren auch wieder verschwunden.

Tamanrasset ist nicht mehr weit. So fahren wir zielgerichtet am Ihaghen, dem Hausberg von Tam vorbei und sind bald am Ziel unserer Reise angelangt.

X. Bei den Nomaden

Wasser –
Durch eine kleine Bewegung mit der Hand
fließt es aus dem Wasserhahn, solange wir wollen.
Vor gar nicht allzu langer Zeit
waren Amoud und Sallah einige Tage lang
zu Verwandten unterwegs, zu Fuß.
Doch einige Gueltas führten kein Wasser mehr.
Fast verdurstet erreichten sie ihr Ziel.
Wasser – kostbares Gut!

Wie Hirsesuppe mit Milch

Wie könnte es anders sein: Fast noch autark lebende Nomaden kochen andere Gerichte als global vernetzte Europäer. Noch zu Hause in Deutschland hatte ich lange überlegt, was ich mit den wenigen Lebensmitteln, die einem Nomadenhaushalt zur Verfügung stehen, aus dem Kochtopf zaubern könnte. Das ist gar nicht so einfach!

Aber ich wollte eben beweisen, dass auch ich in der Lage bin, leckere Gerichte zu kochen, die in Europa gern gegessen werden. Schon mein erster Versuch scheint ein durchschlagender Erfolg zu werden: Obwohl Kartoffeln hier zu den Gemüsesorten zählen, entscheide ich mich als erstes für Kartoffelpuffer. Die wenigen Zutaten befinden sich alle in meiner Lebensmittelkiste.

Als Mohammed am späten Nachmittags vom Schwatz mit den Frauen bei mir hereinsieht, schnuppert er erwartungsfroh: »Es riecht gut!« Die Puffer brutzeln in der Pfanne, die ich eigens dazu aus Deutschland mitgebracht habe, denn dieses Gerät gehört nicht zu einer Nomadenküche. Allerdings hätte ich auch an eine Rolle Küchenkrepp denken sollen, wie sich später herausstellt. Normalerweise lege ich immer eine Lage Papier zwischen die einzelnen Puffer, um so das Fett zu minimieren. Aber jetzt muss es eben so gehen!

Mit sichtlichem Behagen putzt Mohammed einen Puffer nach dem anderen weg. Leider muss er die wenigen auch noch mit den Kindern teilen, die ebenfalls meine Gäste sind. »Irrsät!« (Lecker!) »Die kannst du öfters machen!«

Froh über meinen Erfolg mache ich mich einige Tage später noch einmal an die Arbeit. Wenn es ihm so gut schmeckt, sollen es nun auch gleich viel mehr werden. Und wieder langt er zu meiner großen Freude ordentlich zu.

Leider sollte sich seine Begeisterung bald legen. Was ich nicht bedacht hatte: Nomadenkost ist überhaupt nicht fett. Und so protestiert nur wenige Zeit später Mohammeds Magen bei dieser großen Menge ziemlich heftig und möchte umgehend die ungewohnt fettige Speise wieder loswerden. Das Öl, das ich zum Braten benutzt hatte, machte meinen anfänglichen Erfolg in der Tat durchschlagend! Nein, Kartoffelpuffer möchte er nun nicht wieder essen.

Da musste ein zweiter Versuch gestartet werden. Es gibt Spaghetti mit Gemüse. Zu Zwiebeln gebe ich klein gewürfelte Tomaten und Zucchini in die Pfanne und würze mit Kräutern der Provence. Natürlich achte ich darauf, dass das Gemüse noch schön knackig ist. Aber ach! Brahim, der diesmal mein Gast ist, schiebt behutsam das noch farbenfrohe Kleingeschnittene zur Seite und fischt lediglich die Spaghetti heraus. Das Gemüse ist ja noch fast roh! Hier kocht man es, bis es braun im Sud schwimmt. Möglichst viel Soße ist das erstrebenswerte Ziel!

Ich lasse nicht locker! Bei meiner nächsten Reise ist ein Wok in meinem Gepäck. Irgendwie muss ich doch auch einmal beim Kochen punkten! Und die chinesische Küche ist heutzutage schon fast international!

Die Nudeln werden durch zerbrochene Spaghetti ersetzt, neben Zwiebeln werden Karotten und Zucchini zu schmalen Stiften geschnitten, sogar einen kleinen Weißkrautkopf habe ich im Gemüsemarkt gefunden, der nun den Chinakohl vertritt. Dann geht's an der Herd. Eine Knolle Ingwer, Mu-Err Pilze und Sojasoße, auch aus Deutschland mitgebracht, verfeinern das Ganze und machen es »echt chinesisch«!

Mir jedenfalls schmeckt es ausnahmslos. Wenn auch Brahim die fremden schwarzen Dinger, die Mu-Err Pilze, diskret zur Seite schiebt, nimmt sich Mohammed gleich zweimal und sogar Manou ist begeistert: »Essen sehr gut!« Das sagt er sogar auf Deutsch!!!

Nur Limane legt den Löffel bald weg. Diese Art Essen kennt er nicht – und mag es folglich auch nicht.

Wer hat schon behauptet, es würde einfach sein!? Unverdrossen starte ich einen nächsten Versuch. Eine kleine Ziegenlammkeule, von Lalla geschenkt, bringt mich auf die Idee, Gulasch mit Kartoffelbrei zu kredenzen.

»Gulaschfix« war ebenfalls in meinem Reisegepäck. Also ist alles kinderleicht! Selbst die ständigen Ablenkungen bringen mich nicht durcheinander. Mona kommt angelaufen. Ihre Mutter Aischa hat ihr mit den neuen Zopfhaltern, Klemmen und Gummibandchen die noch kurzen Haare zu kleinen Büscheln zusammengefasst. Bei Fatna hingegen sind die bunten Accessoires in eine tolle Zopffrisur eingearbeitet. Leider sehe ich diese Frisuren nur bei Kindern. Obwohl erwachsene Frauen bis ins hohe Alter auch diese vielfältig gewundenen Zöpfe tragen, sind sie ständig unter einem Tuch verborgen. Schade eigentlich!

Die kleine Doma ist ganz versessen auf die lockenden farbigen Mitbringsel aus Deutschland und grabscht immer wieder ihrer Schwester in die Haare. Die leere Mineralwasserflasche, die sie in der letzten Zeit als ständigen Begleiter mit sich herumgeschleppte, ist vollkommen in Vergessenheit geraten.

Manou lümmelt schon seit einiger Zeit in meiner Zeriba. Endlich ist das Essen fertig. Den Kartoffelbrei klein zu stampfen, lediglich mit einer Gabel, war ziemlich aufwändig. Doch Mohammed, der sich bald hinzu gesellt, meint dann nur: »Ganz ganz toll!« Na, wenn er das schon so sagt!

Nun erinnere ich mich auch an seine Bewertung vor einem Jahr. Damals hatte ich schon einmal dieses Kartoffelgericht zubereitet, allerdings nur mit Gemüse. Damals hatte er gesagt: »Ach, das ist gut, das koche ich einmal für meine kleine Tochter!« Und die war damals ein Baby. In seinen Augen hatte ich ihm, einem Erwachsenen, also eine Babyspeise gekocht.

Das ist nun natürlich auch die Meinung von gleich zwei Männern! Da geht dann bei ihnen eine Zusatzportion Gulasch ohne Püree schon eher. Ich aber esse beides gleich zweimal und mit großem Appetit.

Das gleiche Problem hatte ich dann wenig später mit einem Pudding. »Tassenpudding – nur mit Wasser zubereitet« versprach die Packung. Genau das Richtige für die Wüste, dachte ich. Es war falsch gedacht! Zu einer Einladung zum abendlichen Mahl bei Manou glaubte ich die Überraschung des Abends zu kredenzen. Weit gefehlt! Trotz enormer Zusatzmengen von Zucker wurden die Löffel schon nach der ersten Kostprobe wieder weggelegt. So eine weiche Pampe geht sicher gerade noch für zahnlose Babys durch!

Auf der Nomadenspeisekarte gibt es nur Gerichte, die langfristig sättigen. Und das merkt doch schließlich jeder schon daran, dass sie fest, hart oder zäh und voluminös sind. So'n Firlefanz mit Vitaminen, vielseitiger Verarbeitung oder anderen Extras können sich vielleicht verweichlichte Europäer zuführen. Einem Targi gefallen sie nicht!!!

Und so lässt selbst Aischa auch die Pfannkuchen geschickt »verschwinden«, als ich sie ihr eines Tages anbiete. Und dabei hatte ich mit der süßen Marmeladenfüllung wirklich nicht gespart.

Auch die Damenwelt mag eben nur, was sie kennt. Ein Tütchen Blumenkohlsuppe sollte sie überzeugen. Lalla hatte mir und Aischa Essink gebracht. Das ist die Speise aus gestampfter und gekochter Hirse mit Ziegenmilch. Und weil es schnell gehen soll, mache ich eben ganz fix die Blumenkohlsuppe. Doch die beiden können den Löffel kaum halten, so müssen sie lachen. Offensichtlich habe ich etwas für sie vollkommen unsinniges zusammengerührt. Mohammed, der hinzukommt, übersetzt mir Lallas Feststellung: »Das schmeckt wie Hirsesuppe mit Milch!« Deutsches Essen ist schon sehr komisch! Die Melone zum Nachtisch wird dann aber nicht moniert.

Das Einzige, was Mohammed gelten lässt und was er inzwischen sogar auch schon einmal selbst zubereitet, sind Bratkartoffeln. Wenn der Duft gebratener Zwiebeln durch die Zeriba zieht, lässt er sich dann doch hin und wieder von der deutschen Küche einfangen.

Festivität

12 Grad sind es in der Zeriba frühmorgens um 7.00 Uhr. Es ist Mitte November, der Wind weht frisch. Aber vor allem: Gleich werden die Vorbereitungen für mein Fest anlaufen.

Weil ich hier bei Brahim und seiner Familie immer wieder sehr freundlich als Gast willkommen geheißen wurde, möchte ich mich mit einem kleinen Fest, das am Abend stattfinden soll, revanchieren.

Der Tag beginnt mit einer »Ziegenjagd«. Schließlich soll es ja auch Fleisch geben. Die Herde steht noch an ihrem Nachtplatz, dem

Ziegenpferch, zusammen, ist noch nicht in eines der umliegenden Wadis ausgezogen. Mit einem langen Seil versuchen Mohammed und Mata eine Ziege einzufangen. Sie spannen es und benutzen es wie eine Sperre. Viele Versuche sind notwendig, bis es gelingt, ein Tier von den anderen zu trennen. Ein Lasso oder ähnliches ist ihnen unbekannt.

Mohammed hat endlich eine erwischt und bindet sie an einen nahestehenden Baum an. Wahrscheinlich ist es ein ganz bestimmtes Tier, nur ich kann die schwarzen Gesellen höchstens der Größe nach unterscheiden. Die Ziegenhirtinnen aber wissen erstaunlicherweise stets ganz genau, um welches Ziege es sich handelt.

Der junge Hama, ein weitläufiger Cousin, kommt als erster Gast schon vor dem Mittagessen. Er ist geordert, um uns bei der Vorbereitung zu helfen. Doch nun verziehen sich die Männer erst einmal in Manous Zeriba. Vielleicht bereiten sie ja die Tagella vor? Ach i wo! Noch lange nicht! Sie halten Männerschwatz! Die Ziege steht an ihrem Baum – lebend!

So ein Fest bringt einiges an Arbeit mit sich. Meine europäischen Kochkünste kommen bei den Nomaden nicht so gut an. Deshalb wird es ein traditionelles Essen geben. Eine Ziege muss geschlachtet, ausgenommen, zerteilt und das Fleisch gekocht werden, Gemüse geschnitten und ebenfalls gekocht, Mehl mit Wasser zu dicken Fladen geknetet und in der Asche gebacken werden. Das ist viel Arbeit! Und es braucht Zeit! Aber: »Sollan, sollan!« – Langsam, langsam. Zum Glück hat sich Mohammed als Koch angeboten und Hama ist sein Gehilfe.

Jetzt ist schon die Mittagszeit herangekommen. Sahra, einer Cousine, die sich nun auch schon eingestellt hat, werden erst einmal Fotos von vergangenen Autenthalten präsentiert. Nur keine Panik, es ist noch viel Zeit! Es ist 13.00 Uhr, Mohammed macht sich an das Mittagessen und die Ziege lebt immer noch.

Unsere mittägliche Essensrunde am Tisch erweitert sich um einige weitere Gäste. Nur Hama hat woanders geschwatzt und kommt erst hinzu, als alles alle ist. Und obwohl er nicht einmal etwas abgekriegt hat, hilft er beim Abwasch. Dann, es ist fast 14.00 Uhr, beginnt die Siesta und die Ziege wartet immer noch an ihrem Platz.

Doch nun gehen sie ran, die Männer! Manou, Hama und Mohammed bringen die bereits erwählte Ziege nun endlich an die Felsen hinter der Zeriba. Ein halbwüchsiger Junge von einer anderen Ansiedlung taucht plötzlich auf und holt einige Schüsseln und vor allem das große Messer, das Mohammed vorhin extra geschärft hat – und um die Ziege ist's geschehen.

Durch eine der Ritzen im Schilf meiner Zeriba kann ich alles bequem beobachten. Das geschlachtete Tier wird an den Ast einer dürren Akazie gehängt, denn es muss »ausgezogen« werden. Doch nun ruft mich Mohammed, damit ich auch fotografieren kann. Es wird fast alles verarbeitet.

Besonders begehrt ist die Leber. An einem Feuer wird sie gebraten und dann zu schmalen Streifen geschnitten, die in das Bauchnetz eingerollt werden. Diese Rollen in Stücke geschnitten und aufgespießt, werden nochmals am Feuer gebraten. »Ellemell Fuff« ist wirklich sehr lecker!

Inzwischen herrscht um meine Zeriba ein lebhaftes Chaos. Ein Gast hat aus der Stadt das bestellte Obst und Gemüse mitgebracht. So pule ich 4 kg Granatäpfel, Mohammed kocht das Fleisch und die Cousine hilft ihm beim Gemüse schnippeln.

Draußen arbeiten einige Männer an der Tagella. Ihre Scherze und ihr Gelächter sind gut zu hören. Tagella ist die wichtigste Grundlage eines Tuareg-Essens. Der dicke Fladen, aus Hartweizenmehl und Wasser geknetet, wird in der heißen Asche eines Feuers gebacken. Zerbröckelt liegt er später am Boden der Schüssel, darüber wird der Fleisch-Gemüse-Sud gegeben. Man isst später gemeinsam aus der Schüssel. Natürlich brav getrennt in Männlein und Frauensleute. Aber für alle ein sehr sättigendes Mahl!

Die Gästeschar vergrößert sich zusehends. Männer und Frauen sitzen in getrennten Grüppchen vor meiner Zeriba. Was für ein Bild! Farbenfroh und bunt leuchtet die bewegte Gruppe der Männer in ihren verschiedenen einfarbigen Gandouras. Weiße und dunkle Scheschs runden das Bild ab. Sie unterhalten sich, manchmal steht auch jemand auf, gesellt sich zu den Tagella-Zubereitern und schwatzt dort weiter.

Schwarz umhüllt hingegen sitzen die älteren Frauen dicht und fast unbeweglich beisammen. Aber natürlich haben auch sie viele wichtige Dinge zu bereden. Viel freundlicher dann in hellen Farben präsentieren sich die jüngeren Frauen. Ihre Kinder umschwärmen sie und geben mit ihren bunten Kleidchen und Kittelchen noch weitere lebhafte Farbtupfer hinzu.

Eine junge Frau hat gerade einen Riss in ihrem Umschlagtuch entdeckt. Es ist weiß wie ihr Kleid. Alle Frauen tragen ihn in den verschiedensten Farben, den Tissarnast. Die jüngeren bevorzugen helle Farben, während sich die älteren Damen in schwarze oder indigogefärbte teure Tücher hüllen.

Man trägt es als Ganzkörperhülle; das darunter getragene Kleid ist kaum zu sehen. Die beiden Tuchzipfel des einen Endes werden zusammengeknotet. Durch die entstandene Schlaufe kriechen Kopf und eine Schulter. Der andere Arm wird bereits vom Tuch umwickelt, wie auch der gesamte Körper. Zum Schluss umhüllt das Tuch auch den Kopf und das letzte Ende wird mit einem flotten Schwung über die Schulter geworfen.

Auch ich wollte als Targia, als Tuaregdame im Tissarnast einherstolzieren. Vergebliche Mühe! Mir gelang weder der letzte Schwung noch die vorherige Wickelei. Ohne Übung glitt und rutschte alles an mir herum und sah zudem auch noch liederlich aus. Ständig musste ich raffen, wickeln und den Stoff in die Ecken ziehen, in die er gehört. Deshalb verzichte ich generös auf dieses wichtige Kleidungsstück der Frauen und laufe sehr unschicklich in europäischer Tracht herum. Wie es das hiesige Weibervolk hinkriegt, mit einem solchen Fummel gediegen einher zu wandeln und darin auch noch alle Arbeiten zu verrichten, ist mir schleierhaft.

Woher sie jetzt das Nähzeug zaubert, weiß ich nicht. Aber unter allgemeinem Interesse führt die junge Frau großzügig Nadel und Faden, um alles wieder heil zu machen. Dass sie dabei eine riesige Stopfnadel und einen schwarzen Wollfaden benutzt, stört niemanden. Das ist mir schon oft aufgefallen: Geflickt wird fast immer mit andersfarbigen Wollfäden. Vielleicht liegt es daran, dass man für die verschiedensten Häkel- und Knüpfarbeiten Wollfäden zur Hand hat. Mit Zwirn oder Nähgarn hapert es wohl.

Als ich meinem Prinzesschen Fatna ein von mir handgenähtes Kleidchen aus dem gleichen Stoff gebe, aus dem auch mein Kleid genäht ist, ernte ich Beifall. Trotz der vielen Handarbeiten, die die Frauen machen, nähen sie keine Kleidungsstücke.

Ich sitze natürlich inmitten der Frauengruppe und erhalte ein indigogefärbtes Tuch, das ich mir um den Kopf schlinge. Zum Fest muss eben alles perfekt und schick sein!

Alles ist in bester Stimmung. Sogar für Musik ist gesorgt. Bald wird die Schüssel, die als Trommel dient, durch eine echte Tinde ersetzt. Die Tinde ist eigentlich der Holzmörser, der täglich zum Stampfen der Hirse benutzt wird. Nun bekommt er eine Lederbespannung aus einer Ziegenhaut. Ein Seil, auch aus Ziegenhaaren gefertigt, hält das Leder straff. Wohl damit es nicht ausbeult, wird es immer wieder mit Wasser benetzt – so zur Trommel gewandelt, gibt sie einen wunderbar vollen Klang. Leider verstehe ich die Lieder nicht, die gesungen werden. So bleibt mir nur ein begeistertes Lächeln und das eifrige Händeklatschen im Takt.

Allmählich wird es dunkel und endlich ist auch das Essen fertig. Nun kann nach Herzenslust geschlemmt werden. Irgendjemand kocht Tee, der im Kännchen herumgetragen und dann jedem in ein kleines Gläschen gegossen wird. Mohammed rennt überall herum und passt auf, dass niemand zu kurz kommt.

Erst als alle Schüsseln geleert sind, rüstet man zur Heimfahrt und Mohammed bringt einige Frauen mit dem Auto zu ihrer Wohnstatt, die entfernt von unseren Zeribas liegt.

Nun ist nur noch die engere Familie da. Ein Feuer brennt und wir sitzen alle darum herum. Und so kann ich endlich meine Dankesworte an die Familie richten. Deshalb eigentlich gab es ja das Fest! Schon bei meinem früheren Besuch schlachtete man mir als Willkommen eine Ziege. Und nun war ich mit einer Erwiderung dran. Mohammed, inzwischen zurückgekehrt, ist mein Dolmetscher: Danke für die freundliche Aufnahme, Danke für den Bau der Zeriba und Vergebung für so viele Fauxpas, weil ich nicht immer weiß, was in ihrer Kultur richtig und schicklich ist.

Und der Dank kommt natürlich zurück: Danke, dass ich da bin, Danke für die Geschenke, Danke dass ich immer ein freundliches Lächeln für jeden habe und ich möge das ganze Jahr bleiben.

Mit klaren wundersamen Melodien, die Mohammed auf der Flöte spielt, klingt der Abend aus. Gegen 23.00 Uhr begibt sich jeder zur Ruhe. Nur der arme Mohammed klagt: Er hat Hunger! Er hat den gesamten Abend gearbeitet und noch nichts gegessen!

Ach assudar – Milch ist Nahrung

Hörst du? Poch, poch, poch?« Mohammed macht mich darauf aufmerksam. Es ist Mata, die Hirse im Mörser stampft. Die wird dann mit Wasser gekocht, so dass ein dicker grober Pudding entsteht.

Das erste aber, was Nomaden morgens gern zu sich nehmen, ist ein wenig Ziegenbutter, wenn sie vorhanden ist. Ziegenbutter gilt hier als Delikatesse und wird ähnlich hergestellt, wie wir unsere Butter früher erzeugten. Die Milch wird in einem entsprechend behandelten Ziegenbalg gefüllt, aufgehängt und so lange (sehr, sehr lange!) ruckartig vor- und zurückgestoßen, bis sie eine etwas festere Konsistenz erreicht.

So ähnlich wurde auch früher bei uns auf dem Lande gebuttert. Nur dass da die Milch in ein hölzernes Gefäß kam und mit einem ebenfalls hölzernem Stößel vertikal gestoßen wurde. Holz ist in der Wüste ein rarer Artikel, so benutzt man eben hier den Ziegenbalg. Fest darf die Butter aber bei den Nomaden nicht werden, denn dann würde man sie aus der engen Öffnung, dem Hals des Ziegenbalgs, nicht herauskriegen. Deshalb füllt man sie schon vorher in Flaschen um. Sie sieht aus wie ausgeflockte Sauermilch.

Ein Sprichwort der Nomaden sagt: Aman iman, ach assudar! – Wasser ist Leben, Milch ist Nahrung. Über das lebensspendende Wasser in einer Wüste muss nicht viel gesagt werden. Die Milch aber gehört zur täglichen Nahrung der Nomaden und ist dank der Ziegen stets zur Hand. Wenn alle anderen Lebensmittel verbraucht sind, kann die Ziegenmilch vor dem Hungertod retten. Schon im alten Ägypten galt Milch als Lebenselixier.

So werden die Ziegen, bevor sie ihren Weg in die umliegenden Wadis zur Futtersuche antreten, von den Frauen gemolken. Das ist der Auftakt für das Nomadenfrühstück, das es aber erst später gibt, denn dazu muss erst in langer anstrengender Arbeit Hirse gestampft werden. Hierzu nun benutzt man doch ein hölzernes Gefäß, die Tinde – den Mörser. Ja, es ist der gleiche Gegenstand, der mit einem Leder überzogen, die Trommel abgibt. Um die kleinen

Hirsekörner klein zu kriegen benutzt man noch einen eieruhrförmigen langgezogenen Stößel aus schwerem Holz.

Meistens ist es Mata, die die Hirse stampft. Sie muss ganz schöne Oberarmmuskeln entwickelt haben, denn es ist sehr anstrengend, den gewichtigen Stößel über eine lange Zeit immer wieder hochzuheben, damit er mit voller Kraft auf die kleinen Hirsekörner gestoßen werden kann, bis sie alle zerquetscht sind. Und das verursacht auch das verheißungsvolle Geräusch: Poch, poch, poch!

Manchmal bekomme ich das Ergebnis dieser Arbeit in Form einer Zwischenmahlzeit angeboten und Lalla bringt in einer zugedeckten Schüssel Essink. Das ist die gekochte Hirse, die wie eine Insel aus der sie umgebenden Ziegenmilch herausschaut. Dann sitzen wir in trauter Runde und löffeln gemeinsam den leckeren Inhalt aus.

Hirsebrei hat einen besonderen Geschmack, der nicht sehr ausgeprägt, sondern eher fade ist, denn Gewürze kommen hier kaum zum Einsatz. Als wir einmal bei der Tante beim Essink saßen, warfen alle nach dem ersten Bissen den Löffel fort. Ich war überrascht. Endlich hatte der Hirsebrei meiner Meinung nach ein wenig Geschmack. »Versalzen!!!« war Mohammeds einziger Kommentar. Salz war früher ein kostbares Gut, das von weit her, aus der Ebene von Amadror oder noch weiter aus dem Niger herangeschafft werden musste. Also ging man sparsam damit um. Und das ist auch heute noch so, obwohl es mittlerweile in der Stadt sehr billig zu bekommen ist.

»Was gab es zu essen, als dein Vater noch klein war? Gab es da auch Gemüse?«, will ich eines Tages von Mohammed wissen. »Nein, kein Gemüse! Es gab Hirse im Wadi Tamanrasset. Und man musste große Karawanen machen, um das, was fehlte, zu besorgen.«

»Eine Karawane ging nach Niger, um Salz und Pflanzen und Kleidung zu besorgen. Es gab aber auch eine Karawane nach In Salah. Dort gibt es viele Datteln, dafür aber keine Esel, Ziegen oder Kamele. Also wurden Tiere gegen Datteln getauscht. Mein Vater ist noch mit so einer Karawane gegangen. Sie dauerte vier Monate.«

Heutzutage sieht man zu, dass man eine Mitfahrgelegenheit nach Tam findet und kann sich innerhalb eines Tages in den Geschäften der Stadt mit allen notwendigen Artikeln versorgen.

Manou allerdings zieht es als echter Targi vor, mit seinen Kamelen, die mit dem geschlagenen Holz beladen werden, zu Mohammeds Haus in die Vorstadt zu ziehen, um sich von dem Erlös des Feuerholzes von dort aus mit den nötigsten Waren zu versehen.

Wenn mir schon jetzt das Leben der Nomaden schwierig erscheint, wie schwer und vor allem einfach muss es früher gewesen sein! Die Grundlagen der Ernährung waren Milch, Hirse, Datteln und nur selten Fleisch. Später erweiterte sich das Angebot um Hartweizengrieß, aus dem das Brot der Nomaden, die Tagella hergestellt wird und Couscous.

Lalla führt mir einmal ihre Couscous-Produktion vor: In einem langwierigen Verfahren werden Hartweizengrieß und Weizenmehl mit Wasser benetzt und in einer flachen Schüssel mit der Hand zu den bekannten kleinen Couscous-Kügelchen gerollt, durch ein Sieb gegeben und getrocknet.

Wenn die Essenszubereitung in Europa genauso kompliziert wäre, gäbe es dort bestimmt nicht so viele übergewichtige Menschen. Aber auch in der Wüste ist die neue Zeit längst angekommen. In den Städten und größeren Ortschaften kann man alle Lebensmittel kaufen – sofern Geld da ist.

Dazu gehört auch das Baguette, ein Relikt der Franzosenzeit. Ich verstehe allerdings nicht, warum gerade dieses Nahrungsmittel überlebt hat, denn in der trockenen Wüstenluft mutiert das duftige Backwerk im Handumdrehen zu einer knochentrockenen Masse ohne Nährwert. Aber begeistert greifen alle zu, wenn Mohammed aus der Stadt kommt und massenhaft Baguettestangen auspackt.

Die Tagella – so nennen die Nomaden übrigens auch das Baguette – ist aber eigentlich kein Brot in unserem Sinne. Es wird nicht in Scheiben geschnitten und dann mit Belag gegessen, sondern bildet die Grundlage für die Hauptmahlzeit. Die aber gibt es erst am Abend, wenn die heiße Sonne den Verdauungsvorgang nicht behindert.

Dann wird Gemüse geschnippelt und lange gekocht, damit es auch ordentlich Saft abgibt. Und der wird dann über die zerbröckelte Tagella gegeben. Natürlich hat die neue Zeit auch Variationen dieses Allerweltgerichtes mit sich gebracht: Die Tagella wird gern durch Reis, Nudeln oder Couscous ersetzt. Und als besonderes Festessen gibt es dazu auch Fleisch und das Gemüse kocht in einer Fleischbrühe, dazu wird dann Baguette gereicht.

Am liebsten aber esse ich Elfedat – ein zartes crepeähnliches Fladenbrot. Es wird genauso aus Hartweizengrieß und Wasser gerührt, aber als breiige Masse auf einem heißen flachen Stein – oder als Neuerung im Nomadenhaushalt in einer flachen Eisenpfanne – gebacken und ebenfalls zerbröckelt. Vor allem für ältere Herrschaften eine Erleichterung beim Kauen, denn Tagella ist recht bissfest!

Ja, Tagella! Das ist das Brot der Tuareg-Nomaden. Aber einen Brotbackofen haben sie nicht. Wie sollten sie auch alle diese Gerätschaften auf ihren Wanderungen mit sich führen. Auch hier ist ein Tuareg-Haushalt sehr einfach und effizient. Der mit Hartweizengrieß und Wasser geknetete feste Fladen wird einfach in dem Gemisch aus heißer Asche und Sand gebacken, das sich unter dem allgegenwärtigen Feuer befindet. Das wird zur Seite geschoben und der Backofen liegt vor einem. Brotfladen hinein und heiße Asche darauf -- in einer dreiviertel Stunde wird umgedreht und bald ist alles fertig. Dann muss der Fladen sorgfältig abgekratzt und mit Wasser gereinigt werden.

Manou als traditionsbewusster Targi lud Mohammed und mich zum Essen ein. Die Tagella hatte er selbst bereitet. Diesmal hatte er Kürbisgulasch dazu gekocht. Das ebenfalls gekochte Fleisch zerschnitt er mit seinem großen Dolch. Irgendwie musste er sich wohl doch als Targi präsentieren.

Kürbisse, Tomaten, Zucchini, Gurken, Mais, Melonen und andere Gemüsearten wachsen inzwischen in vielen Gärten, die sich die nun sesshaften Nomaden immer häufiger anlegen. Da ist die Dattel als eines der wichtigsten früheren Lebensmittel inzwischen ziemlich ins Hintertreffen geraten.

Aber bei den leckeren Zwischenmahlzeiten wird sie schon noch eingesetzt. Da ist zum Beispiel Alekohar. Eine traditionelle nahrhafte Speise aus zerstoßenen Datteln, gemischt mit krümeligem trockenen Ziegenkäse und Wasser. Eine sehr erfrischende Speise. Ebenso wie Arschera, das aus Hirse, Käse und Wasser bereitet wird.

Käse? Ja, obwohl die europäischen Käseecken (La Vache qui rit) hoch im Kurs stehen, können die Nomaden selbst wunderbaren Käse herstellen. Leider gerät dieses Verfahren immer mehr in Vergessenheit. Es gibt im weiten Hoggar-Gebiet nur noch zwei Familien, die den herrlichen Takemart produzieren.

Aber dann zeigt mir Manou einen kleinen Aouwlous. Er ist geformt wie ein Harzer Käse, aber knochenhart. »Der schmeckt sauer!«, warnt mich Mohammed. Und so ist es auch. Überrascht verziehe ich das Gesicht, als ich ein kleines Stück probiere.

»Und warum ist er so sauer?« Da nimmt mich Mohammed mit in Aischas Koch-Zeriba. Dort steht in der Mitte auf einem schwachen Holzfeuer ein Topf mit saurer Milch, die stetig am Köcheln ist. Nun wird mir erklärt: Die Molke setzt sich ab und der saure Rahm schwimmt oben. Der wird dann in einem Beutel weiter entwässert, bis er trocken ist.

So ein Beutel hängt auch in Aischas Zeriba gleich am Eingang. Das Zeugs darin ist tatsächlich schon völlig trocken.

Einige Tage später kommt Aischa mit einer Schüssel zu mir herüber. Darin befindet sich jetzt der getrockneten Ziegenquark aus dem Beutel. Mit ein wenig Wasser wird die Masse wieder geschmeidig und weich geknetet. Dann werden daraus die kleinen Iwoulsan-Käselaiber geformt. (Iwoulsan ist die Pluralform von Aouwlous.)

Ich koste von der Masse und finde, sie schmeckt wunderbar mild und ganz normal nach Ziegenquark. Von der späteren extremen Säure ist noch nichts zu spüren.

Dann muss das Ganze an der Luft trocknen, bis es knochenhart und durch den Vorgang viel kleiner geworden ist. Eine praktische und haltbare Reiseverpflegung – allerdings mit großem Gewöhnungspotential.

Ich denke, all diese Lebensmittel gab es schon vor Jahrhunderten. Sie zeugen von der einfachen, autarken Lebensweise, auf die die Nomaden angewiesen waren.

Lalla

Bei meiner Familie

Mata stampft Hirse

Sidi

Tischsitten

Als ich zum ersten Male allein zu Besuch bei Mohammeds Vater in der Wüste weilte, hatte man wohl ein schwieriges Problem zu lösen, von dem ich allerdings nicht die leiseste Ahnung hatte. Es gab am Abend eine Einladung zum Essen. »Du sitzt doch bei den Frauen?«, hatte Mohammed vorsichtig angefragt.

Viel später sollte ich aus Erfahrung wissen, dass so formulierte Anfragen einen wichtigen Hinweis enthielten. Sie bedeuteten stets: ›Du machst es doch so!‹

Doch damals war für mich vieles fremd und ich fühlte mich ohne Mohammeds Übersetzungskünste oft noch recht hilflos.

Also wandt ich auf seine Frage ein: »Aber mit den Frauen kann ich nicht reden. Ich kann nicht Tamahaq und sie nicht Deutsch!« Das war wohl ein ausreichendes Argument und weil ich Gast war und neu, hatte man ein anderes Arrangement gefunden. Es war Sommer und heiß. Deshalb saß man außerhalb der umzäunten Zeriba, um etwas von der Abendkühle zu erhaschen.

Dem Gast hatte man einen Teppich ausgelegt. Neben Brahim, dem Vater und Ältesten durfte ich darauf Platz nehmen. In einer großen Schüssel wurde das Essen vor uns präsentiert. Auf der anderen Seite gruppierte sich dann der Rest der Familie: Brahims Frau, ihre beiden Töchter und Söhne und Mohammed in bunter Mischung. Extra für mich hatten sie diese Ausnahme getroffen.

Damals fand ich nichts weiter dabei – es war für mich eine ganz simple Anordnung. Bei den Tuareg-Nomaden allerdings eine höchst unübliche und sicherlich auch unangenehme Situation.

Der größte Fauxpas besteht darin, einem Mann beim Essen zu beobachten. Denn dabei zeigt er seine untere Gesichtshälfte. Eine besondere Etikette nötigte ihn früher sogar, in einer solchen Situation den Gesichtsschleier anzuheben und Getränke und Speisen von unten und verdeckt zum Mund zu führen. Doch das ist inzwischen nicht mehr gebräuchlich. Der Einfachheit halber sitzen also Männer und Frauen beim Essen getrennt. Da kann das andere Geschlecht den Mund der Männer auch nicht sehen.

Natürlich gibt es noch weitere uns unbekannte Sitten. Schmatzen ist erlaubt, vor allem, wenn es gut schmeckt. Ich schmatzte damals nicht. Freilich war das auch der europäischen Etikette geschuldet. Doch es schmeckte mir auch nicht sonderlich. Langsam führte ich den kaum gefüllten Löffel zum Mund, so dass Brahim mich sogar mahnte: »Manger!« Essen!

Tagella kannte ich schon. Das darauf gegebene Gemüsegulasch hingegen war reichlich mit Kartoffeln versetzt und wohl ewig gekocht. Die Gemüsebestandteile hatten keine Konsistenz mehr. Mit Gewürzen war gespart worden – fade! Inzwischen lange ich bei solchen Gelegenheiten ordentlich zu, denn es schmeckt mir. Das ist reine Gewöhnungssache. Aber damals konnte ich diesem Abendschmaus keinen Geschmack abgewinnen.

Darum war ich froh, als Amoud als erster seine Abendmahlzeit beendete. Er steckte seinen Löffel mit dem Stiel in den Sand. Rasch ahmte ich es nach. Geschafft!

Sollte fehlender Sand dieses Zeichen nicht möglich machen, wird der Löffel mit dem Stiel nach unten an die Schüssel gelehnt – und alle wissen, der Rest des Essens gehört nun ihnen.

Damals, bei meiner ersten Reise mit meiner Enkelin Ulla, setzte sich Manou nach Beendigung der ersten gemeinsamen Mahlzeit in Positur und rülpste vernehmlich. Ulla sah mich erschrocken an. Doch auch bei uns in Europa war das zu Luthers Zeiten ein deutlicher Hinweis auf ein lecker genossenes Essen, ein Dank sozusagen an Koch und Gastgeber. Manous Verhalten jedoch wurde nicht wiederholt. Sicher hatte Mohammed für Aufklärung gesorgt.

Inzwischen habe ich mit diesen Gebräuchen keine Schwierigkeiten mehr und kann problemlos mit ihren Tischsitten umgehen. Und auch die nun nicht mehr fremden Speisen munden mir ausnahmslos.

In meiner Zeriba allerdings gibt es Tisch und Stühle. Da fühle ich mich oft recht überheblich, wenn Besucher und Gäste wie gewohnt am Boden Platz nehmen, während ich auf einem Stuhl am Tisch throne. Auch Mohammed als »Deutschland-Sachkundiger« legt großen Wert darauf, dass meine Gäste wie Europäer auf einem Stuhl mit am Tisch sitzen.

Für Brahim, der oft bei mir Abendgast ist, war das anfangs eine nicht alltägliche Situation. Oft saß er mit angewinkelten Beinen auf dem Stuhl und hatte die Füße – für ihn bequem — mit auf der Sitzfläche.

Beinahe wäre das einmal zu seinem Verhängnis geworden. Der Boden meiner Zeriba besteht aus feinem Kies. So konnten sich die Stuhlbeine in den Untergrund drücken und der Stuhl, auf dem Brahim saß, kippte langsam nach vorn. Nun könnte man sich in einer solchen Lage problemlos mit den Füßen abfangen. Brahim aber nicht. Er hatte seine ihm übliche Sitzhaltung eingenommen und wäre gewiss hingestürzt, wenn er sich nicht in letzter Sekunde an dem Pfosten, der das Dach trägt, festgehalten hätte. Die Europäer haben schon dumme Sitzgewohnheiten! Dessen ungeachtet aber saß er tapfer am nächsten Tag wieder mit hochgezogenem Beinen auf meinen Stuhl.

Er hatte sich wohl bereits daran gewöhnt. Genauso, wie er zunächst, weitab vom Tisch seinen Teller in der Hand hielt, um davon zu essen. Allmählich aber rückte er näher und näher und aß schließlich mit langem Arm vom weitab stehenden Teller, der nun schon auf dem Tisch stand. Inzwischen sitzt er wie wir alle nah am Tisch und isst »europäisch« wie wir.

Aber nicht nur Brahim passte sich meinen fremdländischen Sitten an. Im Mai 2010 saßen Mohammed, Manou und ich auf meiner Terrasse unterm Sonnendach – auf Stühlen. Da kam Aischa hinzu. Sie brauchte einige Größenangaben für die Satteldecke, die sie für meinen Autositz im fernen Deutschland weben sollte. Nun gab es ein kleines Problem: Der einzige freie Stuhl war der neben ihrem Mann. Doch dort zu sitzen wäre unschicklich. Also rückten wir rum, so dass sie sich neben mich setzen konnte. Das ging.

Nur wenig später tauchte Lalla auf. Sie kam mit einer Schüssel Essink. Die stellte sie auf den Tisch, setzte sich selbst aber auf den Boden. Klar, es gab nur vier Stühle. Also bot ich ihr meinen Stuhl an und setzte mich selbst auf einen noch freien Hocker. Aber sie wollte nicht mit uns essen, denn es sei ein Mann dabei! Dabei ist dieser Mann schließlich ihr erwachsener Sohn! Mit einigen Überredungskünsten nahm sie dann zwischen mir und Aischa Platz, wohl diesem Mann weit genug entfernt. So saßen wir endlich doch alle – wie in Europa – zusammen am Tisch und löffeln gemeinsam aus einer Schüssel wie die Nomaden.

Sogar jetzt, nachdem seit bald acht Jahren Tisch und Stühle in meiner Zeriba stehen, fällt es immer wieder auf, wie sehr ihre Traditionen verinnerlicht sind.

Brahim war in meiner Zeriba erschienen, als das Abendessen schon auf dem Feuer köchelte. Als es fertig ist, kommt auch Aischa. Wenn Mohammed kocht, haben wir immer wieder Gäste. Doch mit dem Schwiegervater gemeinsam am Tisch sitzen – das kann sie sich nicht erlauben. Doch Brahim ist längst umgeschult und harrt auf seinem Stuhl der leckeren Abendmahlzeit. So setzt sich Aischa, wie es sich in Tuareg-Kreisen gehört, höflich ihm abgewandt und ein Stück abseits auf den Boden.

Mohammed aber hat sich die europäischen Ess-Sitten zu eigen gemacht und bittet sie ebenfalls an den Tisch. Nur widerstrebend setzt sie sich, nachdem ich ihr einen Platz neben mir, einer Frau, angeboten habe, nun neben mich, weit ab vom Schwiegervater und wendet ihm beim Essen konstant den Rücken zu. – Aschek!!!

Karhabet

Mohammeds Auto ist schon recht betagt. Die letzten Ziffern auf dem Nummernschild verraten es ungeschminkt und ganz genau: ... 181 11. Da hilft kein Make up und kein Lifting – da das Kennzeichen eines algerischen Autos vom ersten Tag an bis zu seinem bitteren Ende beibehalten bleibt, muss es sein Alter mit stoischer Aufrichtigkeit stets vor sich hertragen. Während die 11 die Region angibt, hält die vorherige Zahlenkombination 181 sozusagen das Geburtsdatum mit Monat und Jahr für alle sichtbar fest.

Allerdings ist diese Altersangabe nur dem Auto pauschal zugeordnet. Die vielen Modernisierungen und Aufhübschungen kann man daran nicht ablesen. Mitunter stimmt gerade einmal die Fahrgestellnummer noch und alles andere wurde schon einmal ausgetauscht. Doch es spricht für den unverwüstlichen Aufbau dieser Autos vergangener Baujahre, die einem Gefährt eine so lange Lebensdauer beschert. Nicht zuletzt darum sind es immer wieder diese alten Toyota, die die Wüste durchqueren.

Bei Mohammeds Toyota, denn um einen solchen handelt es sich, ist das aber wahrscheinlich nur bedingt geschehen. Zur Erhöhung der Fahrsicherheit sind durchaus noch etliche Verbesserungen möglich.

Dennoch möchte ich das Gefährt gar zu gern einmal ausprobieren, denn ich bin begeisterte Autofahrerin. Wir sind auf dem Weg nach Tam zum Einkaufen und befinden uns noch im heimischen Wadi. Da kann es doch kein Problem geben, denke ich, denn es kribbelt in meinen Füßen und Fingern.

Generös überlässt mir Mohammed das Steuer. Ha, Wüstenfahrten sind das reinste Abenteuer! Das Gaspedal ist mit einem Schnürsenkel irgendwo angebunden und greift erst nach mehrmaligem Fußdruck, die Kupplung geht schwer und das Lenkrad hat viel zu viel Spiel. So eiere ich durch den Sand. Die Armaturen fehlen, man fährt nach Gehör.

Es ist komplizierter als ich dachte. Obwohl ich mich an den Fahrspuren orientiere, rutsche ich wie im Schlamm immer wieder ein wenig rechts und links hinaus und habe Mühe, die exakte Richtung zu halten.

Ein Anhalter steht am Wegesrand. Es ist üblich und völlig normal, sich als Mitfahrgelegenheit zu präsentieren. Doch wie kriege ich die Karre zum Stehen? Erst ein mehrfaches Bedienen des Bremspedals zeigt allmählich Wirkung.

Stolz lässt Mohammed den Mann einsteigen. Nein, ICH soll weiterfahren! Vielleicht ist ja eine Europäerin, die als Frau auch noch Auto fahren kann, eine ganz besondere Attraktion, mit der man bei der hiesigen Bevölkerung punkten kann!? Und so werde ich nun auch noch Taxifahrerin.

Aber als später die Kiesgruben in Sicht kommen, die den Ausbau der neuen Straße ankündigen und wo große LKW fahren, lasse ich erleichtert Mohammed lieber wieder ans Steuer. Karhabetfahren in der Wüste muss ich erst noch üben.

»Taxi« nennt man übrigens in Nomadenkreisen die PKW, die in

der Stadt häufig tatsächlich auch als Taxi fahren. Sie taugen kaum für die schwierigen Touren querfeldein durch die Wüste. Dazu ist schon ein robusteres Fahrzeug notwendig, wie z.B. so ein Landcruiser. Und die heißen auf Tamahaq »Karhabet«.

Sie stehen inzwischen immer öfter auch vor einer Zeriba mitten in der Wüste. Dennoch treffe ich aber auch immer noch auf Kamelreiter – sogar in der Stadt. Kamele brauchen kein Benzin und keine Ersatzteile und suchen sich ihr Futter allein. Allerdings stehen sie eben deshalb nicht einfach so vor der Tür, jederzeit zum Aufbruch bereit.

So ein Nomaden-Karhabet ist meist uralt. Denn, wenn er noch aus der guten alten Zeit stammt, hat er den riesigen Vorteil, dass man fast alles selbst reparieren kann.

Neuzeitliche Fahrzeuge mit ihrem vielen elektronischen Elementen würden schon bei der geringsten Panne nur noch ein Häuflein Unglück darstellen, denn der Ersatzteilladen ist weit entfernt und einige Flicken aus Gummi oder Blech oder ein Winken mit dem Schraubenschlüssel helfen da kaum.

Und so ist Mohammed mit seinem Gefährt durchaus zufrieden und glücklich. Es ist mir völlig schleierhaft, wie er Gas, Kupplung und Bremse sofort und richtig zum Einsatz bringt und auch trotz schlackerndem Lenkrad in der Spur bleibt. Aber ich bin überaus froh darüber. Er ist ein Könner, eben ein Wüstenfahrer! Ich kann mich vollkommen sicher fühlen.

Doch die Stadt mit ihren prima asphaltierten ebenen Straßen scheint ihm nicht so sehr zu liegen. In Tam fahren die Autos inzwischen dicht an dicht. Ein Verkehrspolizist an einer Kreuzung wacht darüber, dass niemand seine eigenen Regeln macht.

Und schon ist Mohammed dran! Er wird herausgepfiffen und muss sich an der Straßenseite die Vorhaltungen des Ordnungshüters anhören. Was hat er falsch gemacht? Man spricht Arabisch. Das verstehe ich nicht. Aber sehr vorwurfsvoll wird er mit harschen Tönen zurechtgewiesen.

Ein Wort, ziemlich abfällig und herablassend gesprochen, höre ich heraus: »Nomad«. Ja, ich weiß, die zugezogenen Nordalgerier sehen sehr gern von oben herab, wenn sie den seit Jahrtausenden hier lebenden Tuareg begegnen. Nur in die Wüste wagen sie sich nicht, denn die ist ihnen fremd geblieben, langweilig oder unheimlich.

Ich glaube, Mohammed hatte zu spät oder vielleicht auch gar nicht geblinkt. Ergeben stimmt er den Vorhaltungen der Staatsgewalt zu und endlich dürfen wir weiterfahren.

Das aber war es nicht allein. Schon beim Einfahren in die Stadt hatte man uns am Kontrollpunkt angehalten. Der hat sicher seine Berechtigung, denn Al Kaida, Schmuggler und andere diverse Bösewichter, die auf ihrer Fahrt von oder zu den Sahelländern dummerweise die Straße benutzen, müssen am Stadteingang von Tam schließlich kontrolliert werden.

Während man mich völlig ignorierte, wurden die Autopapiere besonders argwöhnisch begutachtet. Verunsichert wippte der junge Uniformierte in den Knien und holte sich schließlich sogar noch die Meinung eines Kollegen ein. Ich konnte gut im Seitenspiegel beobachten, wie sie hinter dem Auto die Unterlagen genau betrachteten. Gemeinsam kamen sie endlich zu dem Schluss, dass Mohammeds Autozulassung längst abgelaufen sei.

Nun war guter Rat teuer! Wir durften zwar weiterfahren, aber dann? Empört zeigte mir Mohammed seine Papiere. »Ich habe doch aber bezahlt!« Ha! Lesen müsste man können! Wenn ich auch die arabischen Schriftzeichen nicht beherrsche, so kann ich dennoch die Ziffern des Datums lesen. 01. 10. 2010 ist bei uns der erste Oktober. Da hat Mohammed die Zulassung verlängert. Aber man kann das Datum auch so schreiben: 2010 – 10 – 1 – ! Es bedeutet zwar das gleiche, könnte aber auch als zehnter Januar gelesen werden. Und jetzt ist es bereits Ende Januar 2011. Das bezahlte Jahr wäre da wohl für die Kontrolleure längst um!

So wird nun Mohammed bei der entsprechenden Behörde vorstellig, bekommt natürlich Recht und lässt sich ein zusätzliches erläuterndes Schreiben aushändigen.

Auf der Rückfahrt ist unser Freund an der Stadtausgangskontrolle auch tatsächlich wieder zur Stelle. Ich erkenne ihn an den leicht wippenden Kniebewegungen sofort wieder. Eingehend wird die zusätzliche schriftliche Leseanleitung begutachtet – und zerknirscht lässt er uns passieren. Ja, die Staatsgewalt hat es auch in Algerien nicht leicht!

XI. Rund um meine Zeriba

Meine Zeriba
Leise flüstert nachts der Wind mit dem Schilf.
Sonnengold drängt sich der Morgen durch die Ritzen.
Ein Gecko leistet mir als Untermieter Gesellschaft,
Wie die dicken Hummeln, die mittags brummelnd ihr
Heim im Dachgebälk aufsuchen.
Meine Zeriba – vier mal sechs Meter Natur verschmelzen
mit der Landschaft ringsum.

Zarte Bande

Golden fluten die ersten Sonnenstrahlen durch die Ritzen meiner Schilfbehausung. Ich höre Mohammed am Kocher hantieren, es wird also bald Frühstück geben. Sehen kann ich ihn nicht, denn meine Schlafkoje ist mit einer Plane vom restlichen Raum abgetrennt.

Es ist gegen sieben Uhr, alle anderen Bewohner sind schon lange auf den Beinen, haben ihren Tagesablauf längst begonnen. Bei den Tuareg bin ich um diese Zeit schon Langschläfer. Die leuchtenden Sonnenstrahlen trügen, denn jetzt im Januar ist es morgens noch recht kalt: Gerade einmal vier Grad!

Dennoch liebe ich diese kurze Spanne zwischen Schlafen und Wachen, wenn ich allmählich aus meinen Träumen auftauche und erfreut feststelle: Ich bin noch immer in der Wüste, in meiner Zeriba und es beginnt ein neuer wunderschöner Tag in meinem ereignisreichen Leben!

Besonders beglückend höre und rieche ich, wie Mohammed im Kohlebecken zuerst kleine Zweige entzündet und dann einen größeren Kloben Akazienholz nachschiebt. Eine wohltuende Wärme durchzieht sofort die Schilfhütte. Es wird Zeit aufzustehen!

Das Frühstück, das fast immer Mohammed als Frühaufsteher bereitet, ist weitestgehend europäisch und wird gern von allen mit mir gemeinsam genossen. Schließlich gibt es Baguette, Marmelade, Schmelzkäse (gern auch als Buttterersatz), manchmal auch ein gekochtes Ei oder sogar Pfannkuchen! Dazu Instant-Kaffee, den Mohammed für seinem Vater als meinen regelmäßigen Morgengast mit extra viel Zucker und Trockenmilch anrührt. Sogar Manou, der auf seine traditionelle Lebensweise großen Wert zu legen scheint, stellt sich manchmal ein.

Die Ziegen haben ihren Schlafplatz verlassen und streunen durch das Lager. Und während ich mich in meiner Waschkabine der Körperpflege hingebe – Mohammed hat mir sogar in einer Mineralwasserflasche warmes Wasser bereit gelegt (Hoch lebe der luxuriöse Service!) – höre ich, wie draußen Sidi den Frauen behilflich ist, die Ziegen zum Melken einzufangen.

Nun aber sind die Ziegen längst davon gezogen. Mädchen, jüngere Frauen und auch Jungen beaufsichtigen sie. Niemals gehen gestandene Männer mit. Die kümmern sich um die Kamele, denn nur das ist Männerarbeit. Aber Sidi ist ein Junge und nun schon so groß, acht oder neun Jahre alt, dass er mitgehen darf. Schließlich muss er die Wege und die Plätze kennenlernen, an denen die Ziegen ihre Nahrung finden.

Gestern Abend noch schäkerte er mit mir herum. Er versuchte mich zu kitzeln, ohne selbst gekitzelt zu werden. Da hielt ich natürlich mit! Später erst übersetzte mir Mohammed, was Sidi dazu stets sprach: »Schläfst du oder wachst du?« – Ein lustiges Spiel. Er hatte beim Gang mit den Ziegen einen hübschen Kristall gefunden und mir mitgebracht, als Geschenk. Sehr geheimnisvoll hatte er ihn aus der Innentasche seine Jacke hervorgezaubert und ihn mir triumphierend überreicht. Überrascht und natürlich bewundernd hatte ich ihn entgegengenommen und mich überschwänglich bedankt. Was für eine tolle Aufmerksamkeit ihm da eingefallen ist! Er ist ein treuer Besucher. Oft sitzt er am Eingang meiner Hütte und beobachtet mich von dort aus schweigend – nur seine großen schwarzen Augen folgen meinem Tun.

Heute aber gibt es eine Überraschung für Mohammed! Unglücklich über seine ersten grauen Haare auf dem Kopf und im Schnurrbart, hatte er mich einmal nach der Ursache gefragt. Und weil ich nicht lange Vorträge über Vererbung halten wollte, meinte ich: »Das hat Allah so gemacht!«, und er nickte nachdenklich. »Ja, das stimmt!« pflichtete er mir schließlich bei und war's zufrieden.

Doch nun pfusche ich Allah ins Handwerk, denn in meinem Gepäck befindet sich eine Packung Haarfärbemittel – eigens dazu aus Deutschland mitgebracht. So recht traut er der Sache zwar nicht gleich. Aber weil er neugierig jeden Spaß gern mitmacht, stellt er sich mutig dem fremdartigen Verfahren.

Es erweist sich ohne fließendes Wasser und ohne Waschbecken als komplizierte Prozedur, zumal ich bislang über keine diesbezüglichen Erfahrungen verfüge. Doch es funktioniert und das fertige Produkt söhnt ihn restlos aus.

Stolz startet er zum Schaulaufen zu den Frauen, die gerade gegenüber bei Lallas Salon Tee kochen. Ich kann gut die Begeisterungsstürme hören, wenn ich auch die Worte nicht verstehe. – Ach, aber nein, das pure Entzücken war es dann doch nicht. Wer weiß, worüber die Frauen in helle Aufregung gerieten? Vielleicht machte Mohammed ja als Vertuschung des Experimentes seine bekannten Scherzchen. Nur, die erwartete Bewunderung blieb aus.

Denn ziemlich ernüchtert kommt er zurück. Seine nun wieder gänzlich schwarzen Haare waren überhaupt nicht bemerkt worden! Kein Wunder! Er hatte, wie es sich für einen ordentlichen Targi gehört, vor den Frauen den Schesch bis zur Nase heraufgezogen. Da ist natürlich kein Härchen – nicht einmal das kleinste Schnurrbarthärchen – zu sehen, ob schwarz, weiß oder grau!

So macht er sich enttäuscht an die Zubereitung des Mittagessens. Wahrscheinlich ist er als Koch für die Touristen auf eine strikte Einhaltung der Essenszeiten eingeschworen. So achtet er auch hier genauestens darauf, dass das Mittagessen punkt 12.00 Uhr fertig ist. Mir ist das nicht so wichtig und mir würde auch ein kleiner Imbiss reichen, doch Mohammed hält eisern an der genormten Tradition fest. Und es schmeckt ja tatsächlich auch immer wieder! Heute kocht er Linsen, die ich mit geschnittenen Datteln, statt mit Trockenpflaumen verfeinere. Dazu wird Salat aus Tomaten, Gurken und Zwiebeln gereicht.

Bald sitzt Sidi wieder bei mir. Heute ist er nicht mit den Ziegen unterwegs. Doch mein kleiner Verehrer hat sich mit einem kleinen Schesch erwachsen gemacht und mir einen schön gefärbten Stein überreicht. Andächtig und bewundernd sieht er mir zu, wie ich meine Tagebuchnotizen vervollständige. Was er sich wohl für ein Bild von meiner Heimat machen mag?

Mohammeds Tante ist unser Mittagsgast. Aischa, Sidi und die anderen Kinder ergänzen unsere Runde. Zuerst aber gruppieren sie sich um das Kohlebecken, um sich die Hände zu wärmen. Dennoch: Die Tante und auch die kleine zweijährige Doma gehen barfuß. Dazu aber hat das Mädchen gleich zwei Mützchen auf, ein Kordmäntelchen und eine lange Hose an. Mona, ihre Schwester, trägt den wärmenden Anorak sehr lässig heruntergerutscht, so dass ihre nackte rechte Schulter zu sehen ist. Abhärtung ist alles! Wir haben innen elf Grad, aber durch den eisigen Wind sind es gefühlte Minusgrade.

Nach dem Essen greift Mohammed zum Dolch. »Ich will eine Ziege schlachten!« Gemeinsam mit Amoud, seinem Halbbruder, geht er auch sofort ans Werk. Ich bleibe lieber drinnen am Kohlebecken, während die anderen in Erwartung der ersten leckeren Bissen zu Lallas Salon überwechseln. Bald bekomme auch ich etwas vom Ellemel Fuff, der gebratenen Leber, auf einem Tellerchen gebracht.

Die Ziege, so erfahre ich, ist Amouds »Saqqat«, die Armensteuer. Das ist eine der fünf Pflichten, zu denen jeder gläubige Moslem gehalten ist. Übermorgen muss er zum Militär, da möchte er vorher noch einmal Gutes tun und mit dem Schlachten der Ziege die Armen unterstützen. Ich glaube, mit letzteren war die Tante samt Familie gemeint, die über keinerlei Einkommen verfügt. Jedenfalls sehe ich, wie sie später schwer beladen von dannen zieht.

Der kalte Wind hat endlich nachgelassen und alles versammelt sich draußen an der sonnigen Westseite der Zeriba, um Wärme zu tanken.

Als ich am Nachmittag aus dem Wadi Blätter von einer Heilpflanze für mein Herbarium hole, schwänzelt Sidi wie ein Kavalier um mich herum. Schließlich reißt er eine Pflanze heraus und hält sie mir entgegen. »Ameo« erklärt er mir. Es ist rührend, wie er sich bemüht, mir bei meiner Pflanzensammelei zu helfen. Doch so viel weiß ich nun auch schon: Ameo ist das nicht! Vielleicht will er nur mit mir scherzen? Aber ich weiß: Ameo hat gelbe Blüten und einen sehr angenehmen Duft. Dieser Annäherungsversuch ging also schief.

Doch das scheint ihn nicht zu verdrießen. Am nächsten Abend sieht er wieder bei mir herein. Verstohlen zeigt er mir die Innentasche seiner Jacke und sieht mich hoffnungsvoll an. Ein kleiner »Flachmann«, eine kleine braune Medizinflasche steckt darin. Sie ist leer. Obwohl wir beide keine gemeinsame Sprache sprechen, verstehen wir uns gut. Wie ein stiller Verehrer hat er mir in den letzten Tagen immer wieder etwas mitgebracht. Und nun diese seltsame Flasche.

Seine großen schwarzen Augen sind gespannt und fragend auf mich gerichtet. Wird die Gauria, die Ungläubige, sich auch darüber freuen? Als ich ihn vor langer Zeit zum ersten Male sah, war er keine drei Jahre alt. Nun ist er schon so groß, dass er seine Tante begleiten kann, wenn sie mit den Ziegen geht.

Ich reiße ein leeres Blatt aus meinem Tagebuch und stelle die Flasche darauf. Der Schatten den sie wirft, sieht aus wie ein Targi im weiten Boubou. Der dicke Schraubverschluss markiert den Schesch. Ich male den Schattenriss mit einem Bleistift nach. Er hat die Figur sofort erkannt, nimmt mir den Stift aus der Hand und malt mit Punkten und Strichen ein Gesicht hinein: Augen, Nase, Mund.

Ganz hingerissen von dem Kunstwerk fragt er mich gestenreich, ob er es behalten darf. Na klar darf er das! Und ruckartig hat mein kleiner Kavalier all seine Hingabe vergessen und rennt stolz über sein Werk zu seiner Großmutter, um es ihr zu zeigen.

Arbeitshöhe

Ich möchte morgen zum Brunnen, denn dort liegen bei dem verlassenen Haus einige Lehmsteine, die niemand braucht. Die möchte ich holen.« »Was willst du machen?«

An meiner Zeriba wurde extra für mich, ebenfalls aus Schilf, eine Duschkabine angebaut, mit einem vertieften Betonboden, der sogar über eine kleine Abflussröhre nach draußen verfügt. Allerdings kommt das Wasser nicht von oben aus einem Duschkopf. Ich habe zum Waschen eine simple Plastikschüssel am Boden stehen. Zur bequemeren Handhabung brachte Mohammed neulich auf meinen Vorschlag hin eine kleine bunte Plastikfußbank aus der Stadt mit. Nun muss man nicht mehr auf dem Betonboden sitzen, wenn man sich waschen will. Die Handtücher und ein Spiegel hängen an mehreren Haken im Holzgerüst. Schwieriger schon ist es mit dem Zahnputzzeug. Das hängt, in einer Plastiktüte verstaut, ebenfalls dort.

Aber noch immer finde ich das Waschen dort unten unbequem, komme ich nicht mit der ungewohnt niederen Arbeitshöhe zurecht. Ja, ich hatte mir sogar einmal eine Solardusche mitgebracht. Doch die einhändige Benutzung beim Waschen war schwieriger als gedacht und der Wasserstrahl äußerst dürftig.

Deshalb dachte ich mir, ein kleiner Sockel aus Lehmbausteinen wäre für mich sehr hilfreich. Auf den könnte ich meine Waschschüssel stellen und mich dann im Stehen waschen, so wie in Europa vor dem Waschbecken.

Gut gedacht. Doch Mohammed ist schneller. Mein Wunsch war ihm Befehl! Als ich am nächsten Morgen wach werde, höre ich ihn schon rumoren. Was mag er nur treiben?

Kurze Zeit später sollte ich es sehen: Er hatte mir in der Duschkabine einen erhöhten Platz für meine Waschschüssel gebaut. Einige Äste nebeneinander in die Holzkonstruktion gesteckt, mit Wachstuch umwickelt, bilden sie einen schmalen, aber ausreichend großen Sims für meine Waschschüssel. Ist das nicht toll? Nur: Sie befindet sich in Augenhöhe!!!

Woher soll auch ein Nomade wissen, in welcher Arbeitshöhe die Europäer zu agieren gewohnt sind. Sie kennen nur den Erdboden als Sitz- und Arbeitsfläche. Und obwohl Mohammed mir einstmals einen Tisch für den Kocher bauen ließ, damit ich davor bequem im Stehen hantieren kann, hat er diesen Unterschied wohl nicht verinnerlicht.

Am nächsten Tag dann wird eine zweite Ablage gegenüber angebracht. Alles nur für mich! Geschickt wird dazu die Sitzfläche eines alten Stuhles genutzt. Das ist prima, denn so passt außer der Waschschüssel auch noch der Seifenspender darauf. Zwar steht nun alles auf dem abschüssig gebauten Sims ziemlich schräg, aber benutzbar. Ich kann mich im Stehen waschen. Mit meinem darüber aufgehängten Handspiegel ist es fast wie zu Hause im Badezimmer – welch Luxus! Der zuvor gebaute hohe Sims aber dient nun als wundervolle Ablage für meine Waschtasche nebst Zahnputzzeug.

Und die Tuareg? Bei so intimen Handlungen wie es das Waschen ist, lassen sie sich nicht beobachten. Aber selbst Manou, der auch schon einmal meine Duschkabine benutzt hat, kam nicht auf die Idee, sich selbst so ein Luxusbadezimmer an seine Zeriba anzubauen.

Die Viererbande

Da stehen zwei Frauen!«, sagt Mohammed, während er aus der Zeriba zum gegenüberliegenden Ziegenpferch sieht. Kommt Besuch? Nein, ich sehe nur zwei Ziegen, die jeweils an einen Baum angebunden sind.

Aber natürlich: Es sind Ziegenfrauen, die bald lammen werden. Deshalb hat man sie heute früh nicht mit der Herde gehen lassen. Doch sie lassen sich offenbar Zeit.

Schon seit dem frühen Morgen aber beobachte ich vier junge Zicklein, die ganz allein unterwegs sind, das Lager zu erkunden. Ich habe keine Ahnung, wie sie sich von den anderen entfernt haben. Normalerweise müssten sie mit der kleinen Herde der Ziegenlämmer unterwegs sein.

Man sieht die vier Abenteurer stets gemeinsam überall herumrennen. Niemand hindert sie daran. Wie eine verschworene Bande tauchen sie bald hier, bald dort auf, um im nächsten Augenblick schon wieder einen anderen Platz auszukundschaften. Aber die werdenden Ziegenmütter beachten sie nicht.

Am Nachmittag habe ich Kaffeegäste: Lalla und noch einige Frauen sitzen bei mir und lassen sich die Kekse schmecken. »Haben denn die beiden Ziegenfrauen schon ihre Babys gekriegt?«, will ich wissen, denn ich sitze mit einem kleinen Strickstrumpf abseits und kann nicht hinaus schauen. »Ja, jetzt kannst du gucken!« »Schön, ich stricke nur noch die Nadel ab, dann gehe ich zu ihnen.« Die Strickstrümpfchen sind für ein Baby gedacht, zu dessen Issem wir geladen sind. Sie müssen also pünktlich fertig werden. »Ach, da muss ich wohl nun noch vier kleine Strümpfchen für das Ziegenbaby stricken?«, scherze ich noch.

Ich ahne nicht, dass sich das »Jetzt kannst du gucken!« auf die Geburt direkt bezieht. Keine der Anwesenden weist mit irgendeiner Reaktion darauf hin. Für sie ist auch das Lammen ein alltäglicher Vorgang.

Als ich bei der Ziegenmama ankomme, hängt noch ein Teil der Nachgeburt heraus. Das kleine Ziegenlamm aber steht bereits zittrig und staksig auf den Beinen. Und schon will es unbedingt trinken und findet auch instinktiv die richtige Stelle dazu. Es ist noch ganz nass. Die andere tragende Ziege schaut von ihrem Baum herüber. Was mag sie begreifen?

Ziegen sind kluge Tiere. Neulich kamen sie allein von der täglichen Futterwanderung zurück. Sie kennen den Weg genau und können wohl auch die Zeit erfassen, wann der Rückweg anzutreten ist. Nur der Ziegenhirte hatte da offensichtlich Probleme. Am Morgen schon war er erkältet und mit Fieber losgezogen. Nun machen sich alle Sorgen und man hält vom hohen Felsen her Ausschau. Doch der Hirte war mit einem »Nachbar«-Ziegenhirten zu dessen derzeitigem Wohnort gelaufen. Beide waren »Fremdarbeiter« aus Mali, extra dazu eingestellt, aber auch vom Volk der Tuareg. Dank einiger Medikamente von mir ist er am nächsten Morgen wieder auf den Beinen und führt die Herde wie eh und je.

Normalerweise gehen bei den Tuareg junge Frauen und Mädchen mit den Ziegen. Auch die Jungen werden mit dazu herangezogen. Hier sind es aber nur Aischa und Mata. Sie wechseln sich ab. Denn Amoud und Limane gehen in die Schule und leben deshalb im Internat der Stadt und Fatna und Sidi sind noch zu klein. Es herrscht also diesbezüglich Arbeitskräftemangel! Da ist es schon ein Glück, dass sich junge Tuareg-Männer aus Mali einfinden, um sich ein wenig Geld zu verdienen. Es muss ihnen in ihrer Heimat wirklich schlecht gehen, denn es handelt sich schließlich um »Frauenarbeit« und der Verdienst kann auch nicht besonders groß sein, die Leute hier haben selbst kaum Geld.

So gibt es nun eine ganz neue Arbeitsteilung: Er geht täglich mit den großen Ziegen und die beiden Frauen betreuen abwechselnd die kleinen Ziegenlämmer, gehen mit ihnen tagsüber zur Futtersuche in die umliegenden Wadis. Nur eben nicht so weit.

Die Hirten aus Mali wechseln jede Saison. Zum Ramadan gehen sie wieder zurück in ihre Heimat. Dann kommt ein anderer. Es scheint sich herumgesprochen zu haben bei den Tuareg in Mali, denn auch in den anderen Nomadenfamilien dieser Sippe der Ahaggar-Tuareg gibt es diese Fremdarbeiter als Ziegenhirten. (Leider fand mit der Machtübernahme der Islamisten in Nordmali diese Arbeitsbeschaffungsmaßnahme ein vorzeitiges Ende.)

Die kleine Ziegen-»Gang« allerdings, die Viererbande, hat sich irgendwie geschickt abgeseilt und streunt nach wie vor durch die kleine Ansiedlung. Überall schnüffeln sie herum, stöbern in abgelegten Sachen und suchen unter den wenigen dürren Akazien in der Nähe nach heruntergefallenen Samenschoten. Als sie sogar über den nachlässig gespannten Maschendrahtzaun der Besucher-Zeriba springen, um ein wenig am Schilf zu knabbern, werden sie mit harschen Worten davongetrieben. Aber sonst lässt man sie gewähren.

Kurz vor 8.00 Uhr, wenn die Ziegen gemolken sind, marschiert die Herde los, gefolgt von den Hunden. Wenn diese Tiere im Islam auch als »unrein« gelten, sind sie doch unentbehrlich. Ich sah selbst einmal, wie ein Schakal ein Ziegenjunges in die Felsen schleppte. Vielleicht hatte er dort selbst Junge zu versorgen? Die Hunde sind aber keine Hütehunde. Die Ziegen kennen die Wege zu den einzelnen Wadis genau, gehen sogar oft dem Hirten voran. Doch sind die Hunde dennoch stets dabei und nur für die Vertreibung der Schakale verantwortlich.

Vor einiger Zeit fragte ich Mohammed, ob in der Sahara die kleinen Zicklein auch immer im Frühling zur Welt kämen. Nein, meinte er, die können das ganze Jahr über geboren werden. Aber da mache man ein Programm, damit das nur dann passiert, wenn die Nomaden es wollen.

Als später einmal bei einer Mittagspause in der Wüste Ziegenherden an uns vorüber wanderten, konnte ich das »Programm« bestaunen: mit einem kleinen Strick waren die Hoden eines Schafbocks ganz einfach abgebunden. Nun wundere ich mich auch nicht mehr, dass bei den Nomaden so viele Kinder geboren werden. Denn welcher Targi hätte dieses Programm schon gern an sich ausprobiert!!!???

Die kleine Vierertruppe, die sich schon den gesamten Tag im Lager herumtreibt, ist ein wenig älter, als die ganz kleinen Lämmer. Wie »Halbstarke«, die sich in der Gruppe allen überlegen fühlen, rennen sie gemeinsam von Hütte zu Hütte und in den angrenzenden Felsen herum. Es ist amüsant anzusehen, wie diese verschworene Gang eng beisammenbleibt und dabei immer wieder neue Erkundungen ausheckt.

Erst als dann am Abend die Muttertiere zurückkommen, gibt es ein lebhaftes Gemecker und Gerenne. Jedes Lamm möchte möglichst schnell zur vertrauten Mutter und bei ihr trinken. Und auch unsere Viererbande gibt augenblicklich ihr verwegenes Abenteurerdasein auf, wird wieder zu den kleinen Ziegenkindern, die glücklich sind, ihre Mama wieder um sich zu haben. Vehement drängen sie sich zu ihren Müttern durch und trinken sich in langen Zügen satt.

Für die ganz kleinen Lämmer gibt es einen Pferch, aus flachen Steinen, dem Adjeror. Dort sind sie sicher, vor allem vor dem Schakal – und können auch nicht wegrennen. Wie ein kleines Iglu mit offenen Ritzen sieht er aus. Es ist gar nicht so einfach, einen solchen Unterstand zu bauen. Er muss stabil sein aber doch auch luftdurchlässig.

Ziegen sind neben Kamelen und Schafen die einzigen Tiere, die die Leute in Talaïne heutzutage halten. Esel gibt es auch, aber die laufen frei herum. Ich habe sie immer nur von weitem gesehen. Sie werden hier wohl nur eingefangen, wenn man sie als Reit- und Lasttier für die Frauen benötigt. Doch die Frauen sind auf kurzen Strecken lieber zu Fuß unterwegs und für längere Wege lässt man sich gern mit dem Auto kutschieren.

Während die Kamele, die nur Männern wie z.B. Manou gehören, weitab in einem Wadi, an den Vorderbeinen gefesselt, allein ihr Futter suchen, sind Schafe meist nur Saisontiere, die besonders zu festlichen Anlässen und zum baldigen Schlachten gekauft oder getauscht werden. Das wichtigste solcher Feste ist das Opferfest. Da werden überall in der islamischen Welt Millionen von Schafen geschlachtet – als Anstatt-Opfer sozusagen – für den Sohn Abrahams, den er Gott opfern wollte. Schließlich ist unser altes Testament auch die Vorgeschichte des Islam.

Die Ziegen gehören den Frauen und werden auch von ihnen betreut und täglich gemolken. Sie stellen einen Universallieferanten für den täglichen Lebensunterhalt und für viele verschiedene Gebrauchgegenstände dar. Wasser wird in einem entsprechend bearbeiteten Ziegenbalg, der Guerba frisch gehalten, ebenso dient ein solcher Balg auch zur Herstellung der Ziegenbutter. Und schließlich war und ist das enthaarte und gegerbte Leder Grundlage für Behältnisse wie Taschen und Beutel, für die prächtigen Kamelsättel, für schmale Lederschnüre, sogar für die Lederzelte und wird nicht zuletzt auch gefärbt und geschnitten zur Verzierung sämtlicher Lederarbeiten benutzt.

Sogar die langen schwarzen Ziegenhaare werden zu Schnüren gedreht. Geschickt fertigen die Frauen daraus feste Gurte und Seile.

Doch als Nahrungslieferant – nur zu Festen und Feiertagen – muss eben hin und wieder auch eine Ziege geschlachtet werden. Das macht man ein wenig abseits, an einem Baum, weil sie dort dann gleich aufgehängt und zerteilt werden kann. Auf meine Bitte hin durfte ich einmal zusehen.

Man hatte schon am Morgen ein Tier ausgewählt und angebunden, damit es nicht mit den anderen davonzieht. Nun schnappt es sich Manou und geht mit ihm zu dem besagten Baum. Ob die Ziege ahnt, was ihr bevorsteht? Angekommen, packen die beiden, Manou und Mohammed, rasch zu und drücken sie seitlich auf den Boden. Dabei wird darauf geachtet, dass sie so zu liegen kommt, dass ihr Kopf in die Gebetsrichtung nach Osten schaut.

Mohammed murmelt leise. Ich weiß nicht, ob es eine Koransure ist. Er tötet sie mit einem schnellen Schnitt durch den Hals. Damit ist auch die Halsschlagader durchtrennt. Nach islamischen Regeln muss das Tier erst ausbluten.

Für mich ist das eine erschreckende Handlung. Der Tod begegnet dem heutigen Europäer in seinem Leben nur sehr selten direkt. Hier ist er allgegenwärtig. Doch am gesamten Ablauf der Schlachtung zeigt sich die Achtung der Nomaden vor der Kreatur.

Für europäische Kochtöpfe wird zwar stiller getötet, fern der künftigen Genießer, verborgen im Schlachthof – dafür aber seelenlos und voll automatisiert am laufenden Band. Nicht jedes Tier ist gleich tot …

Nach dem Ausbluten wird hier die Ziege mit den Hinterbeinen am Baum aufgehängt. Sie wird sofort gehäutet, der Körper aufgeschnitten und die Gedärme entnommen. Das ist der Augenblick, an dem schon alle Anwohner an der Koch-Zeriba »bereit« sitzen. Denn das Leckerste für Tuareg-Nomaden sind die Innereien. Wahrscheinlich, weil sie nicht so zäh sind wie das Fleisch, obwohl man es lange kochen lässt.

Die Leber aber wird sofort zu einer leckeren Speise verarbeitet, dem Ellemel Fuff. Darauf warten dann auch schon alle am extra eingerichteten Feuer, obwohl nur jeder einige kleine Stücke bekommen kann.

Mohammed kennt noch die Zeit, als die Großfamilie in Zelten lebte und mit ihren Tieren die Weideplätze wechselte. Damals waren die Herden noch viel größer, aber das Leben der Nomaden auch noch viel härter.

Kleine Kinder liefen früher nackt herum. Das sollte sie wohl abhärten. Heute sind die Kleinen bekleidet, wenn auch oft der Einfachheit halber die untere Mitte frei bleibt. Nomaden haben keine Windelhöschen in Gebrauch. Aber genauso wie heute waren Nomadenkinder auch damals vom ersten Tag an eng mit den Tieren vertraut.

Und so geschah es damals schon einmal, dass sie sich, wenn es allzu kalt war, bei einer Ziege in deren Schlafkuhle mit einkuschelten. – »Aber es stank fürchterlich!«, war Mohammeds Kommentar.

Untermieter

Das Dach meiner Zeriba ist lebendig geworden. Jedenfalls hört es sich so an. Es knackt und rumort im »Gebälk«. »Musch!!!« rufen die Kinder, als ich sie darauf aufmerksam mache. Musch? Wo soll hier eine Katze herkommen?

Mohammed hatte das Fleisch, das wir aus der Stadt mitgebracht hatten, in schmale Streifen geschnitten und auf eine gespannte Leine über der Kochecke gehängt. In der trockenen Wüstenluft wird es zwar hart und muss dann lange kochen, aber so verarbeitet verdirbt es auch nicht so schnell. Nomaden sind eben erfinderisch!

Wahrscheinlich hatte der Duft des frischen Fleisches den »Dachhasen« angelockt. Katzen sind willkommene Geschöpfe. Sie vertilgen die Mäuse, die sich gern über die wenigen Vorräte der Menschen hermachen. Das ist auf einem deutschen Bauernhof genauso, wie weit entfernt davon, hier in der Sahara. Doch etwas ist schon anders: Sie müssen sich hier weitestgehend selbst versorgen. Und deshalb muss so ein »Mausetot« sehen, wie er zu einer ausreichenden Verpflegung kommt. Frisches Fleisch ist da natürlich höchst willkommen!

Irgendwie ist sie zwischen den Schilfhalmen, die die Hütte von oben abdecken, hindurchgeschlüpft und schmiegt sich nun dicht an die tragenden Balkenstangen. Neugierig betrachtet sie mit ihren großen gelben Augen das Treiben unter sich. Etwas mager ist sie und ihr fuchsrotes Fell ist zerzaust.

Ich freue mich über ihre Zutraulichkeit und locke sie mit einigen Essenresten. Aber soweit geht die Freundschaft wohl dann doch nicht. Sie bleibt in sicherer Höhe.

Erst in der Nacht höre ich es rascheln und knistern. Habe ich etwa doch einen festen Untermieter? Das Fleisch ist zum Glück auf der dünnen Leine gut geschützt.

Am nächsten Tag steht Mohammed mit einer Dornenschwanz-Agame auf der Schulter vor mir. Das bald dreißig Zentimeter lange Tier hat nicht zu Unrecht diesen Namen, denn am Schwanz staffeln sich dornige Ringsegmente. Es ist ein Pflanzenfresser, also ungefährlich und kann sich den verschiedenen Temperaturen in der Wüste gut anpassen.

Nun hält es mir Mohammed vor die Kamera. So dicht vor mir habe ich solch ein Tier noch nicht gesehen, und deshalb fotografiere ich es ganz aus der Nähe. Vorsichtig streiche ich über seinen Rücken. Es hat eine trockene, aber recht zarte, weiche Haut, gar nicht schleimig oder schuppig hart. »Nun habe ich zwei Haustiere!«, frohlocke ich. »Nein, geht nicht. Katze frisst Echse!« Wie schade!

Ich hätte auch gern noch einen Gecko. Ein solcher huschte neulich außen am Schilf der Hütte entlang. Ob er wiederkommt? Aber vielleicht frisst den auch die Katze?

Bald entdecke ich neue Nachbarn, die es sich im Obergeschoss gemütlich gemacht haben. Während ich Siesta halte, sehe ich, wie eine pummelige Hummel in einem Loch des Dachgebälks verschwindet. In einem dicken Ast des Sodomsapfels hat sie ihre Behausung gleich mit mehreren Ausgängen eingerichtet.

Und die Musch? Sie ist schon fast »hausgebunden«, steigt über einen Eckpfosten der Zeriba ein und beobachtet mich von oben, während ich Siesta halte.

Anbauten

Was bin ich glücklich über meine Terrasse! Gerade von hier aus habe ich einen besonders schönen Blick zu den wilden Bergen, die am Ende des Wadis einige Kilometer weiter hoch aufragen. Nur wenn ich Besuch habe, und das passiert oft, reicht der Schattenplatz unter dem kleinen Dach nicht aus.

Und Schatten kann man in der Wüste immer gut gebrauchen. Kein Wüstenbewohner käme auf die Idee, es den Sonnenanbetern an europäischen Stränden gleichzutun. Nur wenn es im »Winter« des Nachts allzu kalt ist, sucht man sich am Morgen ein geschütztes Plätzchen in der Sonne zum Aufwärmen. So war es auch gestern. Aber bald mussten wir vom Januar-Sonnenplatz vor der Zeriba unters Sonnendach der Terrasse flüchten. In der direkten Sonnenbestrahlung bei inzwischen 24 Grad war es uns zu heiß geworden.

Wer hätte das vor acht Tagen geglaubt! Damals war ich wegen des eisigen Windes gleich am Vormittag wieder in meinen warmen Schlafsack gekrochen. Natürlich haben alle anderen Bewohner darüber nur müde gelächelt. Ein Tuareg hält stoisch jede Temperatur und jede Lebenslage aus. Darin ist er von klein auf geübt!

Nun aber erwägt Mohammed eine Vergrößerung des Terrassendaches. Das finde ich prima. Zunächst wird das alte Holzgerüst mit dem Schilf und allem Drum und Dran abgerissen.

Wir haben eine fleißige Hilfe in Amoud, einem weiteren Bruder Mohammeds. Er sollte eigentlich zum Militär. Aber weil die Maschine mit den neuen Rekruten erst in einigen Tagen in den Norden fliegt, hat er nun die unerwartete kurze Verzögerung genutzt und ist noch einmal zu seiner Familie in die Wüste gekommen. Zum Glück für uns, denn nun kann er Mohammed und mich tatkräftig und fachmännisch unterstützen.

So geht jetzt alles flott von der Hand. Zunächst müssen tiefe Löcher für die neu zu setzenden Pfosten ausgebuddelt werden. Mohammed misst mit Riesenschritten die Entfernung zwischen den einzelnen Eckpunkten ab, pfeift auf den rechten Winkel und hat auf diese Weise bald eine große geräumige Fläche für den Schattenplatz festgelegt.

Ich bin Handlanger und suche mit den Kindern, die natürlich eifrig mit von der Partie sind, größere und kleinere Steine zur Befestigung der Pfosten. Die sind inzwischen in die armtief ausgehobenen Löcher versenkt. Nun kommen faustgroße Steine dazu. Die keilen die Holzträger tief im Untergrund fest. Dazwischen kommt Kies. Der ausgehobene Sand wäre zu locker dazu und gäbe keinen ausreichenden Halt – meint Mohammed. Er muss es wissen, denn im Zeribabau kennt man sich hier inzwischen hinlänglich aus.

Nur gut, dass die benötigten entsprechend großen Stämme und kleineren Äste sowie etliche Schilfbündel schon seit einiger Zeit hinter meiner Zeriba lagerten. Nicht alles geschieht ohne Plan!

Über die Eckpfosten werden dann lange Äste als Dachträger angebracht. Und damit sie der Sturm nicht gleich wieder davonträgt, werden sie festgebunden. Dazu bringt Lalla alte Kleider und Tücher, die zu schmalen Streifen gerissenen werden. Nichts wird bei den Nomaden weggeworfen, alles wird weiterverwendet. Und so verhelfen die alten Klamotten zu einer perfekten elastischen Verbindung. Da kann der Sturm ordentlich rütteln. Zu Mittag ist der Unterbau fertig.

Nicht einmal die verdiente mittägliche Siesta gönnt sich Mohammed nach dem Essen. Bald ist er wieder draußen und auch Amoud findet sich wieder ein. Denn nun kommt das Dach dran. Es wird mit Schilf gedeckt. Allerdings bei weitem nicht so dick, wie die Reeddächer an Deutschlands Küste.

Mit großem Interesse sehe ich den beiden zu, wie sie das Schilf zu einer Matte »vernähen«, die dann auf das Dach gebunden werden soll. Die Vorarbeit besteht wiederum im Reißen von Stoffstreifen, diesmal müssen sie ziemlich lang sein. Zwei dieser langen Stoffstreifen werden im Abstand von ca. einem Meter parallel auf den Boden gespannt. Ein Schilfbündel wird darauf ausgebreitet und mit einem weiteren Stoffstreifen, wie mit einer Nähmaschine, bei jedem Stich am unteren gespannten Stoffstreifen festgezurrt. Die beiden »Nähte« halten die einzelnen Schilfstängelbündelchen dicht beisammen und sind deutlich zu erkennen.

Die entstandene Schilfmatte wird auf dem Dachgerüst ausgelegt und ebenfalls festgebunden. – Fertig! Aus diesen Matten bestehen übrigens auch die Wände der Hütten.

Interessant ist auch der Leiterersatz. Schon lange habe ich herumgerätselt, wozu das leere Eisenfass dienen mag, das von Anfang an bei meiner Zeriba steht. Als Wasserreservoir für Brandfälle? Aber es ist nichts darin, das Fass ist leer. Jetzt kann ich beobachten, wie perfekt es als Leiter genutzt wird. Es hat eine feste Standfläche und bringt einen ausgewachsenen Targi genau in die Höhe, die er für die Arbeiten am Dach benötigt. Nomaden haben stets praktische Lösungen parat.

Als Mohammed dann aber auch noch die östliche Seite mit einer Schilfmatte bedecken will, protestiere ich. Denn da wäre der wunderschöne Blick auf die Berge versperrt. Wenn der Ostwind heranfegt, kann man ja notfalls hinein gehen. Das lässt er schließlich gelten und ich behalte meine schöne Aussicht.

Zum Schluss wird der Boden mit einem Afasu-Grasbündel sauber gefegt. Und damit niemand zu hart und pieksig sitzt, schleppt Mohammed noch einige Schüsseln voll feinen Sandes aus dem Wadi herauf. Der wird auf dem Boden verteilt. Nun können die Besucher kommen. Alle werden einen guten Platz im Schatten finden.

XII. Das Leben der Nomaden

Geduld – Tasidert

Geduld ist wie ein Baum:
Seine Wurzeln sind sehr bitter,
die Früchte aber süß!
Und oben drüber steht der Himmel.

Sprichwort der Tuareg

Familie

Wir sitzen vor Lallas »Salon« unter den Sternen. Das Abendessen, zu dem ich geladen war – Reis und Gemüsegulasch mit Fleisch – war hervorragend. Nun sitzen wir noch ein wenig beisammen und reden. Ich habe immer wieder neue Fragen: »Wie war das früher, als du noch klein warst?«, frage ich Lalla. »Haben damals die Mädchen erst geheiratet, als sie über zwanzig waren?« Immer wieder lese ich in alten Büchern, dass die Tuareg-Mädchen ziemlich spät heiraten. Ha, alles Schwindel! Zumindest hier bei meinen Gastgebern und bei den Familien ringsum ist und war das auch vor fünfzig Jahren überhaupt nicht so. Und über die Verhältnisse in den Zeiten davor weiß hier niemand mehr Genaueres.

Die Mädchen wurden auch früher schon mit ca. zehn, elf Jahren von ihren Eltern einem Cousin oder ähnlichen nahen Verwandten »versprochen«, der um bis zu zehn Jahre älter war. Später dann, je nach körperlicher Entwicklung des Mädchens, wurde geheiratet.

Lalla jedenfalls war auch für afrikanische Verhältnisse noch sehr jung, als sie Brahims Frau wurde. Er hingegen, da schon Ende dreißig, hatte aus erster Ehe bereits einen kleinen Sohn – nämlich Mohammed.

Im Gegensatz zu den Arabern allerdings war die Einzelehe bei den Tuareg üblicher. Sicher spielt hier auch das lange erhaltene Mutterrecht eine Rolle. Möglicherweise waren deshalb auch in früheren Zeiten die Mädchen viel selbstständiger und konnten ihren Auserwählten selbst bestimmen. Dennoch kam es wohl auch vor, dass ein Targi zwei Frauen hatte. In Algerien ist diese zweite Frau erlaubt, wenn die erste ihr Einverständnis dazu gibt.

Und die jungen Männer? Ein Bruder von Manou ist auf Kurzbesuch. »Wo wohnt er?«, möchte ich wissen, denn ich habe ihn vorher noch nie gesehen. »Nirgends!«, erklärt mir Mohammed und ergänzt: »In der Wüste!« Mein verwundertes Gesicht lässt ihn hinzufügen: »Er hat keine Frau. Und keine Frau – keine Zeriba!« So sieht man das. Früher gehörte das Zelt immer der Frau und wurde bei einer Trennung von ihr wieder mit zurückgenommen. Heutzutage wohnen viele Nomaden in einer Zeriba, die natürlich nicht transportabel ist und auch bei der Familie des Mannes steht. Bei einer Trennung geht die Frau folglich ohne Wohnstatt zurück zu ihren Eltern.

Allerdings, wenn die junge Frau wirklich noch recht jung ist, bleibt sie zunächst auch nach der Hochzeit noch für etwa ein Jahr bei den Eltern wohnen. Sicher um den Übergang vom Mädchen zur Ehefrau zu mildern.

Natürlich gibt es auch Ausnahmen bei der Partnerzusammenführung. Wenn der eine partout nicht will, wird man wohl niemanden zwingen. Wie die Geschichte vom »Kleinen Raben« beweist. (siehe »Amanna«) Es kommt eben auch auf den Stellenwert der zu verheiratenden Personen an.

Die kleine Schischa schielt entsetzlich. »Die müsst ihr zum Augenarzt bringen, der kann sicher Abhilfe schaffen!« »Warum?« Nicht nur, dass der nächste Augenarzt erst im über siebenhundert Kilometer entfernten In Salah anzutreffen ist, Schielen ist doch im täglichen Ablauf kein Hindernis, keine böswillige, gefährliche Krankheit – also ist auch ein Arztbesuch nicht notwendig. »Na, sonst kriegt sie mal keinen Mann!«, argumentiere ich. »Wieso das???« Unverständnis schlägt mir entgegen. Ach, das ist doch alles kein Problem! Warum sollte sie keinen Mann abbekommen? Der Sohn der Tante hat einen verkrüppelten Fuß. Deshalb wurde er mit einer Frau verheiratet, die ein blindes Auge hat. So einfach ist das.

Über allem steht das Wohl, der Fortbestand und die Funktionstüchtigkeit der Familie. Die Nomaden sind frei und unabhängig – aber auch auf sich selbst gestellt. Es gibt keine anderen sozialen Sicherungssysteme. Darum ersetzt die Familie das Allgemeinwesen, die folglich funktionieren muss und die als einzige Institution greifen kann.

Allerdings scheint der Wechsel eines Ehepartners nicht unüblich zu sein. Die meisten – Männer wie Frauen – sind nicht beim ersten, »zugeordneten« Ehepartner geblieben. Die Kinder aber, die stets den Familiennamen des Vaters tragen, bleiben als wichtiger Bestandteil der Familie möglichst beim Vater und werden in einem solchen Falle von der Großmutter betreut. Übrigens, die Frauen behalten ihren Mädchennamen! Oftmals aber werden auch Enkelkinder von der Oma sozusagen adoptiert, wenn sie selbst keine Kinder mehr bekommt. Das geschieht auch, wenn deren Eltern sich nicht trennen. Aischa ist auf diese Weise von ihrer Großmutter erzogen worden und ihre beiden Ältesten stehen jetzt unter Lallas Aufsicht.

Kinder sind wichtig, egal ob es ein Junge oder ein Mädchen ist. Während die Jungen später für die »Außenarbeit«, also für die Beschaffung von Waren außerhalb der Selbstversorgung verantwortlich waren, braucht man die Mädchen als Hirtinnen und Mütter. So eine Nomadenfamilie lebte autark, wie ein kleiner Staat für sich. Die Aufgaben sind noch immer genau geregelt. Alle wichtigen Lebensfunktionen muss sie erfüllen:

Die Männer sind – besser waren – dafür verantwortlich, alle Dinge, die nicht selbst hergestellt werden konnten, auf weiten Karawanenzügen herbeizuschaffen. So mussten die Datteln im siebenhundert Kilometer entfernten In Salah gegen Ziegen, Schafe oder Kamele eingetauscht werden. Vier Monate waren die Karawanen dabei unterwegs. Die Hirse kam aus dem Niger und Kleidung tauschte man in Libyen ein.

Monatelang waren die Frauen dann allein, kümmerten sich um die Ziegen, betreuten die Kinder, fertigten die notwendigen Gebrauchsgegenstände an und waren generell für den Wassertransport und das tägliche Essen verantwortlich – zwangsläufig ein sehr selbstbestimmtes Leben.

Heute verkaufen die Männer Brennholz, Ziegen und Kamele in der Stadt, manche haben auch einen kleinen Job und können dann dort alles kaufen, was unbedingt benötigt wird. Die Frauen bleiben in der Wüste zurück. Größere Karawanen, wie die Salzkarawane im Niger, gibt es in Algerien nicht mehr.

Die so oft strikt getrennte Männer- und Frauenwelt ist sicher nicht nur dem Islam geschuldet, sondern befördert auch die gegenseitige Unterstützung. Wenn die Männer auf Karawanenwegen unterwegs waren, mussten die Frauen – wie auch die Männer – allein zurechtkommen, sich allein versorgen.

Während in Deutschland die Kleinfamilie – Vater, Mutter, Kinder – eine soziale Einheit bildet, die dann mit dem sozialen Umfeld, das ähnlich strukturiert ist, in Kontakt tritt, bilden bei den Tuareg die Geschlechtergruppen eine solche Einheit. Vor allem die Frauen sind stark in dieses soziale Umfeld ihrer Geschlechtergruppe integriert. Daran ändert auch eine Ehe nichts. Die Männer sind ohnehin oft unterwegs und halten sich (siehe »Familienbande«‹) in der Öffentlichkeit von ihren Ehefrauen eher fern.

Aber auch unter den Männern gibt es enge Freundschaften. Vollkommen überrascht beobachtete ich bei meiner ersten Reise zwei junge Männer, die leise singend und Händchen haltend ganz offen durch die Gegend marschierten. Dass das im Islam so problemlos toleriert wird, wunderte mich sehr. Aber so ist es nicht! Im Gegenteil, solche Veranlagungen werden völlig negiert! Die beiden waren einfach nur gute Freunde, hier gehen sie dann eben auch Hand in Hand!

Ein wichtiger Aspekt in der Familienstruktur ist die Altershierarchie. So gruppierten sich Mata und Aischa bei einem Familienfoto dezent mit abgewandtem Blick am Boden vor Brahim und Lalla. Weil ältere Menschen über mehr Lebenserfahrung verfügen, wird ihnen hoher Respekt gezollt. Auch wenn sie krank und gebrechlich sind. Kinder hingegen bleiben außen vor. Man fragt sie nicht, wie oft bei uns schon im Kleinkindalter, nach ihrer Meinung. Sie werden ihrem Alter entsprechend zur Mitarbeit herangezogen, damit sie später vollwertige Mitglieder der Familie werden.

Junge Leute, egal ob Mädchen oder Junge, sitzen bei Gesprächen höflich und stumm abseits. Ganz gleich, ob der Vater oder ein älterer Bruder spricht, diese haben Vorrecht. Anordnungen und wichtige Mitteilungen müssen stets vom jeweils Älteren ausgesprochen werden, niemals umgekehrt. Man unterscheidet sogar in der Sprache der Tuareg, dem Tamahaq, den älteren (Amakharin) vom jüngeren Bruder (Amadrain), ebenso bei Schwestern. Erst als erwachsene, gestandene Mitglieder der Familie können sie sich allmählich einbringen.

In der Regel fühlt man sich am wohlsten in der gleichen Alterklasse. Dort ist man gleichberechtigt und ungezwungen. In dieser lebensfeindlichen Umwelt ordnet sich eben alles dem Erhalt der Familie unter.

Von der Zugehörigkeit zu einem Stamm spüre ich nur wenig. Natürlich weiß jeder, zu welchen der vielen Stämme er gehört. Längst aber sind die sozialen Strukturen zerfallen. Sklaven gibt es schon lange nicht mehr und die Macht des Amghar, des Häuptlings, ist äußerst begrenzt.

»Meine« Familie hier gehört zum Stamm der Aguh-en-Tehle. So geschrieben las ich es in einem vierzig Jahre altem Buch. Aussprache und Verschriftung war sicherlich dem Französischen, der Sprache der Kolonisatoren, entlehnt. Selbst aber halten die Tuareg nichts in schriftlicher Form fest. Allerdings verschiebt sich ohne diese schriftliche Festlegung immer wieder die Aussprache. Heute klingt es bei Mohammed wie: Adjon-d'helli. – Immer wieder eine Klippe beim Erfassen dieser Sprache.

Schon in grauer Vorzeit hatten sich die einzelnen Stämme zu regionalen Konföderationen zusammengeschlossen. Ihre Gebiete waren die Bergländer der Wüste, denn nur dort gibt es ausreichend Wasser. Und nach diesen Regionen benannten sie sich auch. Wie zum Beispiel die Kel Ahaggar, die das Bergland und die umgrenzenden Gebiete des Hoggar bewohnen.

Doch nun haben die Staaten, in denen sich nach der französischen Kolonialzeit die einzelnen Stämme wiederfanden, die regulierende Funktion des Stammes bzw. der Konföderation weitestgehend übernommen. Und sie gewinnt mehr und mehr an Gewicht. Die Zugehörigkeit zu einer Konföderation und damit zu einem Stamm wird in der heutigen Zeit von außen kaum noch wahr genommen.

Ihr König, der Amenokal, – im Aïr ist es der Sultan von Agades – hat kaum noch eine Bedeutung. Bei den Kel Ahaggar kommt er, wie alle seine Vorgänger, aus dem adligen Stamm der Kel Relah und wird stets über die mütterliche Linie ermittelt. Stammmutter ist jene legendäre Königin Tin Hinan mit ihrem Sohn Aghla, die vor etwa 1600 Jahren jenen adligen Stamm begründete. Bei Ausgrabungen in Abalassa fand man ihre Gebeine.

Der jetzige Amenokal der Hoggar-Tuareg ist Ahmed Edabir. Aber auch seine Macht ist dahin, ist weitestgehend vom algerischen Staat übernommen. Als gewählter Volksgruppenvertreter ist er dennoch bemüht, den Anliegen der Tuareg Gehör zu verschaffen und vermittelt in Konflikten zwischen Tuareg und Regierung sowie auch innerhalb der Tuareg-Gemeinschaft des Hoggar.

So bleibt ihnen die Großfamilie als vertrauter und geschützter

Raum, der aber durch die jahrelangen Aufenthalte der Jungen in Internaten mehr und mehr zerfällt.

Doch ein wenig Stolz ist ihnen verblieben. Noch immer legen sie Wert auf ihre optischen Merkmale. Ein echter Ahaggar-Tuareg – und nur der – ist schlank, hoch gewachsen, hellhäutig, mit einer schmalen geraden Nase und schmalen Lippen.

Das trifft nicht unbedingt immer zu. Das »Volk« der Tuareg setzt sich aus vielen verschiedenen Ethnien zusammen, die eine gemeinsame Kultur und das Tamahaq – ihre Sprache – eint, die allerdings in sehr verschiedene Dialekte zerfällt.

Eine Aufteilung der Tuareg in Adlige, Vasallen und Sklaven, wie man immer wieder liest, gehört seit dem Verbot der Sklavenhaltung in frühere Jahrhunderte. (Algerien steht dazu deutlich im Gegensatz zum Nachbarland Mauretanien, das einen Kämpfer gegen die dortige Sklavenhaltung mit dem Hinweis auf »Gefährdung der Staatssicherheit« verurteilt hat.) Meine Fragen nach dieser früheren Aufteilung konnte – oder wollte – Mohammed nicht eindeutig beantworten. Er lebt im Jetzt.

Auch als ich nach den Überfällen, den Rezzus frage, von denen man immer wieder liest, kann er mir nicht antworten. »Ach, du meinst Krieg?«, fragt er schließlich. Ja, den hat's gegeben, gegen die Tuareg im Tassili n'Ajjer und andere Gruppierungen und vor allem gegen die Franzosen. Die Erinnerung an geschichtliche Ereignisse reicht nicht weit zurück. Nur Brahim erzählte eines Abends, dass man die Frauen, Kinder und Herden weit in den Bergen versteckte, als die Franzosen im nahen Taghhaouhaout ihren ersten Stützpunkt errichteten.

Mein Besuch bei Lalla lässt mich an die Rolle der Frau als Kulturträger denken. Mohammed wurde von seiner Großmutter erzogen und erfuhr von ihr auch alle wichtigen Grundlagen, die zur Tuareg-Kultur gehören. Er kennt sogar die Tifinagh-Zeichen, die Schrift der Tuareg. Heute werden höchstens die Jungen zur Schule geschickt und die Mädchen geraten so ins Hintertreffen. Ich frage darum Lalla, ob sie selbst oder ob sie irgend eine andere Frau kennt, die die Imsad, die vielgepriesene einsaitige Geige der Tuaregfrau oder die Tifinagh-Schrift beherrscht. Nein, sie kennt niemanden. – Eine Kultur im Untergang.

Nun, allerdings erst auf meine Aufforderung hin, hat sie auch eine Frage an mich zu stellen. Sie möchte wissen, ob ich in Deutschland ganz allein wohne. Die Fotos von meiner Wohnung im großen Mehrfamilienhaus hatten sie wohl nachdenklich gemacht. »Ja, seit 25 Jahren lebe ich allein. Damals habe ich mich von meinem Mann getrennt. Meine Kinder sind erwachsen und wohnen 500 Kilometer weit entfernt.« Ich ernte großes Bedauern. Sogar Brahim zeigt Mitgefühl. Das können sich die Menschen hier absolut nicht vorstellen, dass jemand ganz allein lebt. Für sie, denen die Familie noch fast vor Allah kommt, ist das ein unfassbarer Zustand. Also versuche ich zu erklären, dass ich viele Freunde habe und ein Telefon und E-Mail und viele Bücher. Aber das ist für sie eine andere fremde Welt und wie alle anderen Erklärungen nicht nachvollziehbar. Ich bin ein armes Menschenkind. Kein Wunder, dass ich so gern zu ihnen in die Wüste komme.

»islamique«

Als ich vor Jahren mit meiner Enkeltochter unterwegs war und eines Abends Mohammeds und Manous Cousin zu uns stieß, machte ich damals eine interessante Beobachtung: Kurz vor dem Frühstück am anderen Morgen sah ich zu meiner Überraschung, wie Manou sich hinter einem Afasu-Busch positionierte und zu beten begann.

Dieses Ritual hatte ich vorher bei unseren beiden Begleitern nicht gesehen. Auslöser für Manous Eifer an diesem Morgen war wohl unser Gast Amoud, gewiss ein gläubiger Moslem, der bereits etwas abseits ins Morgengebet vertieft war.

Ich wusste, sie sind Muslime, wie – schon seit Jahrhunderten – alle Tuareg, aber besonders fromm erschienen sie mir nicht.

Dennoch ist der Glaube einem Moslem sehr wichtig. In den Ortschaften gehen die Kinder frühmorgens noch vor dem profanen Unterricht in die Koranschule und am Nachmittag ab drei Uhr wird dort weiter der Koran gelehrt. So kommt es wohl, dass diese Menschen in ihrer Welt wesentlich näher mit ihrem Glauben verknüpft sind als die meisten Europäer.

Die Nomaden aber haben diese Bildung nicht. In der Wüste gibt es keine Koranschulen und erst recht keinen staatlichen Unterricht. Ihre religiöse Welt ist darum oftmals einfacher, simpler und dem Jahrtausende alten Vorstellungsschatz entsprungen. Das tägliche Leben selbst ist ihre harte Schule und man muss zeitig lernen, sich den Gegebenheiten der Natur bedingungslos unterzuordnen. Ein Glaube an einen allmächtigen Gott, der ohnehin alle Geschicke lenkt und der dem braven Gläubigen ein späteres Leben im Paradies – also im Überfluss – verheißt, erscheint da recht tröstlich.

Also frage ich Mohammed, woher die Nomaden die Suren des Korans kennen. Denn mindestens die erste, die Fatiha, wird bei jedem Gebet gesprochen. Nein, sie kennen nicht alle. Manchmal kommt ein Kundiger und unterweist die Familien, lehrt sie einzelne Suren – so erklärte mir Mohammed.

Für einen Nomaden in der Unwirtlichkeit der Natur geht es zuallererst um einen praktikablen Glauben, der auch ohne Feinheiten auskommt. Doch nun werden sie allmählich sesshaft und so viel häufiger mit den geschulten Ansichten der Stadtmenschen konfrontiert. Welcher Nomade möchte da sein ungenügendes religiöses Wissen zur Schau tragen?

So erkläre ich mir auch Manous Reaktion: Ich war wieder einmal zu Gast bei meiner Familie in der Wüste. Mohammed hatte versprochen, mir eine etwas entfernte Wasser führende Schlucht zu zeigen. Da erreichte ihn die Nachricht vom Sturz seiner Tochter. Sonya, Mohammeds Frau, war mit der Kleinen bereits beim Arzt gewesen und der angebrochene Arm war mit einer Schiene und einem Verband versorgt. Nun haderte er mit sich. Sollte er zu seiner Familie in die Stadt fahren oder mich, den Gast, chauffieren. Nicht nur für mich, auch für Manou war das klar.

Doch der nutzte ein nicht zu übertreffendes Argument: Es ist »islamique«, sich um seine Familie zu kümmern. Dieses Wort sollte ich dann des Öfteren als starke Mahnung bei Diskussionen hören. Es scheint unschlagbar.

Am liebsten wäre es Mohammed, wenn ich wie alle guten Menschen zum Islam wechseln würde. Aber warum darf im Islam ein Mann mehrere Frauen haben, eine Frau jedoch keinesfalls mehrere Männer, will ich spitzfinderisch wissen, denn ich bin für Gerechtigkeit. Da verweist mich Mohammed auf Allah und schließlich auf einen ihm bekannten Marabout, der sogar Englisch spricht und demzufolge meine Frage beantworten könne.

So ziehen meine anfänglichen Begründungen, ich wüsste über diese Religion zu wenig, nicht mehr. Deshalb habe ich mich zu Hause in Deutschland über das allgemeine Wissen hinaus ein wenig mit dem Koran beschäftigt. Die Sure 29 beschreibt u. a. das Miteinander der drei monotheistischen Religionen. »Und streitet nicht mit den Besitzern der Schrift. Unser Gott und euer Gott sind ein Gott.« Diese Sure kennt er nicht. Seine koranbeschulte Schwägerin muss aushelfen. Und so lenkt er schließlich ein. Wenn ich auch an nur den EINEN Gott glaube, dann wäre es schon in Ordnung.

Ältere erwachsene Nomadenmänner, so wie alle Nomadenfrauen sind in Algerien fast immer Analphabeten. Ihr Zugang zu Bildung bzw. zu objektiven, überregionalen Informationen war sehr dürftig.

So erfahre ich von Mohammed, als ich nach den aktuellen Geschehnissen des Jahres 2012 in Mali frage, lediglich folgendes: »Es gibt dort Tuareg und noch andere Gruppen«. »Islamisten?«, frage ich. Unsicher stimmt er mir zu. »Da darf man nicht rauchen oder Taba kauen und man darf keine Musik machen. Frauen dürfen auch nicht allein in die Stadt gehen. Aber jetzt ist es ruhig.« Ich weiß nicht, was ihm wirklich bekannt ist und wie er diese Informationen in ihrer politischen Tragweite einordnen kann. Die Nachrichtensendungen im staatlichen TV sind dürftig und ohne Zeitungslektüre gibt es lediglich Mund-zu-Mund-Informationen – aus allen Richtungen.

Die Sorge, ich könne entführt werden, treibt ihn zu Überreaktionen. Nicht nur Al Kaida, auch der transsaharische Schmuggel von Menschen, Zigaretten, vor allem aber von Drogen, ist ein nicht zu unterschätzender Unsicherheitsfaktor. Kein Verbrechen ist zu groß, wenn es um Millionenverdienste geht, die nicht auch Gesetzeshüter oder Politiker schwach werden lassen. Und wenn man darüber hinaus bedenkt, dass große Uranminen im Niger und andere wertvolle Bodenschätze, die in den Gebieten der Tuareg gefunden wurden, aus aller Welt interessierte Konzerne anlocken, sind Interessenkonflikte programmiert. In kaum zu kontrollierenden unermesslich weiten Wüstengebieten ist alles möglich.

Doch auch Touristen-Entführer können nur erfolgreich sein, wenn sie wissen, WO sich ihre Beute befindet. Ich glaube kaum, dass sie in der grenzenlosen Weite hinter jedem Fels und jedem Stein lauern, für den Fall, dass eventuell irgendwann einmal ein Europäer vorbeispaziert. Nur die Kenntnis, an welchen Stellen der unendlichen Wüste sich Touristen aufhalten werden, kann für sie erfolgreich sein. Diese Gebiete sind in unsicheren Zeiten tunlichst zu vermeiden. Natürlich setzt das dennoch eine umfassende Aufmerksamkeit und Vorsicht voraus. Ich aber habe einen treuen Beschützer, der mich auf Schritt und Tritt begleitet und auch meine Fotosafari in die allernächste Umgebung von hohen Felsen aus überwacht.

Ebenso wie der algerische Staat, der bestrebt ist, seine Souveränität mit entsprechenden Mitteln zu bewahren und z.B. Patrouillen durch die Wüste schickt.

Völlige Sicherheit vor Terroristen hat man nirgendwo in der Welt. Wenn ich es hier in Deutschland auch gewohnt bin allein und ohne Furcht meine Wege zu gehen, bin ich doch froh, in den menschenleeren Tiefen der Sahara zuverlässige Begleiter zu haben, denn gewissenlose Kreaturen, die sich durch eine bestialische Art und Weise hervortun, sind nicht nur auf eine Region beschränkt. Möglicherweise hatte der französische Bergsteiger, der im Norden Algeriens entführt und dann enthauptet wurde, eben nicht eine solche aufmerksame Begleitung – oder gar keine?

Obwohl sich früher einzelne Stammeskonföderationen auch gegenseitig bekämpften, stelle ich immer wieder fest, welche tiefe Verbundenheit diese Menschen mit Akal, ihrer Heimat, der Wüste, haben. Und natürlich schweißt die willkürliche Trennung dieser Gebiete auf verschiedene Staaten zusammen. Wie fast überall in der dritten Welt sind die ehemaligen Kolonialmächte, die damals mit hinterlistiger Weitsicht Völker durch neue Staatsgrenzen zerpflückten, die eigentlichen Urheber der Konflikte.

Die Tuareg, die früher als freie Nomaden die Zentralsahara durchstreiften, fanden sich auf dem Gebiet von fünf verschiedenen Staaten wieder. So waren und sind die Kel Ahaggar in Algerien beheimatet, die Kel Ajjer fanden sich geteilt in Algerien und in Libyen wieder. Während die Kel Iforas sich malischer Herrschaft unterzuordnen hatten, waren und sind die Kel Aïr im Niger von Volksgruppen abhängig, mit denen sie früher im Streit lagen. Selbst Burkina Faso zählt Tuareg zu seinen Volksgruppen.

So kann sie nur noch besungen werden, die gesamte Heimat der Tuareg: »Tamanrasset – In Gall, Agadez – Kidal«. Das sind, in einem Lied bedacht, die geografischen Eckpunkte der Gebiete der Tuareg. Immer ein freies, stolzes Volk, wünschen sie auch jetzt ohne Grenzen und ohne Bevormundung leben zu können. Wenn ihre Rechte und ihre Freiheit nicht von Regierungen gewährleistet werden, müssen sie sich eben Verbündete suchen. Machtgierigen Hitzköpfen scheint es egal, aus welchem Lager …

Nicht verwunderlich ist infolgedessen, dass, wie so oft in der Weltgeschichte, eine kleine Gruppe aggressiver, aber bildungsferner Hominiden es genießt, auf diese Weise die Herrschaft zu übernehmen und auszuweiten, während die große Masse duldet, leidet oder flieht. Im Falle von Mali traf diese kleine Gruppe machtgeiler Islamisten auf die Bevölkerung der Iforas-Tuareg, die selbst von ihrer eigenen Regierung in Bamako gedemütigt und erniedrigt wurde. Und wenn dieses brisante Gefüge eingegangener wechselnder Allianzen dann auch noch mit den millionenschweren Interessen der Schmuggler von Menschen, Zigaretten und Rauschgift kollidiert, ist ein Mehrfrontenkampf programmiert.

Aber strenggläubige, fanatische Islamisten sind die Tuareg nun wirklich nicht.

Andererseits sind die meisten Tuareg durch das Leben in der Wüste gewohnt, in allen komplizierten Lebenslagen auszuharren. Franzosen kamen und gingen, die Islamisten kamen und werden auch gehen. Tasidert – Geduld ist gefragt und wird praktiziert.

Nomaden sind darauf trainiert, allen Unbilden des Lebens mit Gleichmut und fatalistischer Duldsamkeit zu begegnen. Anders ist ein Überleben in diesem Lebensraum gar nicht möglich. Krankheit, Wetterunbilden, Unfälle, ja sogar der Tod sind ständige Begleiter.

Aber weil Allah das Schicksal lenkt, kann es ein jeder viel leichter annehmen. Ein »Warum?«, wie in unserem Kulturkreis, stellt sich nicht.

Nur so konnte man wohl früher die Unwägbarkeiten des Lebens ertragen. Heute allerdings führt diese Haltung in manchen Fällen zu erheblichem Fehlverhalten.

Eines Tages hatte ein Freund Mohammeds, der unterwegs zu Besuch bei einer Familie hinten im Wadi war, bei uns hereingeschaut. Sicher wollte er auch einmal die Europäerin besichtigen. Gegen Abend fuhr er weiter. Doch nur zwei Stunden später kam er eilends zurück. Ein Junge wäre schwer krank und Mohammed müsse ihn ins Krankenhaus bringen – erfuhr ich.

Als Mohammed dann am nächsten Morgen in meiner Zeriba ein wärmendes Feuer im Kohlebecken entzündete und ich mich aus meinem Schlafsack wagte, fragte ich nach dem kranken Kind. »Laufen – Weglaufen«, war die karge Antwort. Ist es aus Angst vor dem drohenden Krankenhaus weggelaufen, ging es mir durch den Sinn. »Wie alt ist denn der Junge?«, wollte ich deshalb wissen. »Drei Monate, du weißt, du warst beim Issem.« »Der kleine Lakhbib? Aber der kann doch noch gar nicht laufen!« »Nein, nach Paradies laufen.«

Es ist tröstlich, sein Kind im Paradies zu wissen, wenn Allahs Allmacht es nun einmal so beschlossen hat – früher gab es keine andere Option. Hilfreiche Neuerungen wie Krankenhaus oder Arztbesuche können nur allmählich fest im Bewusstsein wurzeln.

In namenlosemErschrecken fand ich zunächst keine Worte. »Cest la vie!«, versuchte Mohammed mich zu trösten. »Nein, so ist das Leben nicht! Das kann ich nicht glauben! Schließlich hat Allah doch auch die Ärzte gemacht, die helfen können!« »Jaaa – deshalb hat man mich auch geholt, aber es war schon zu spät.« In der Ansiedlung, in der das kranke Kind lebte, gibt es auch Autos …

Wahrscheinlich scheint der tief verwurzelte Glaube an Allahs unabänderlichen Willen noch immer als einzige Möglichkeit, das Schicksal in einer autarken, lebensfeindlichen Welt voller Demut hinzunehmen.

Diderdin – Frauen

Als neulich ein traditionelles Ehen – das rote Lederzelt der Hoggar-Tuareg – aufgebaut wurde, waren nur Lalla und Aischa mit der mühevollen Aufgabe beschäftigt. Schließlich gehört so ein Ehen zur Aussteuer einer jungen Braut und bleibt auch weiterhin ihr Besitz. Ein deutliches Zeichen verbliebener matriarchaler Strukturen.

Mit großem Aufwand und in vielen einzelnen Arbeitsschritten wurde es hergestellt. Dreißig Gazellenfelle mindestens müssen enthaart, gegerbt, gefärbt und zugeschnitten werden, um die Ummantelung für ein solches Nomadenwohnhaus zusammennähen zu können. – Ein langwieriges Unterfangen und alles (außer dem Erlegen der Tiere) ist Frauenarbeit!

Auch der Aufbau bei jedem Wechsel des Standortes erfordert einige Mühe (siehe: »Interior«). Ich habe es genau beobachtet. Einen ganzen Vormittag haben die beiden dazu benötigt. Lalla kennt das sicher noch gut aus ihrer Jugendzeit. Auch Mohammed ist noch in einem solchen Zelt aufgewachsen. Oder eher davor, denn sie sind klein und dienen nicht dem täglichen Aufenthalt.

Heutzutage lebt niemand mehr in einem Lederzelt. Es ist durch eine wesentlich leichtere Zeltbahn aus Leinwand ersetzt. Die Zeriba, die Schilfhütte, die nun häufig den Übergang zum sesshaften Leben andeutet, wird vorwiegend von Männern errichtet! Die Frauen haben nur Handlangerdienste zu leisten. Ihr Zuhause gehört nicht mehr ihnen, sondern jetzt dem Mann. Der Schritt in die Sesshaftigkeit bringt der Frau nicht immer Vorteile!

Die Hausarbeit – nein keine Fenster putzen, Staub saugen oder Boden wischen ist angesagt –, ist in einem fast autark organisierten Nomadenhaushalt viel ursprünglicher, aber auch ungleich mühevoller. Die ewige Putzerei entfällt zwar ausnahmslos, denn es gibt keine Fenster, keine blanken Fußböden und keine Nasszelle.

Dennoch ist die Arbeit der Frauen mehr als mühselig. Ich räkele mich noch im molligen Schlafsack, wenn so gegen 7.00 Uhr – im Sommer noch viel früher – die Rufe der Frauen inmitten der Ziegenherde ertönen. Lalla und Aischa steuern die Kinder, die das Einfangen der Ziegen, die gemolken werden sollen, erledigen.

Die Zubereitung des Frühstücks dann ist aufwändig (siehe »ach assudar«). Der hölzerne Stößel ist etwa 80 cm lang und sehr schwer. Er wird schwerer und schwerer, wenn man ihn regelmäßig über längere Zeit hundertfach immer wieder anheben und mit Wucht nach unten stoßen muss, um so die vielen kleinen Hirsekörner zu zerquetschen. Großspurig hatte ich ihn mir einmal aushändigen lassen, den Stößel, aber ebenso gewichtig und ganz rasch wieder zurückgegeben. Sooo schwer hätte ich ihn nicht geschätzt. Ich wollte mir doch keine Schwäche anmerken lassen. Mein anfängliches Ansinnen, am allmorgendlichen Hirsestampfen teilzuhaben, hatte ich ganz fix in ein anerkennendes, aber sehr allgemeines Interesse umgewandelt.

Da man nun als Halbnomade einen festen Wohnsitz hat, muss die Herde täglich zu den Futterplätzen geführt werden. Dabei wechseln sich, wenn sich gerade einmal kein Hirte aus Mali (siehe: »Viererbande«) anbietet, die beiden jüngeren Frauen Aischa und Mata ab. Die etwas größeren Kinder betreuen in Lagernähe die Herde der Ziegenlämmer.

Es ist ein harter Job, täglich zu Fuß mit den Ziegen Schritt zu halten, um in entfernte Wadi zu gelangen, wo sie Weide an den Akazien finden. Sie sind viele Kilometer unterwegs – bei jedem Wetter – jeden Tag der Woche und ohne Wochenende oder Urlaub. Erst am Abend, bei Sonnenuntergang, kehren sie zurück.

Aber auch die Frauen, die gerade nicht »dran« sind, die Ziegen zu führen, sind beschäftigt – z.B. mit Holz suchen, das man schließlich zum Kochen benötigt. In einer Wüste mit nur wenigen vertrockneten Akazien (und nur dieses harte Holz wird verwendet!) ist das stets nur über eine weite Wanderung erfolgreich, wobei der Rückweg dann unter einer schweren Last zu gehen ist. Natürlich werden die Kinder in die Arbeit der Frauen bald mit einbezogen. Jede hilfreiche Hand wird benötigt.

Wie froh war Mata, als wir sie am Ende einer kleinen Reise beim Holzsammeln trafen. Hilfsbereit schwang Mohammed die Axt und ich konnte beim Einsammeln der trockenen Äste schlagartig das Gewicht ihrer Ausbeute ermessen. Akazienholz ist nicht nur hart, sondern auch sehr schwer! Damals war das kein Problem, denn Mohammeds Auto trug alles mühelos zum Lager.

Frauen sind auch des Öfteren unterwegs, um Kräuter zur Behandlung kleinerer und größerer Beschwerden zu suchen oder Afasu-Grasstängel für die Herstellung verschiedenster Dinge zu schneiden. Aber sie entscheiden über ihre Aktivitäten selbst.

Ein sehr wichtiger Bestandteil der Hausfrauenarbeit besteht im täglichen Wasserholen. Klugerweise ist ein Brunnen nicht in direkter Nähe eines Lagers zu finden. Das war früher sehr notwendig, damit die großen Herden das Wasser nicht verunreinigten, denn Brunnen hatten keinen Betonring, sondern waren einfache tiefe Löcher im Boden. Inzwischen ist auch in diesem Bereich vieles im Umbruch. Brunnen wurden von der Regierung gebohrt und werden sogar mit Windrädern oder Pumpenhäuschen versehen (siehe »Elektrofest«). Aber das tägliche Wasserholen ist dennoch unumgänglich. Wer hat schon einmal einen vollen Wassereimer – oder besser zwei – einige Kilometer getragen? Will man Esel als Hilfskräfte einsetzen, müssen die erst mühselig gesucht und eingefangen werden ... Das lohnt also nur, wenn der Weg extrem weit ist und viele Kanister gefüllt werden müssen. So wie es früher notwendig war, als man mit dem Zelt immer wieder den Weideplätzen der Tiere nachziehen musste. Da gab es keine Rücksicht auf kurze Wege zu einem Brunnen.

Aischa ist allerseits als eine fleißige und vor allem geschickte und ideenreiche Handarbeiterin bekannt. Einige ihrer wunderschönen, gemusterten Satteldecken zieren bereits meine Autositze. Auch ich kenne mich im Stricken, Häkeln, Nähen, Knüpfen und ähnlichen Arbeiten recht gut aus. Diese Webtechnik hier war mir allerdings neu. Und ich brauchte einige Zeit, um die Bewegungen ihrer flinken Hände zu erkennen. Es werden stets zwei Schussfäden gleichzeitig verarbeitet. Diese hübschen, farbenfrohen Arbeiten werden mit bunten Wollfäden aus dem Laden in der Stadt ausgeführt, gehören folglich nicht zu den traditionellen Tuareg-Handarbeiten. Aber es handelt sich um die gleiche, alte Technik, die beim Weben eines Essabr, eines Windschutzes, angewendet wird.

Dort allerdings sind die Schussfäden aus Leder. Das muss natürlich erst enthaart, gegerbt, zu ganz feinen Streifen geschnitten und evtl auch noch gefärbt werden. Zwei etwa zehn Meter lange Essabr sollten zur Aussteuer eines Mädchens gehören. Da ist die Arbeit vieler Hände zugleich notwendig. Kurz vor meiner Abreise im Mai 2010 traf sich eine solche Frauenrunde bei Lalla. Die hatte vorher unendlich viele Afasu-Grashalme gesammelt und »geputzt«, d.h. Verästelungen und Blütenstände entfernt. Nun saßen sie alle in einer Reihe: Lalla, die Tante, die alte Fatma, die Cousine Sahra und Aischa.

Mit spitzbübischem Grinsen hatte mich die alte Fatma auch zu einen Platz in der Reihe gedrängt. Aber ich glaube, man war unendlich froh, als ich meinen Arbeitseinsatz schon nach kurzer Zeit abbrach, um zu fotografieren. Ich hätte wohl die ganze Arbeit verdorben. Die Lederfäden werden gewässert, bevor sie verarbeitet werden, damit sie sich beim Trocknen fest um die harten Grasstiele ziehen. Ein Lederstreifen wird über und einer anderer zugleich unter zwei Stielen entlang geführt und dann gekreuzt. In der nächsten Reihe darüber werden diese beiden zusammen genommenen Stiele getrennt mit jeweils zwei anderen vereint. Solche Essabr sind auch heute noch in Gebrauch und müssen in monatelanger müheseliger Gemeinschaftsarbeit angefertigt werden.

Seile und Gurte aus Ziegenhaar, wie sie z.B. von Manou immer wieder für seine Arbeit mit den Kamelen gebraucht werden, sind hingegen bequem von einer Person anzufertigen. Aber auch hier kann Aischa nicht einfach mit der Arbeit beginnen, sondern es müssen erst zeitaufwändige Vorarbeiten erledigt werden. Die harten schwarzen Haare der Ziegen müssen abgeschnitten und zu einfachen Fäden gesponnen werden – mit Hilfe einer Spindel. Zwei dieser dünnen Fäden müssen dann zu einem etwas dickeren vereint werden. Für einen Gurt genügt der Doppelfaden. Allerdings mindestens 15 – 16 Stück und alle sehr lang! Mit viel Fingerfertigkeit und unter Einsatz ihres großen Zehes werden dann diese Doppelfäden zu einem Gurt verwoben. Fest und stabil muss er sein, um alle seine Aufgaben zu erfüllen – aber er ist auch sehr kratzig!

Zur Frauenarbeit gehört auch das Verarbeiten der Ziegenbälge zu Guerbas, Wasserbehältern (siehe »Kurzbesuch«), und anderen Behältnissen. Couscous wird aus zweierlei Mehl hergestellt. Jetzt kann es in der Stadt gekauft werden, doch früher musste auch das mühselig selbst gemahlen werden. So hat die Frau – Tamid, Plural: Diderdin – in der Nomadengesellschaft eine zentrale Rolle inne und ist sehr geachtet. Noch immer findet man bei verlassenen Lagerplätzen der Nomaden Reibsteine oder einfache Steinmühlen, mit deren Hilfe man früher das Getreide zu Mehl verarbeitete. Mohammed hat sich je einen Vertreter dieser Arbeitsgeräte zur Anschauung im Hof seines Hauses aufgestellt und demonstriert mir die Arbeitsweise. – Auch so eine schweißtreibende, anstrengende und langwierige Arbeit. Kein Wunder, dass die Nomaden so ausdauernd sind!

Erst die neuere Zeit brachte Läden mit Nudeln, Reis, Wasserkanistern und sogar Gaskochern in die Wüstenstädte. Aber diese Neuerungen hat den Frauen mehr und mehr ihre Unabhängigkeit gekostet. Verfügte bisher eine Frau durch ihren Aufgabenbereich über eine umfassenden Bewegungsfreiheit, so ist diese gerade durch die Errungenschaften der »zivilisierten« Welt im erheblichen Maße eingeschränkt. Mehr und mehr gehört in den Städten die Frau ins Haus, während der Mann nach wie vor für die Versorgung der Familie mit den Dingen, die nicht selbst hergestellt werden, zuständig ist. Für moderne europäische Frauen ein unhaltbarer Zustand, der dem Islam angelastet wird. Doch hieß es nicht auch bei uns in früheren Zeiten: »… und drinnen waltet die züchtige Hausfrau!« ?

In alten Büchern über das Leben der Tuareg liest man immer wieder, welche Freiheiten die Targia, die Tuaregfrau, bei der Partnerwahl hat. Möglicherweise sind das Relikte längst vergangener Zeiten des Mutterrechtes, sind aus den Notwendigkeiten einer nomadischen Lebensweise erstanden. Meine Fragen dazu gingen allerdings weitestgehend ins Leere. Besonders über die Freiheiten, die junge Männer und Mädchen genossen, schwelgten Reiseschriftsteller vergangener Jahrzehnte. Dennoch war und ist erst recht jetzt die Unberührtheit eines jungen Mädchens bei der bevorstehenden Hochzeit eine erwartete Selbstverständlichkeit. Inzwischen hat sich durch die 68er Revolution bei uns in Europa eine freizügigere Lebensweise entwickelt, während im Lande der Tuareg der Islam wohl eine entgegengesetzte Richtung einschlug.

Die Beschneidung der Jungen ist ein Ritus, der schon lange vor dem Propheten im arabisch- nordafrikanischem Raum, bereits bei den alten Ägyptern, üblich war, und er verfolgt ganz bestimmt auch Hygieneabsichten. Ebenso geht die Beschneidung der Mädchen auf uralte Riten zurück, die nichts mit dem Islam zu tun haben, offenkundig jedoch dem Patriarchat geschuldet sind. In der freien Nomadengesellschaft der Tuareg aber, die ihre Frauen ganz besonders achtet und ehrt, ist die Beschneidung der Mädchen unbekannt. Darüber bin ich unerhört froh, denn einer solchen schrecklichen Zeremonie Jahrtausende alter weiblicher Erniedrigung hätte ich ganz bestimmt nicht beiwohnen können.

Hier sind bei einer Geburt Mädchen genau so willkommen wie Jungen, denn alle werden in der Gesellschaft gebraucht. Mit dem Beginn der Menstruation ist ein Mädchen im heiratsfähigen Alter. Wie überall bei ursprünglichen Völkern wird nichts dem Zufall überlassen. Weil die Großfamilie den einzigen Rückhalt bietet, wird schon zeitig festgelegt, welches Mädchen mit welchem Jungen »verbandelt« wird. Meist sind es Cousin und Cousine, denn da bleibt man in der Familie. Kleine Flirts außerhalb dieser Festlegung sind geheim und enden spätestens mit der Heirat. Da aber sollte ein Mädchen noch Jungfrau sein.

Um dem vorzubeugen, werden die Mädchen schon sehr zeitig verheiratet – mit 16 oder 17 Jahren. Leider habe ich selbst noch keine Hochzeit bei meiner Familie miterlebt.

Ich habe Mohammed ausgefragt und folgendes erfahren: Die Feier findet bei den Brauteltern statt. Mit Gesang, der die Vorzüge des Mädchens preist, wird die geschmückte Braut von den Frauen vom Zelt ihrer Eltern zu ihrem neuen Heim, zu ihrem Ehen, ihrem Zelt, gebracht. Den Bräutigam begleiten die Männer, Gebete sprechend. Zunächst verbleibt ein Freund und eine Freundin bei den Brautleuten, um die erste Unsicherheit zu überbrücken. Dann aber verbringt das Paar die erste Nacht allein im Zelt. Am nächsten Tag stellt der Bräutigam seinen Sattel an die rechte Seite des Zeltes und nimmt es damit auch mit in seinen Besitz. Die Brauteltern bringen die Aussteuer, der junge Ehemann überreicht die Geschenke. Kleidung, Schmuck, vielleicht sogar ein Kamel, auch eines zum Schlachten …

Mohammed allerdings war arm, er konnte nur ein Schaf überreichen. Am anschließenden Festmahl taten sich freilich alle gütlich. Dann verabschieden sich die Verwandten des Mannes und kehren zurück zu ihrem Lager, während das junge Paar sechs Tage allein in seinem Zelt verbringt. Die junge Ehefrau lebt noch ein bis zwei Jahre bei ihren Eltern zur Eingewöhnung in den Ehestand, während der Ehemann sie immer wieder besucht. Erst später siedeln beide in das Lager des Mannes über. So erzählte es mir Mohammed.

Meist ist dann schon das erste Kind geboren. Nomadenarbeit ist eine »personalintensive« Beschäftigung. Da kann jede Hand gebraucht werden. Und so nimmt es nicht Wunder, dass jeder Zuwachs begrüßt wird. Aischa und Manou hatten zwei Kinder, Sidi und Fatna, als ich sie kennenlernte. Damals, im Frühjahr 2006, war Aischa 19 Jahre alt und wieder hochschwanger. Im Mai kam dann Mona auf die Welt, gefolgt von Doma und zwei weiteren Jungen: Mohammed und zuletzt Hamedin, der im Juni 2013 geboren wurde. Für Tuareg-Frauen besteht der Sinn ihres Lebens in erster Linie in der Mutterschaft.

Stark und stolz sind sie früher zur Geburt ihrer Kinder in die Wüste gegangen, um mit dem Neugeborenen zurückzukommen – erzählt man. Auch heute kennt Aischa keine Probleme, die bei einer Geburt auftreten könnten. Sie entbindet zu Hause in ihrer Zeriba. Etwas verschämt zeigte sie mir an der kleinen Doma, die auf ihrem Schoß saß, wie das Neugeborene abgenabelt wird. Die herabhängende Nabelschnur wird einfach in Höhe des Babyknies mit einem scharfen Messer durchtrennt – weiter nichts! Wirklich nichts weiter? Ich frage nach und zeige mit einem Wollfaden, wie man Abbinden kann. Nein! Nichts weiter! Die Nachgeburt wird vergraben – das war's. Natürlich sind Frauen, die selbst schon geboren habe, in hilfreicher Nähe. Aischa gehört immer noch zu den starken und stolzen Frauen. Sie kennt keine Probleme! – sagt sie.

Glücklicherweise werden immer mehr Frauen zur Entbindung in das Krankenhaus von Tamanrasset gebracht. Wenn Aischa auch die Nase rümpft – sicherer ist es allemal.

Tante

Aischa knüpft einen Gurt

Manou putzt die Tagella

Mohammed am neuen Brunnen

Krank

Apathisch liege ich an der westlichen Schattenseite meiner Zeriba und versuche mich auszukurieren. Ich habe krampfartige Bauchschmerzen. Das Brunnenwasser ist schuld! Eigentlich weiß ich, dass mein europäischer Verdauungstrakt mit den Herausforderungen, die ihm die afrikanischen Mikroorganismen abverlangen, noch immer nicht zurecht kommt. Dennoch versuche ich mit unermüdlicher Verbissenheit, ihn an eben diese zu gewöhnen. Die Ergebnisse sind allerdings bis jetzt leider nicht sehr vielversprechend.

Also Tabletten schlucken, ruhen und viel trinken! Ich fühle mich ziemlich schlapp. Da kommt Aischa mit den Kindern und auch Lalla und sogar Brahim gesellen sich dazu. Nun bin ich familiär eingerahmt. Rechts sitzt Brahim, links die beiden Frauen. Die Kinder sind überall mal. Eigentlich aber wollte ich mich ausruhen und vielleicht ein wenig schlafen. Doch alle meinen es gut mit mir. Mohammed denkt sogar an einen Arztbesuch. Es ist schwierig ihm klarzumachen, dass ich wirklich nichts essen möchte. »Du trinkst zu viel!«, meint er. Stimmt nicht, in Wirklichkeit trinke ich noch zu wenig.

Ich mixe mir ein Gebräu aus Honig und Salz, in Wasser aufgelöst, damit mein Mineralhaushalt wieder ins Lot kommt. Mohammed kocht bitteren Kräutertee, selbst gesammelt – gleich zwei verschiedene Sorten für alle Fälle! Tapfer schlucke ich ihn in der Hoffnung auf Besserung hinunter.

Welche von all den Behandlungen nun letzten Endes den Erfolg für sich verbuchen kann, die Tabletten, das Honig-Salz-Wassergemisch oder der Tee, oder alles zusammen – es geht mir bald wieder besser.

Nun hat es Mohammed erwischt. Jetzt liegt er in der Zeriba und ihm ist schlecht! Er versucht seinen Magen zu entleeren, aber so richtig klappt das nicht. Also stöhnt er leise vor sich hin. Tabletten möchte er nicht. So bekommt er nur erst einmal einen Kräutertee.

Aischa kommt und bringt eine Medizin: Ein Aufguss von irgend etwas Pulverigem aus der Tuareg-Kräuterapotheke, das er auch noch trinkt. Na, wenn es nun nicht klappt mit der Besserung!

Ich glaube, wenn man hier krank ist, zeigt man es auch. Mohammed zumindest stöhnt und zieht Grimassen. Dabei ist er sonst überhaupt nicht wehleidig, wenn er z.B. Zahnschmerzen hat, sich geschnitten oder seine Hand verbrüht hat oder wenn andere schlimme Dinge passiert sind, gibt es nur eine wegwerfende Handbewegung. Pah! Kein Problem! Doch bei diesen unbestimmten inneren Krankheiten, deren Ursachen man nicht erkennt und die schmerzhaft sind, ist die Sorge groß, dass es vielleicht bald ans Ende gehen könnte!

Kranke Männer! Das ist wohl international eine besondere Kategorie. Sie haben ihren eigenen Kopf. Nachdem sich Mohammed einige Male übergeben hat und ihm extrem schwindlig ist, will er unbedingt essen. Was raus ist, muss wieder aufgefüllt werden, denkt er sicherlich. Nein!!! Nichts trinken!!! Er wehrt sich vehement. Wer hat ihm nur einen solchen Blödsinn eingeredet! Von wegen Naturmedizin! Ich denke, vor allem die Unwissenheit ist Urheber vieler schlimmer Folgeerkrankungen, die bei besserem Kenntnisstand nicht nötig wären.

Zum Abend dann kommt der Krankenbesuch! Drei Cousins mit männlichem Nachwuchs verschiedener Altersstufen sind da. Es scheint sich sofort herumzusprechen, wenn jemand krank ist. Gemeinsam mit Aischa und Manou liegen sie auf den Teppichen meiner Terrasse, knabbern Datteln und schwatzen. Wenn da jemand wirklich schwer krank ist, muss er sich mächtig ins Zeug legen, um mithalten zu können. Mohammed jedenfalls ist glücklich. »Die sind alle zu mir gekommen!«, erklärt er mir stolz. Er blüht förmlich auf, schwatzt lebhaft mit und lutscht sogar die Bonbons, die jemand herumreicht. Eigentlich sollte er bald schlafen gehen und sich Ruhe gönnen. Aber vielleicht ist eine solche familiäre Zuwendung, uralte Rituale der Heilung durch Nähe, für die Leute hier bedeutsamer für ihre Genesung als Ruhe und Schlaf.

Ganz bestimmt aber hat diese Tradition ihre Ursache in der Jahrtausende alten Erfahrung. Wenn auch die Tuareg ein hohes Alter erreichen können, ist die Sterberate bei Kindern und jüngeren Menschen hoch. Nicht immer hilft ein Tee oder ein Bad im heilkräftigen

Wasser von Ahidja. Die Kraft und Geborgenheit der Familie ist dann das Einzige, was möglich war – und auch heute noch immer praktiziert wird.

Die Hemmschwelle, Hilfe bei einem Arzt oder im Krankenhaus zu suchen, ist oft noch zu hoch. Immer wieder wird Mohammed geholt, um einen Kranken ins Krankenhaus zu bringen. Sicher liegt es nicht nur daran, dass er ein Auto hat, sondern vor allem, weil er durch seine Arbeit mit den Touristen keine Berührungsängste hat und so im Umgang mit Fremden vertraut ist. Und sicher auch, weil er sich im Dschungel der Anmeldeprozedur auszukennen scheint. Bei schwierigen Situationen, die eine schwere Krankheit schließlich darstellt, scheuen Tuareg im Zweifelsfalle eher zurück, sich fremden Menschen und einer fremden Umgebung auszuliefern. Das Misstrauen vor dieser befremdlichen, unverständlichen Welt überwiegt.

Als ich bei einem Besuch im Januar 2011 in Talaïne ankomme, humpelt mir Sidi entgegen. Sein linkes Hosenbein ist weit heraufgekrempelt und lässt eine große eitrige Wunde am Knie frei. Vor einigen Tagen ist er gestürzt. Nicht schlimm, dachte jeder. Das passiert Kindern alle Tage einmal. Aber obwohl das Bein schlimm aussieht, kümmert sich niemand darum. Ich mache mir Sorgen, weil die ursprüngliche Wunde am Knie allmählich am gesamten Bein entlang nach unten viele weitere kleine eitrige Stellen erzeugt. Also schlage ich schließlich einen Arztbesuch vor.

Einige Tage später, gleich frühmorgens, soll es nun mit Sidi zum Arzt gehen. Das Frühstück habe ich gerichtet, denn auch Mohammed scheint krank.

Ihm ist schwindlig. Verschreckt sitzt er bei mir am Tisch. Gestern noch hat er mit seinem Bruder Amoud meine Terrasse vergrößert und neu überdacht. »Du hast dich übernommen, zu viel und ohne Pause gearbeitet!« Doch das will er mir nicht glauben. Ich empfehle ihm, viel zu trinken. Aber das kann er erst recht nicht begreifen. Er muss doch viel essen, damit er wieder stark wird! Nun legt er sich auch noch draußen in die Sonne und wundert sich, dass es nur schlimmer wird. Erst ein längerer Vortrag über den Kreislauf überzeugt ihn ein wenig und er setzt sich in den Eingang der Zeriba, so dass wenigstens seine kalten Füße warm gesonnt werden. Solche undefinierbaren Zustände machen einem Targi ganz schön zu schaffen.

Dennoch kutschiert uns Mohammed in die Stadt zu einem Arzt. Und welch ein Glück! Das Wartezimmer ist leer, wir kommen gleich dran. »Do you speak english?« Der Medikus spricht Englisch. »A little bit...«, wehre ich ab. »Sit down!« Aha, wir dürfen alles miterleben.

Das Behandlungszimmer ist einfach eingerichtet. Ein Schreibtisch, eine Liege und ein Schrank, daneben ein Waschbecken.

Zunächst aber werden die von Mohammed erfragten Personalien aufgeschrieben. Sidi ist bereits vorher auf der Liege plaziert worden. Große Angst steht in seinen Augen. Als kleines Mädchen hatte ich auch Angst vor dem Arzt. Ich glaubte, immer gleich eine Spritze zu bekommen oder gar operiert zu werden. Und so scheint es Sidi nun ebenfalls zu gehen. Ich versuche, ihn mit ermunternden Gesten zu beruhigen.

Aber als sich der Arzt nun ihm direkt zuwendet, steigert sich seine Furcht. Mein ermutigender Augenkontakt hilft wenig. Nur mit größter Beherrschung bleibt er still liegen. Doch die eitrigen Wunden sieht sich der »docteur« nicht einmal richtig an. Dafür wird der Patient abgehorcht und darf dann wieder aufstehen. Und als Sidi merkt, dass nun nichts mehr zu befürchten ist, setzt er sich erleichtert zu mir.

Nun trägt Mohammed sein Anliegen vor. Ich hatte ihn dazu ermuntert, denn schon öfters klagte er über diese Schwindelanfälle. Man kann schließlich nie genau wissen ...! Und außerdem ist das Wort eines echten, algerischen Doktors eben gewichtiger, als das einer europäischen Touristenfrau.

Also muss sich auch Mohammed auf die Liege legen und wird ebenfalls abgehorcht. Sogar der Blutdruck wird gemessen. Habe ich mir doch gleich gedacht! Er soll nicht so faul sein, rät ihm der kluge »docteur«. Ja ja, der Kreislauf!

»Geht schon mal hinaus, ich komme gleich«, meint Mohammed. Das bringt ihm die bewundernden Worte des Arztes ein. Ein Tuareg, der deutsch sprechen kann!!! Mohammed erzählt es mir anschließend voller Stolz.

Für die Behandlungen bezahlt er pro Person 500 Dinar. Das sind etwa 5 Euro. Die Medikamente, die er anschließend in der Apotheke kauft, kosten zusammen 20 Euro. Das ist für algerische Verhälnisse nicht wenig und für Nomaden sehr teuer. Medikamente muss man in Algerien immer selbst bezahlen. Die Behandlung im Krankenhaus ist zwar kostenlos, aber wahrscheinlich gibt es lange Wartezeiten oder die Anmelderei ist sehr umständlich. Zumindest schiebt man einen Besuch im Krankenhaus stets auf – solange es nur geht – oder bis es zu spät ist!

Doch allmählich gelangt auch die neue Zeit zu den Nomaden. Eines Tages, ich sitze im Schatten auf meiner Terrasse, kommt ein fremdes Auto herangefahren. Bei Manous Zeriba bleibt es stehen. Niemand steigt aus. Der Motor läuft, die Insassen bleiben drinnen sitzen. Das ist sehr eigenartig. Neugierig beobachte ich die Szene, denn endlich kommen Lalla und Manou näher, stellen sich an das geöffnete Autofenster und scheinen etwas mit dem Fahrer zu bereden.

Nach einigem Hin und Her kommen die beiden Frauen, Aischa und Mata mit den Kleinstkindern heran und setzen sich in der Nähe des Autos nieder. Und nun dämmert mir auch, um welchen Vorgang es sich hier handeln mag. Denn endlich steigt ein Mann aus, kramt auf den Rücksitzen herum und marschiert auf die Kinder zu. Es ist die rollende Impfstation, die die Nomadenkinder gleich vor Ort impft. Passend dann das Geschrei der beiden Kleinsten, die nun dran waren.

Ich bin froh, dass es ein Mann war, der den Kindern den Schreck einjagte. Denn vor mir als europäisch gekleidete Frau laufen fremde Nomadenkinder stets mit lautem Geschrei davon. Sie haben mit Fremdlingen böse Erfahrungen gemacht.

Die Impfstation indes fährt weiter zum nächsten Einsatz nach Dandußat.

Brunnenpediküre

Eine neue Reise bringt mich wieder in meine zweite Heimat, in die Zentralsahara. Nach etlichen Zwischenstopps und Anstandsbesuchen unterwegs, sind wir erst spät in Talaïne. Alle kommen zur Begrüßung: Die Kinder natürlich zuerst. Das sind vor allem Fatna und Sidi. Aischa, ihre Mutter und Frau von Mohammeds Bruder Manou, kommt mit dem Baby auf dem Arm dazu. Die kleine Doma ist jetzt etwa neun Monate alt und ein gesundes, freundliches Kind. Natürlich darf auch Lalla nicht fehlen. Und schließlich ist auch Brahim da. Er begrüßt mich, den Gast, er ist das Familienoberhaupt. Seine acht Kinder sind fast alle erwachsen und wohnen mit ihren Familien in der Wüste. Bei ihm leben nur noch die Söhne Amoud, der z.Zt. beim Militär ist und der Jüngste, Limane, der die Schule in Tamanrasset besucht. Er wohnt dort allerdings im Internat, so dass nur noch eine unverheiratete Tochter, Mata, hier bei ihren Eltern lebt. Auch sie kommt zur Begrüßung.

Während dann Mohammed auf Gegenbesuch ist, kehre ich die Hausfrau heraus. Tisch und Stühle, Teppiche und Decken bekommen ihren Platz, Kocher, Geschirr und andere Utensilien müssen aus meiner Kiste, die alle notwendigen Haushaltsutensilien beherbergt, hervorgeholt und eingeräumt werden.

In einer Ecke liegt eine schwarze Plane. Als ich sie wegziehen will, kommt ein großer schwarzer Skorpion zum Vorschein. Ich habe zwar keine Panik, denn anspringen wird er mich nicht. Aber erschrocken bin ich schon. Hier hat der auf jeden Fall nichts zu suchen! Skorpionstiche sind sehr schmerzhaft und nicht ungefährlich! Den muss ich Mohammed zeigen, vielleicht gibt es ja noch mehr? Also decke ich ihn erst einmal schnell wieder zu.

Als Mohammed dann kommt, zeige ich ihm meinen ungebetenen Eindringling. Der ergreift lässig seine Sandale und macht dem schwarzen Besucher den Garaus. Wie eine Trophäe trägt er anschließend den Toten auf der Sohle hinaus. Skorpione sind wohl eher Einzelkämpfer. Aber natürlich suchen wir sicherheitshalber den Boden ab, denn schließlich schlafe ich darauf, nur mit einer Matte dazwischen.

Obwohl es schon spät ist, geleitet mich Mohammed dann stolz zu den nahen Akazien am Rande des Wadis. Und das zu recht! Dort hat er nämlich in der Zeit, als ich in Deutschland weilte, gemeinsam mit seinem Bruder Manou einen neuen Brunnen gegraben. Der aufgehende Mond leuchtet uns wie eine riesige Straßenlaterne.

Ein wenig unheimlich ist mir schon, als ich in das sieben Meter tiefe Loch schaue. Jetzt, zu Beginn der Nacht, kann man natürlich nicht bis zum Grund sehen. Aber es lässt das Unterfangen der beiden noch viel gefährlicher erscheinen. Das Loch hat etwas mehr als einen Meter Durchmesser. Innen in die poröse Kieswand sind rechts und links Löcher eingearbeitet, da kann man wie auf einer Leiter hinabklettern. Nun, »man« wahrscheinlich nicht! Ich jedenfalls hätte dabei panische Angst. Angst, dass der Kies nachgibt und ich abstürze, Angst, nicht wieder hinauf zu gelangen und vor allem unten in dem engen Loch hätte ich höllische Platzangst.

Aber Nomaden sind auf sich selbst angewiesen und können sich keine teuren Maschinen leisten. Sie MÜSSEN alles selbst machen können!

Am nächsten Morgen nach dem Frühstück sehen wir uns die tolle neue Errungenschaft bei Tageslicht an. Der Brunnen ist lediglich ein tiefes Loch im Boden. Einige Bretter und Äste liegen am Rand, damit man sich nahe heranstellen kann, wenn man den Eimer heraufziehen will. Nichts anderes deutet darauf hin. Oben soll noch ein Betonring darauf kommen – oder ein kleines Brunnenhaus – schwärmt Mohammed.

Das Beste aber ist, dass er nicht weit, vielleicht sechzig bis siebzig Meter nur, von den Hütten entfernt ist. Keine lange Schlepperei, alle sind glücklich, dass es jetzt einen Brunnen ganz in der Nähe gibt.

Einige Schritte neben dem Brunnen hockt Brahim vor einer großen Schüssel. Er hat »große Wäsche«! Ja!!! Bei den Tuareg waschen die Männer ihre Klamotten noch selbst! Was für eine tolle uralte Errungenschaft des Mutterrechts!

Auch Aischa kommt. Ihre Wäsche, die sie auf die umliegenden Akazien gehängt hat, braucht keine Klammern, denn die Dornen halten alles prima fest!! In der trockenen Saharaluft ist sie rasch getrocknet. Nun kann sie sie abnehmen.

Der kleine Sidi holt schon ganz allein Wasser. Lalla hat ihn mit einem kleinen Kanister geschickt. Mohammed ist ihm behilflich. In Deutschland hätte man Sorge, dass die Kinder in das tiefe Loch fallen könnten. Aber hier werden sie mit Gefahren groß, es ist völlig normal und selbstverständlich. Umsichtiges Verhalten muss bei jedem von Anfang an geübt werden.

Als ich zwei Monate später wieder bei ihnen eintreffe, kommt mir Manou mit dem Brunneneimer in der Hand entgegen. Das große Glück hatte nur kurze Zeit gewährt: Das Wasser fließt dürftig und ist inzwischen schokoladenbraun, denn es hat lange nicht geregnet. Nun kann Mohammed auch mithelfen. Mit vereinten Kräften machen sie sich ans Werk. Zunächst soll das wenige Wasser am Grund ausgeschöpft werden, um zu sehen, warum so viel Lehm im Wasser ist. Man kann es jetzt nicht einmal mehr zum Waschen benutzen.

Manou zieht sich einen warmen Pullover über. Mit einem dicken runden Meißel, einem alten, verbogenen Flacheisen und einem schweren Hammer klettert er geschickt über die eingehauenen Vertiefungen in der Kieswand des Brunnenschachtes hinunter. Hier oben ist es schon mächtig kalt. Aber in sieben Meter Tiefe und im fußhohen Wasser muss es eisig sein. Er füllt Eimer um Eimer mit dem lehmigen, brackigem Wasser, die Mohammed hinaufzieht und leert. Wenig später kommt dann all das schlammige Stein-Kiesgemisch oben an, das Manou unten mit den dürftigen Werkzeugen vom Boden löst. Ob es ihm gelingen wird und sich das Wasser wieder klar wie am Anfang ansammelt?

Mohammed hat schließlich ein Einsehen, sammelt alle Flaschen und Kanister und wir fahren mit dem Auto zum entfernteren Brunnen, der noch gutes Wasser hat. Voreilig biete ich meine Hilfe an, denn es gibt viel Arbeit, bis alle Behälter gefüllt sind.

Ein alter Eimer hat einen in einer Plastiktüte eingebundenen Stein an der Seite, damit er durch das Gewicht beschwert auch in das Wasser eintaucht. An einer mehrfach geflickten Leine wird er in die Tiefe gelassen. Mein Angebot, für eine Erneuerung dieser mehr als dürftigen Teile zu sorgen, wurde von Mohammed strickt abgelehnt. Solche guten nagelneuen Sachen hätten gewiss rasch neue Besitzer gefunden.

Endlich drückt mir Mohammed gönnerhaft das Seil in die Hand. Also los! Es braucht einen kleinen Kick und dann einen Ruck, um den Eimer unten mit Wasser zu füllen. Der Wasserstand liegt hier z. Zt. bei ca. sechs Metern. Da ist das Heraufziehen nicht leicht. Aber der Eimer ist nicht sonderlich groß, ich kriege es bequem hin, auch als ich es unzählige Male wiederhole. Schwierig wird es erst, wenn ich das Wasser in vorgebeugter Haltung in die Kanister gießen will. Es soll schließlich nicht alles daneben gehen. Und DAS geht in den Rücken!

Leider blieb der neue nahe Brunnen weiterhin trotz aller Mühe unbrauchbar und fiel später sogar ganz trocken.

Wieder einige Monate später treffen wir bei meiner Ankunft Manou am alten Brunnen an. Er hat gerade tief im Brunnen gesteckt und per Hand vorsichtig die Eimer gefüllt. Auch dieser Brunnen ist nun fast leer. Man kann nicht mehr mit einem kleinen Kick und dann mit einem Ruck bequem den Eimer füllen. Er stößt auf Grund, wenn man ihn hinablässt und wühlt dort den Schlamm auf.

Waschen heißt in den nächsten Wochen also lediglich »frisch machen«. Und zum Kochen eignet sich das dunkle schlammige Wasser kaum noch. Der Tee und auch die Suppe jedenfalls schmecken entsetzlich nach Erde. Nach einigen Darmproblemen meinerseits kochen wir alles mit Mineralwasser aus der Stadt. Aber die Bestände nehmen beim vielseitigen Gebrauch rasant ab.

Natürlich können wir jederzeit für Nachschub sorgen. Wir haben ein Auto zur Verfügung und ich habe das nötige Kleingeld dazu.

Aber die Nomaden? Mit stoischer Gelassenheit trinken sie die erdige braune Brühe und kochen ihr Essen damit. Bestimmt ist ein fast leerer, schlammiger Brunnen keine seltene Ausnahme. Und ganz sicher gab es oft genug Zeiten, in denen er völlig trocken war. DAS prägt einen Nomaden. DAS trägt dazu bei, dass Nomaden den Wechselfällen des Lebens völlig anders begegnen als wir verwöhnten Europäer.

Endlich werden junge Männer aus der Großfamilie zusammengetrommelt. Und mit vereinten Kräften geht man dem Problem zuleibe. Während einer Mohammeds Wascheimer repariert, um den alten kaputten Eimer zu ersetzen, steigt Manou wieder einmal in die Tiefe. Dort unten füllt er den Eimer mit dem Schlamm, sein Cousin Moussa zieht ihn hinauf, schüttet ihn aus und die Prozedur wiederholt sich unzählige Male. Dann wechseln sie sich ab. Eine Menge Schlamm ist schon neben dem Brunnen ausgeschüttet. Gegen Mittag beenden die Männer ihre anstrengende Arbeit. Aber das wenige Wasser unten ist immer noch braun.

So funktioniert Mohammed sein Auto wieder einmal zum Wassertransporter um und holt vom Brunnenhaus aus der Ansiedlung viele Kilometer weiter vorn im Ausgang des Wadis, wo die Elektrizität die Pumpe antreibt und das Wasser-Reservoir füllt, in allen zur Verfügung stehenden Gefäßen frisches Wasser heran.

Früher, ohne Auto, hätten die Frauen kilometerweite, beschwerliche Wege gehabt!

Höhepunkt

Am letzten Tag vor einer meiner Abreisen meint Mohammed, meine Freunde-Frauen (er kennt die weibliche Bezeichnung »Freundinnen« wohl nicht) hätten mich eingeladen zu einem Fest. Ob ich dahin gehen möchte. Er jedenfalls würde auf jeden Fall gehen, denn da würde gesungen.

Na, das lasse ich mir doch nicht zweimal sagen! Mit Freunde-Frauen meint er die Weiblichkeiten, die immer wieder aus nah und fern neugierig meine Zeriba aufsuchen, um mich in Augenschein zu nehmen. Es sind alles Mitglieder seiner weitverzweigten Sippe.

Nach dem Abendessen geht es los. Mohammed fährt uns mit dem Auto, denn wir sind einige Kilometer weiter in einer Ansiedlung im gleichen Wadi eingeladen. Das Auto ist vorn auf den Sitzen und auch hinten im Gepäckraum des Landcruisers gerammelt voll. Alle unter vierzig Jahren wollen mit. Es ist also eine Belustigung für jüngere Leute!

Im Schein der Autolichter erkenne ich eine große Zeriba und eine Menge Menschen, die davor sitzen. Von einem struppigen Mann ohne Schesch werde ich aus dem Auto bugsiert und zu der Versammlung geführt. Leider brennt kein Feuer und vom Mond ist heute nichts zu sehen. So kann ich zunächst niemanden erkennen.

Höflich und bescheiden will ich mich in den Hintergrund setzen. Doch das wird nicht geduldet. Ich werde nach vorn, in die Mitte geschubst zu einer Decke extra für mich zum Sitzen.

Immer mehr Menschen kommen. Ich erkenne einige Cousinen und Cousins von Mohammed. Manou ist auch da und Aischa mit ihrer jüngsten Tochter im Arm. Inzwischen sind schon mehrere Autos geparkt, obwohl natürlich viele auch zu Fuß gekommen sind.

Und dann geht es auch schon los. Man reicht mir einen leeren Kanister. Ich weiß, dass darauf getrommelt wird. Aber das kann ich leider nicht und gebe ihm bedauernd wieder zurück.

Eine andere Frau übernimmt also den mir zugedachten Part und die anderen beginnen, mit hoher Kopfstimme mehrstimmige Lieder zu singen. Die Texte verstehe ich nicht. Doch soweit mir bekannt ist, wird oft improvisiert. Aischa, Manous Frau, sitzt neben mir und hat ihre kleine Tochter vor sich in der Mitte sitzen. Sie singt immer wieder solo, von schrillen Trillern der anderen Frauen begleitet. Ihr Töchterlein wird sicher auch einmal eine gute Sängerin, denn sie klatscht, wie auch ich, begeistert und voller Hingabe im Takt mit. Und wenn es der Kleinen dann doch mal zu langatmig wird, darf sie ein wenig bei der Mama trinken.

Die Männer sitzen in einer Gruppe hinter den Frauen und kommentieren deren rhythmischen Gesang mit anfeuernden und bewundernden Zwischenrufen. Das matte Licht der Sterne lässt mich alle Anwesenden nur schemenhaft erkennen. Ich aber fühle mich eingewoben in die Gemeinschaft der Musizierenden.

Das Liedgut der Tuareg ist nicht wie unsere Lieder lyrisch-melodisch in Strophen gegliedert. Die Stimmen klingen grell in hohen Tönen, die wir europäischen Frauen mit unserer wesentlich tieferen Stimmlage gar nicht so ohne weiteres erzeugen können. Ihr auf- und abschwellender Sprechgesang ist weithin zu hören. Eingebettet in eine fremde aber lebendige Welt, nimmt sie mich mehr und mehr gefangen. So könnte ich bis zum Morgen ausharren und zuhören. Aber irgendwann, die Sternbilder waren schon einen weiten Weg gezogen, ist doch Schluss.

Während ich schon auf das Auto zustrebe, meint Mohammed, es gebe nun noch den Tanz der Männer. Und das ist wirklich das Tollste, das ich bisher bei den Tuareg erlebt habe.

Also reihe ich mich in die Phalanx der Frauen ein, die nun in einer Reihe stehend, ihren Gesang fortsetzen. Leider kann ich ihrer Aufforderung, doch mitzusingen, nicht nachkommen. Zu diesen hohen Stakkatotönen kann sich meine Stimme nicht aufschwingen, zumal mir auch Textprobleme erwachsen würden. Und so klatsche ich nur wie die anderen Frauen ebenso begeistert mit.

Neben mir steht ein junges, etwa zwölfjähriges Mädchen, das sich sanft bei mir anlehnt und sicher ganz stolz ist, als ich ihr meinen Arm leicht um die Schulter lege. Leider ist im Dunkel der Nacht kaum etwas zu erkennen. Da krabbelt plötzlich etwas hinten in meinem Haar herum. Als ich danach greifen will, stelle ich fest, dass einige Frauen hinter mir vorsichtig meine Haare befühlt haben. So kurz, so dünn, so hell – ganz anders als ihre! Sie tragen alle ohne Ausnahme sehr interessante phantastische Zopffrisuren, die leider stets unter Tüchern verborgen sind.

Die Männer haben ihre Plätze verlassen und gegenüber den Frauen Aufstellung genommen. In kleinen Reihen zu drei bis vier Mann verschränken sie ihre Arme gegenseitig hinter dem Rücken und beginnen zu dem Gesang der Frauen einen wilden Tanz. Mit komplizierten Schrittfolgen bewegen sie sich auf die Frauen zu und weichen, bevor sie sie erreichen, wieder zurück. Dabei stoßen sie kehlige Töne wie brünstige Kamele aus. Es hört sich phantastisch an und sieht genau so aus. Immer wieder formieren sich neue Reihen. Und während die Männer sich wild vor- und zurückbewegen, stehen die Frauen unbeweglich wie eine Mauer, singen und klatschen lediglich den Rhythmus.

Mich trägt ein Hochgefühl sondergleichen. Es ist einer der Abende, die einen auch später in der Erinnerung mit verklärtem Blick tief einatmen lassen.

Ja, noch gibt es sie, die geheimnisvolle Welt der Tuareg.